A Lógica da Criação Literária

Coleção Estudos
Dirigida por J. Guinsburg

Equipe de realização – Tradução: Margot P. Malnic; Revisão: Alice K. Miyashiro, Celeste
Aida Galeão e Eglacy Porto Silva; Produção: Ricardo W. Neves e Sergio Kon.

Käte Hamburger

A Lógica da Criação Literária

 PERSPECTIVA

Título do original alemão
Die Logik der Dichtung

© Ernst Klett Verlag, Stuttgart

CIP-BRASIL. CATALOGAÇÃO NA PUBLICAÇÃO
SINDICATO NACIONAL DOS EDITORES DE LIVROS, RJ

H185L
2. ed.

Hämburger, Kate, 1896-1992
   A lógica da criação literária / Kate Hämburger ; tradução
Margot P. Malnic. - 2. ed. - São Paulo : Perspectiva, 2013.
(Estudos ; 14)

   Tradução de: Die logik der dichtung
   ISBN 978-85-273-0346-0

   1. Literatura - Filosofia. 2. Literatura - Estética. 3.
Criação (Literária, artística, etc.) 4. Crítica. I. Título. II. Série.

13-00289   CDD: 801
                                                 CDU: 82.0

18/04/2013   18/04/2013

2ª edição – 1ª reimpressão
[PPD]

Direitos reservados em língua portuguesa à
EDITORA PERSPECTIVA LTDA.

Av. Brigadeiro Luís Antônio, 3025
01401-000 São Paulo SP Brasil
Telefax: (011) 3885-8388
www.editoraperspectiva.com.br

2019

Sumário

INTRODUÇÃO: CONCEITO E TAREFA DE UMA LÓGICA DA ARTE LITERÁRIA VII

1. FUNDAMENTOS LINGUÍSTICOS TEÓRICOS 1

Os Conceitos "Criação Literária e Realidade" .. 1

O Sistema Enunciador da Linguagem 14

Conceito de enunciado 14

Análise do sujeito-de-enunciação 20

A estrutura sujeito-objeto-de-enunciação .. 26

A noção do enunciado como expressão da realidade 29

2. O GÊNERO FICCIONAL OU MIMÉTICO .. 39

Observação Prévia: A Noção de Ficção Literária 39

A Ficção Épica (ou a Narração na Terceira Pessoa) 42

A narração ficcional e seus caracteres 42

O pretérito épico, 45; Os verbos dos processos internos, 57; O discurso vivenciado, 59; A atemporalidade da ficção, 63; O presente histórico 69; O problema do tempo no romance histórico, 77; Aspectos estilísticos, 82; A dêitica espacial, 88.

A narração ficcional — uma função narrativa (flutuante) 94

VI A LÓGICA DA CRIAÇÃO LITERÁRIA

O desaparecimento do sujeito-de-enunciação e o problema do "narrador", 94; O problema da subjetividade e objetividade da narração, 100; O sistema do diálogo, 123.

A Ficção Dramática 135

    A relação da ficção dramática com a ficção épica 135

    O lugar do drama 140

    A realidade do palco e o problema do presente 147

A Ficção Cinematográfica 155

3. O GÊNERO LÍRICO 167

    O sistema do enunciado de realidade e o lugar do lírico 167

    A correlação lírica do sujeito-objeto 175

    A natureza do eu lírico 194

4. AS FORMAS ESPECIAIS 211

    A Balada e seu Relacionamento com o Poema Imagético e o Poema Dramatizado 211

    A Narração em Primeira Pessoa 223

    A narração em primeira pessoa como pseudo-enunciado de realidade 223

    O romance epistolar 228

    O romance de memórias 231

    A problemática do fingimento 235

5. DO PROBLEMA SIMBÓLICO DA CRIAÇÃO LITERÁRIA 245

Introdução:
Conceito e Tarefa de uma
Lógica da Arte Literária

Com o presente trabalho intenta-se destacar do amplo domínio da estética da Arte Literária uma lógica da *poiesis*. É necessário inicialmente deixar-se claro tal procedimento, pois toda consideração teórica da Arte Literária, quaisquer que sejam os aspectos que ela aborde, pode contar para a estética da Arte Literária. Pois, na medida em que a Arte é objeto da Estética e não da Lógica, domínio do plasmar artístico e não do pensar, falar-se da lógica da Arte Literária poderia parecer supérfluo ou mesmo desencaminhador. Devido, porém, à situação especial que ocupa a Literatura no sistema das Artes, é possível diferenciá-la, atribuindo-lhe uma lógica ou um sistema lógico.

O conceito de uma lógica da *poiesis* deve ser entendido, por assim dizer, num sentido indireto. É aceito e legítimo porque existe uma lógica da linguagem, ou melhor, porque o conceito de uma lógica lingüística penetrou a concepção moderna da lógica do pensamento [1]. Assim empregada, pode a lógica lingüística exprimir a relação da lógica do pensamento ou da lógica objetiva com a linguagem da qualidade de um "dos mais nobres recursos e instrumentos do pensamento", como já o formulara J. St. Mill [2]. Por isso, E. Husserl estabelece a necessidade de "iniciar o estudo da

---

1. SCHNEIDER, F. *Das Problem einer Sprachlogik.* Zs. f. Philos. Forschung, v. 1, VII (1953).

2. ST. MILL, J. *Logik.* I Livro, Cap. 1, § 1.

VIII   A LÓGICA DA CRIAÇÃO LITERÁRIA

Lógica com discussões lingüísticas" [3] e, num sentido mais amplo ainda, o interesse de L. Wittgenstein é pôr a prova a capacidade da linguagem de representar o pensamento em geral sem rebuscamentos, de modo que para ele a Filosofia (e não só a Lógica no sentido restrito) é remetida à "crítica lingüística" que, como tal, é então lógica lingüística. Assim, Wittgenstein acentua que a lógica lingüística não é imediatamente inferível da linguagem usual, que mascara o pensamento [4].

Aqui, a lógica lingüística é compreendida como crítica da linguagem concernente à sua função expressiva — gramatical ou lingüística — isto é, segundo a sua capacidade de exprimir tanto "pensamentos" como as leis do pensamento. E se falássemos *nesse* sentido de uma lógica lingüística da Arte Literária, o problema da criação ficaria de antemão deturpado. A lógica da Arte Literária tem por objeto a relação da obra com a linguagem, mas relação diferente daquela compreendida pelas teorias acima mencionadas. Não considera a linguagem em sua função descritiva e expressiva nem por conseguinte o fato mais ou menos trivial de que a Literatura é a arte da linguagem no sentido de arte verbal. É antes desenvolvida a partir da circunstância de que a linguagem como material configurativo da criação literária é ao mesmo tempo o veículo através do qual se realiza a vida humana propriamente dita. Essa descoberta não é nova. Wilhelm Schlegel a formulou quando disse que o "meio da poesia é o mesmo através do qual o espírito humano chega à consciência de si e organiza seus devaneios, ou seja, é a língua" [5].

Mas nesta frase já se insinua que este veículo não se limita aos símbolos significativos, às palavras, mas que ele determina a obra literária de maneira muito mais incisiva em sua essência artística. A lógica ou lógica lingüística da criação literária não significa, portanto, uma crítica da linguagem no sentido de Wittgenstein, mas pode ser designada com maior precisão como *teoria da linguagem,* que tem por objetivo examinar se e até que ponto a linguagem que produz as formas literárias (afirmação que por ora aceitamos) é *funcionalmente* diferente da linguagem usual de pensamento e de comunicação. *A lógica da Arte Literária como teoria lingüística da Arte Literária tem por objeto a relação dessa*

---

3. HUSSERL, E. *Logische Uuntersuchungen.* II, 1, Halle, 1928. p. 1.

4. L. WITTGENSTEIN, *Tractatus Logico-Philosophicus,* 9. ed., Londres, 1962, p. 62: "É humanamente impossível depreender dela (da linguagem usual diária) imediatamente a lógica lingüística. A linguagem disfarça o pensamento" (4.002). "Toda filosofia é 'crítica lingüística' " (4.0031).

5. SCHLEGEL, A. W. *Über schoene Literatur und Kunst.* (*Dt. Litteraturdenkmale des 18. u. 19. Jahrhunderts,* v. 17, 1884), p. 261.

INTRODUÇÃO

arte com o sistema lingüístico geral. A lógica literária deve ser compreendida, portanto, no sentido de *teoria lingüística,* sendo que esta teoria lingüística será desenvolvida a seguir como teoria do enunciado, podendo substituir o termo lógica, no curso de seu esclarecimento.

As várias teorias antigas e recentes da criação literária não me parecem ter chegado a resultados totalmente satisfatórios, porque a relação da Arte Literária com o sistema lingüístico geral não foi assimilada com bastante clareza, ou pelo menos não se tiraram dela as últimas conseqüências. Somente quando isso acontece é que vem à luz o fenômeno característico, específico da criação literária, isto é, a dificuldade de sua delimitação, que pode ser ilustrada com a definição de Hegel: "aquela arte toda especial em que a Arte começa a se dissolver". Logo veremos o fundamento deste conceito de Hegel e que conseqüências dele podemos tirar, conseqüências a que, confessamos, Hegel não chegou. Porque levando a sério este conceito, descobre-se o seu valor metodológico. Ele ilumina a tessitura lógica, oculta da obra literária, através da qual ela se relaciona com a tessitura dos processos lingüísticos e dos processos do pensamento em geral, ao mesmo tempo em que dela se diferencia. Freqüentemente, porém, surgem fenômenos inesperados, ao pôr-se a descoberto essa estrutura. Percebe-se primeiro, então, que o problema central da Arte Literária, o dos gêneros, se apresenta sob um outro aspecto, sob um outro princípio ordenado que os até então aceitos. A noção formulada por Goethe que, libertando-se da poética clássica, afirmava que as formas lírica, épica e dramática são as únicas "formas naturais" (Apêndices e discussões sobre o *Westoestlichen Diwan*) e que não as subordinava absolutamente aos gêneros tradicionais, antes as via atuarem conjuntamente "no pequeno poema", tem sido aceita principalmente na poética mais recente. Foi assim que Emil Staiger obteve novas possibilidades interpretativas do fenômeno literário, destilando dos conceitos formais tradicionais o elemento lírico, o épico e o dramático como consolidações de atitudes básicas do espírito, assim como a recordação, a representação e a tensão. E antes dele Robert Hartl também já reduzira os gêneros a formas de vivência, *Vermoegen des Gemuets,* a sentimento, às faculdades de conhecimento e de anseios.

É evidente que todas estas designações, por mais sutis que sejam, não passam de interpretações dos fenômenos dos gêneros literários, interpretações estas possibilitadas pela dissolução dos gêneros fixos em formas de vivência ou de expressão. Apesar de tudo os gêneros são formas fixas, que resistem a toda interpretação e a todo esclarecimento de sen-

X A LÓGICA DA CRIAÇÃO LITERÁRIA

tido. Percebemo-lo de modo imediato quando lemos um poema, um romance ou um drama. O romance por mais lírico que seja, a peça teatral por enredo mais épico que apresente, o poema lírico por menos lírico que pareça, sempre continuam um romance, uma peça teatral ou um poema, que nos atingem como tais. A forma de apresentação é que determina nosso contato com a obra — sendo que uma obra histórica, um livro científico, são assimilados de maneira diversa que um romance. Vivenciamos o poema lírico de maneira completamente diferente da de um romance ou de um drama, e vice-versa. E já nesta consideração pré-lógica verificamos que, quanto ao efeito sobre nós produzido, a ficção e o teatro se aproximam mais um do outro que da lírica, ao passo que esta se nos torna presente num outro plano de nossa imaginação.

Não foi até agora considerado devidamente, na poética dos gêneros e na interpretação de obras da Literatura, o fato de que a obra narrativa ou dramática nos transmite a vivência da ficção ou da "não-realidade", o que não acontece com a poesia lírica. Mas o que é transmitido como vivência tem sua causa nos próprios fenômenos transmissores. Os fenômenos são a lírica, o *epos* e o drama, mas também cada exemplar destes gêneros por si. A causa que determina que as duas últimas transmitem a vivência da não-realidade, sendo que a primeira transmite a vivência da realidade, não é outra senão a estrutura lógica, e conseqüentemente lingüística, que as fundamenta. A lógica da criação literária é com isso a sua fenomenologia. Este conceito não carrega aqui o significado específico nem da fenomenologia de Hegel nem a de Husserl. Não designa outra coisa além de uma descrição dos fenômenos em si — não no sentido de um método descritivo, mas de um sintomático, isto é, no sentido da fenomenologia goethiana: "Que não se busque nada atrás dos fenômenos, pois eles são em si a doutrina" (*Máximas e reflexões,* edit. por G. Müller n. 993). Ele entendia com isto a imposição de um sentido aos fenômenos, de um sentido que não pode ser desenvolvido a partir deles próprios, de um sentido metafísico de qualquer espécie, que faz dos fenômenos naturais uma Filosofia da Ciência, dos fenômenos históricos, uma Filosofia da História, em vez de uma ciência, ou, como diz Goethe, de uma teoria. Goethe aceitou e empregou a busca atrás dos fenômenos somente num sentido, ou seja, naquele já neles contido, o de serem eles a teoria. São a teoria, porque como fenômenos são ao mesmo tempo sintomas, porque o seu modo de ser ou modo de aparecer se remete a uma ou várias causas neles contidas, que condicionam seu modo de ser ou aparecer. Que estas causas possam

INTRODUÇÃO XI

estar ocultas de tal modo que dificilmente sejam reconhecíveis numa descrição dos fenômenos como tais também foi expresso por Goethe: "É lícito dizer: o fenômeno é uma conseqüência sem motivo, um efeito sem causa. É muito difícil ao homem encontrar razão e causa dos fenômenos por serem eles tão simples que se furtam ao nosso exame" (n. 1103). A Ciência Natural consiste metodicamente neste procedimento. Ela busca as causas dos sintomas apresentados pelos fenômenos e não descansa até encontrá-las estabelecidas numa lei, numa ordem, numa estrutura. Não nos cabe aqui ocupar-nos do problema muito difundido e muito discutido, que é a possibilidade de reduzir também a regras as ciências do espírito. Ocupamo-nos apenas com o fenômeno da Arte Literária, com a finalidade de demonstrar que pertence, assim como a linguagem, aos fenômenos altamente ricos em sintomas, cuja essência ou modo de ser não é fortuito (e só como tal tem que ser descrito), mas que é esclarecido e iluminado partindo da estrutura lógica oculta, que a fundamenta na qualidade de arte da linguagem, ou feita de linguagem.

Os próprios poetas não são mais cônscios desta estrutura lógica ou dessa regularidade do que nós quando a seguimos, sem disto nos apercebermos, em nossos pensamentos e comunicações verbais. Ao intérprete da criação literária, porém, estas regras, quando descobertas, podem abrir muitas portas, atrás das quais estão ocultos os segredos da criação literária e das próprias formas literárias. Quando formos analisar a poesia como a arte da linguagem, saliente-se novamente, não será a linguagem em relação à criação literária entendida no sentido estritamente estético da "linguagem literária", da "obra literária", mas sim como a *linguagem originadora de literatura,* isto é, será examinada quanto às funções lógico-lingüísticas, que a governam, na criação das formas literárias.

É necessário acentuar, para evitar quaisquer mal-entendidos, que a noção de criação literária deve ser compreendida no sentido estético mais amplo possível, *i.e.,* no sentido positivo e negativo: a linguagem também é originadora de literatura quando dela resulta apenas um romance de revista, um *libretto* de ópera ou um poema escolar. As leis lógicas são aqui absolutas e as estéticas são relativas; são objeto do conhecimento e não, como as últimas, conceitos de valor. Isto não impede, porém, que os conhecimentos das condições estruturais da valoração estética freqüentemente possam ser úteis na avaliação estética da forma. E com isso ressalta, com maior nitidez ainda, o fato de que o lugar da criação literária dentro do sistema da Arte é condicionado pelo seu lugar dentro do sistema lingüístico e, por conseguinte, do pensamento.

1. Fundamentos Lingüísticos Teóricos

OS CONCEITOS "CRIAÇÃO LITERÁRIA E REALIDADE"

O tema fundamental da lógica da criação literária, afinal, não é outro senão a tensão conceitual "criação literária e realidade" que, explícita ou implicitamente, sempre serve de base às considerações da Teoria Literária. Trata-se entretanto de definir, no sentido de seu confronto, as duas noções ligadas e ao mesmo tempo opostas nesses conceitos conhecidos, tratados mais ou menos de forma popular, defini-las com maior nitidez do que costuma acontecer no emprego corrente da Literatura.

Quanto à noção de realidade, é necessário mencionar, a título preventivo, que esta se tornou problemática, principalmente do ponto de vista das Ciências Naturais e da Logística modernas, podendo-se levantar contra o seu emprego, no presente estudo, a objeção de que a noção aparece no sentido de um realismo ingênuo ultrapassado. É necessário frisar, para enfrentar tal objeção possível, que o termo realidade aparece exclusivamente em seu sentido de confronto, ou seja, em sua relação com a ficção que é o que aqui nos interessa e não como objeto e problema da Teoria do Conhecimento e, conseqüentemente, não sob o ponto de vista do realismo ingênuo. Ele significa, como será esclarecido na seguinte exposição, nada mais do que a realidade da vida humana (da natureza, da história, do espírito) em confronto com o que experimentamos como "conteúdo" das obras literárias, o modo de ser da vida, em contraposição àquele criado e representado pela Literatura. E não parece fora de propósito afirmar que é justamente na definição exata desta diferença que

2 A LÓGICA DA CRIAÇÃO LITERÁRIA

o fenômeno da realidade sobressai, de modo particularmente nítido e rico, para além de toda definição teórico-científica.

O que significa, compreendida neste sentido, a tensão conceitual: criação literária e realidade? Significa duas coisas: que a criação literária é coisa diferente da realidade, mas também significa o aparentemente contrário, ou seja, que a realidade é o material da criação literária. Pois é apenas aparente esta contradição, já que a ficção só é de espécie diversa da realidade porque esta é o material daquela. Mas, assim que exprimimos isto na generalidade desta tensão conceitual, aparecem as primeiras dificuldades e apresentam-se as inexatidões e discrepâncias presentes no ponto de vista tradicional. Deixando de lado a pesquisa puramente histórica e sociológica das fontes e influências sobre a obra que, entre outras, inclui o romance documentário e o poema biográfico, a relação ficção e realidade aponta tacitamente na direção da literatura narrativa e dramática, sem, porém, limitar o conceito da ficção, consciente e expressamente, a estes gêneros. Não obstante, não é incluído nestes conceitos de criação literária e realidade, ou pelo menos não de modo imediato, o terceiro domínio daquilo que a poética e a consciência coletiva consideram criação literária, o lírico. De fato, essa tensão de conceitos só tem sentido com relação aos dois primeiros gêneros, não fornecendo o lírico nenhum material demonstrativo para ela. A razão de este fato ter sido um problema é que os conceitos de ficção e realidade, no sentido associativo por nós empregado, não foram analisados quanto ao seu significado exato. A noção de ficção só se apresenta no seu sentido multívoco depois de esclarecida a noção de realidade em sua relação com a ficção. Este esclarecimento é a tarefa do seguinte estudo.

Mas, neste ponto de partida, e a título de prelúdio, é necessário referir-nos a uma importante testemunha, cuja opinião, por assim dizer, ainda pouco refletida, mas tanto mais elucidativa, tem permanecido oculta: Aristóteles. Tem-se referido geralmente ao caráter fragmentário de sua obra, ao fato de ter tratado na sua *Poética* somente a epopéia e o drama, mas não o gênero lírico, ou presumiu-se que Aristóteles não tenha incluído a grande lírica do VI e V séculos, por pertencer esta poesia "cantada", isto é, acompanhada de música instrumental, ao domínio da Música[1]. Aristóteles, porém, menciona a poesia cantada, como logo veremos, a saber, o ditirambo e até música inteiramente instrumental como tais, mas justamente o contexto em que isso acontece

---

1. BEHRENS, Irene. *Die Lehre von der Einteilung der Dichtkunst.* Halle, 1940. p. 4.

FUNDAMENTOS LINGÜÍSTICOS TEÓRICOS

indica que ele não a incluía na lírica, mas precisamente na *poiesis*, e que, precisamente aquilo que designamos como poema lírico e até como "poesia", para Aristóteles não era "poesia", ou seja, *poiesis*, mas pertencia a um outro domínio das "obras literárias".

Estas relações revelam-se apenas quando se leva em consideração o fato de que Aristóteles define a noção *poiesis* pelo termo *mimesis*, sendo *poiesis* e *mimesis* para ele idênticos no sentido. A percepção deste fato parece ter sido impedida por ter-se perdido de vista o significado fundamental dos termos *poiein* e *poiesis*, a saber, "fazer, produzir" e também por se ter traduzido *mimesis* por *imitatio* no sentido de "imitação". Quando E. Auerbach deu o subtítulo de *Dargestellte Wirklichkeit* (A representação da realidade)* à sua conhecida obra *Mimesis*, restituiu ao termo proscrito o o seu lugar de honra e o restabeleceu no seu próprio sentido aristotélico. Então um exame mais minucioso das definições de Aristóteles demonstra que, na sua opinião, *mimesis* é muito menos decisivo no sentido de imitação, matiz de significado de fato nele contido, do que no sentido fundamental de representação, de fazer [2]. Isso é esclarecido não somente pela já mencionada e logo provada identidade de significados entre *poiesis* e *mimesis*, mas também e principalmente pelo conteúdo mais exato emprestado por Aristóteles ao termo "mimese". Com *mimeseis* são designadas as obras que têm por objeto os *pratontes*, personagens e com isso também *praxeis*, ações. "*Mimeseis* são a epopéia, a tragédia e a comédia, bem como o ditirambo e a maior parte das peças de flauta e cítara" [3], além disso também a dança, porque esta representa, com o

* Cf. E. AUERBACH, *Mimesis* ("A representação da realidade na literatura ocidental"), São Paulo, Ed. da USP/Ed. Perspectiva, 1971. (N. da T.)

2. Esta interpretação do conceito de mimese é confirmada por H. KOLLER em seu livro *Die Mimesis in der Antike* (Berna, 1954), que infelizmente não me era conhecido por ocasião da redação e publicação da primeira edição de meu livro. Koller mostra que já Platão, no 3º *Livro da Politéia*, entendia por mimese apenas representação, associando, p. ex., a palavra dessemelhante (*anomoios*) com mimeisthai: Homero deveria ser solicitado a não se atrever a representar o maior dos deuses de modo tão dessemelhante (*hutos anomoios mimesasthai*); imitar de modo dessemelhante é absurdo (p. 15). Platão designa a tudo que é narrado por mitologistas e poetas com o termo *diegesis*, narração, distinguindo entre a narração simples (*aple diegesis*), e *mimesis*. Também aqui mimese não significa imitação; significa que os personagens atuam por si, como personagens que falam. Platão o exprime com a equiparação do poeta com os personagens pela voz e figura (... e *kata fonen e kata skhema mimeisthai*). Na verdade Platão não quer dizer que os personagens da criação literária imitam a realidade, mas que o autor os narra de maneira mimética quando os deixa falar por si. Também Koller aceita o significado de representação para o termo de mimese da *Poética*, de Aristóteles (v. Nota 5) — V. também W. WEIDLÉ, *Vom Sinn der Mimesis* (Eranos-Jahrbuch) XXXI, 1962, pp. 249-273), que, com crítica parcial a Koller, considera o sentido da expressividade como adicional ao dar representação mimética (p. 259) e v. Zuckerkandl, *Mimesis* (Merkur, v. XII, 1958, pp. 224-240).

3. *epopoiia de kai he tes tragodias poiesis eti de komodia kai he dithürambopoietike kai tes auletikes he pleite kai kitharistikes pasai tünkhanusin usai mimeseis to sünolon* (1547ª).

4   A LÓGICA DA CRIAÇÃO LITERÁRIA

auxílio do ritmo e da mímica, "caracteres, paixões e ações" [4]. Que estes gêneros artísticos embora ultrapassem, pela inclusão de uma parte de música instrumental e de dança, o conceito mais estreito de "obra de arte verbal", ainda que sejam *poiesis* por serem *mimesis* [5], é consolidado, porém, apenas com a ajuda da sentença causal que aparece depois: "Visto que os personagens (*mimumenoi*) representam seres agentes, que necessariamente têm de ser nobres ou vulgares..., devem ser estes melhores ou piores do que nós, ou também iguais a nós" [6]. A conseqüência da sentença principal confirma a conclusão já tirada da identidade dos significados de *poiesis* e *mimesis*, ou seja, que o peso do termo *mimesis* não deve estar na *imitatio*, imitação, matiz de sentido nele contido, mas que este último penetra no conceito de "mimese" somente na medida em que a realidade humana fornece o material para a ficção que descreve e "faz" os personagens, essencialmente, portanto, para a poesia dramática e épica, cuja análise constitui, igualmente, o conteúdo da poética de Aristóteles.

Uma luz mais clara ainda é lançada sobre a identidade de *poiesis* e *mimesis* por dois trechos em si pouco significativos que possivelmente iluminam o motivo pelo qual aquilo que designamos como lírica não é tratado na obra intitulada *Peri Poietikes*. Aristóteles admira-se de que a gente em geral reduza o termo "fazer poesia" (*to poiein*) à métrica apenas, p. ex., ao elegíaco, mesmo quando uma obra literária assim versificada não é absolutamente *mimesis*, como a poesia de Empédocles: "quando a gente relaciona a poesia com a métrica, dá o nome de poeta épico ao poeta de elegias, portanto dá o nome de poeta não de acordo com a mimese, mas com a métrica... Homero e Empédocles, porém, nada têm em comum além da métrica (o hexâmetro), sendo o primeiro um poeta e o segundo mais um cientista" [7]. Na palavra grega

---

4. *...mimuntai kai ethe kai pathe kai praxeis* (*Idem*).

5. Surpreende, sendo porém significativo, o fato de incluir Aristóteles também o ditirambo dentre os *mimeses*. Este era um canto coral acompanhado de flauta, representando "ação", ou seja, os destinos de Dionísio e outros personagens mitológicos; dele se desenvolveram, já de acordo com a opinião de Aristóteles, a tragédia e a sátira teatral. Isto parece esclarecer por que é mencionada neste contexto "a maior parte das peças de flauta e cítara", evidentemente música instrumental que acompanhava os ditirambos e demais criações literárias "de representação". — Deve-se aludir, outrossim, ao fato de que originalmente a mimese se referia à dança e sua música acompanhante (Koller, p. 104).

6. *Epei de mimuntai hoi mimumeno: prattontas, ananke de tutus e spudaius e faulus einai... etoi beltionas e kath' hemas e kheironas e kai toiutus; hosper hoi grafeis* (1448[a]).

7. *hoi anthropoi ge sünapiontes to metro to poiein elegeiopoius tus de epopoius onomadzusin, ukh hos kata ten mimesin poietas alla koine kata to metron prosagoreuontes... uden de koinon estin Homero kai Empedoklei plen to metron, dio ton men poieten dikaion kalein, ton de füsiologon mallon e poieten* (1447[b]).

Também Koller destaca esta sentença, sem estabelecer, no entanto, uma relação entre *mimesis* e *poiesis*. Mas também frisa que Aristóteles encontrara na mimese o instrumento conceitual para "a separação da criação literária da pseudopoesia, pois, segundo o hábito de empregar a métrica como o sintoma

FUNDAMENTOS LINGÜÍSTICOS TEÓRICOS

füsiologos está contida a noção *logos* e, quando se examina mais um pequeno trecho da *Poética*, sobressai o sentido de uma diferenciação entre as noções *poiein* e *legein* (dizer), *mimesis* e *logos*, que indica que a noção de "Poesia" significava para Aristóteles exclusivamente a representação e criação de seres humanos agentes, mas ainda não através de uma "mensagem" metrificada que sempre se pretende "artística". Não é por acaso que este problema se torna agudo na "poesia narrativa". Ele critica o fato de um poeta épico falar "por si" (*auton*), em vez de criar personagens agentes mimeticamente. "Um poeta deve falar o menos possível por si, porque, se o faz, não é *mimetes* [8]."

E ele elogia Homero como o único épico que observou esta lei (*poiesis*), ou seja, que, logo após uma curta introdução, leva ao palco um homem ou uma mulher que têm a palavra [9].

A exclusão de "criação literária" não-mimética (entre aspas em referência a Aristóteles) da *poiesis* pode já ser compreendida como uma contribuição para o ponto de vista de que uma forma literária que não "faz" (*poiei*) ação, e respectivamente agentes, — que não cria seres fictícios, vivendo no modo da *mimesis* e não da realidade — está alojada num outro setor daquilo que hoje designamos como o sistema global da Arte Literária. Nosso estudo mostrará qual o significado desta diferença, que indicaremos através dos conceitos da literatura ficcional ou mimética e da lírica, para a estrutura lógica do sistema literário e com isso para a fenomenologia dos gêneros literários.

Ainda que a tensão conceitual criação literária e realidade esteja contida no conceito de *mimesis*, ela não se tornou temática em Aristóteles. Mas, dentro da natureza dos fatos não explícitos e inconscientes, a poética mais nova, que criou esses conceitos em confronto, ligou-se involuntariamente à definição aristotélica da criação literária, ou seja, limitou aqui o conceito de criação literária aos gêneros miméticos. Foi mencionado apenas isoladamente [10] o fato de que não se pode falar de uma relação da poesia com a realidade, concernente à lírica, no mesmo sentido que concernente à poesia narrativa ou dramática. E enquanto isso não foi trazido à consciência, com toda a clareza fenomenológica, não se cogitava

---

decisivo, o poema didático, que não é poesia, nela se incluiria, ao passo que o poema em prosa dela se excluiria. A verificação deste fato é o grande mérito de Aristóteles (*Idem*, p. 106).

8. *auton gar dei ton poieten elakhista legein. u gar esti kata tauta mimetes* (1460ª).

9. *Idem*.

10. Por exemplo, G. STORZ, "Über die Wirklichkeit von Dichtung", em *Werkendes Wort*, 1º Caderno especial (1952), p. 94.

6 A LÓGICA DA CRIAÇÃO LITERÁRIA

por que e em que sentido isso é possível e até natural para a poesia épica e dramática ou se isso condiz com sua essência. A divisão do sistema poético, tradicionalmente aceita, nos três gêneros paralelos num mesmo plano, impediu que se tomasse consciência da experiência fenomenológica originária (e que se desse a ela, consecutivamente, uma expressão teórica) de que um romance ou drama e, por outro lado, um poema lírico não se deixam encaixar num mesmo nível dentro de um sistema poético a não ser de modo até certo ponto artificial.

Aristóteles reduziu este artificialismo ao que em sua época era comum à epopéia e à elegia: a métrica, a versificação dística. A poética moderna, a teoria da literatura mais recente, encontrou a unidade dos gêneros literários em seu material, a linguagem. Nisto procedeu de modo mais fundamental e generalizado, mas menos consciente dos problemas do que Aristóteles e, por esta razão, não compreendeu com exatidão nem a problemática da realidade nem a da criação literária. Mas, conforme já o estabelecemos como um problema na introdução, é de fato o material lingüístico da criação literária que esclarece finalmente o conceito de realidade e ficção e, através disso, o conceito e o sistema da criação literária em si.

Foram então realizadas algumas experiências importantes no sentido de compreender o problema da criação literária partindo da linguagem e não somente da linguagem poética, mas também da linguagem que faz a poesia. Um dos primeiros que atacou energicamente este problema foi Hegel. Sua sentença já mencionada na introdução, que exprime com a maior nitidez possível a sua estética, soa na íntegra: "Apresenta-se então a criação literária [11] como aquela arte especial, na qual a Arte começa a se dissolver ao mesmo tempo que consegue a passagem do seu conteúdo filosófico... à prosa do pensamento científico" [12]. Com esta sentença de Hegel já nos encontramos naquele domínio da Teoria Literária que, sendo especificamente lógico, devemos diferenciar do estético. Hegel percebeu agudamente esta situação quando verificou que o verdadeiro material da criação literária não era a linguagem como tal, mas sim "a imagem e a idéia do espírito", com relação às quais "o material, através do qual ela se manifesta, tem somente o valor de um instrumento, se bem que artisticamente tratado da exteriorização do espírito

---

11. Como se sabe, poesia significava no tempo de Hegel criação literária em geral, sem limitação à lírica. Com referência ao termo "científico" ver Nota 16.

12. HEGEL. *Vorlesungen über die Aesthetik*. Edit. Hotho, Berlim, 1843. p. 232.

FUNDAMENTOS LINGUÍSTICOS TEÓRICOS 7

para o espírito"[13]. Hegel separa nitidamente aqui o lado lógico do lado estético da criação literária, embora não tenha examinado a fundo o problema da linguagem em si, nem reconhecido a relação entre a sua função lógico-gramatical e a da construção da poesia. O que importa, porém, neste contexto, é a tese de Hegel de que a criação literária está em perigo de ser dissolvida como arte e, conseqüentemente, o sistema da Arte, porque ela pertence ao sistema geral da imaginação e do pensamento, sendo "a imaginação mesmo fora da Arte o modo mais freqüente da conscientização"[14]. Nesta verificação aparece *aquela* noção de realidade que é a única que contém o critério da forma e das formas literárias: *a* realidade, que existe no modo do pensado, isto é, como objeto da imaginação e de todo gênero de descrição. "O pensamento", diz Hegel, "volatiliza a forma da realidade na forma de conceito puro, e embora compreenda os objetos reais em sua particularidade essencial e em sua existência real, sempre eleva esse particular ao elemento ideal geral, no qual somente o pensamento está alojado"[15].

A "realidade volatilizada na forma de conceito puro" é a realidade que, tanto na linguagem poetizante como na não poetizante, pode ser construída "na prosa do pensamento científico"[16]. O que distingue uma paisagem pintada de uma real não é difícil de ser indicado. Não é tão palpável, porém, o limite entre a descrição de uma paisagem num poema e uma descrição não-poética (digamos assim enquanto nos encontramos em indefinição pré-lógica). O mundo imaginário da poesia distingue-se do "prosaico" extrapoético não pela categoria do material e da forma geométrica (como o material e o modelo de uma pintura se distingue desta). E Hegel constatou que é uma tarefa difícil "separar a imaginação poética da prosaica"[17]. Facilita ele, porém, decerto demais, quando estabelece como critério desta diferença "a imaginação artística"[18]. Porque esta não é de modo algum a instância capaz de evitar que a Arte comece a se dissolver e transitar na prosa do pensamento "científico", isto é, teórico. É, outrossim, imediatamente evidente que esta noção psicológica indefinida é inaproveitável na verificação destas relações estritamente lógicas que Hegel ilumina em sua importante sentença acima mencionada, sem, no entanto, analisá-la e

---

13. *Idem*, II, p. 260.
14. *Idem*, III, p. 234.
15. *Idem*, III, p. 242.
16. Pensamento científico significa em Hegel (e Fichte) pensamento teórico.
17. VORLESUNGEN über die Aesthetik. III, p. 234.
18. *Idem*, III, p. 228: "Podemos compreender em geral esta diferença, de modo que não é a imaginação como tal, mas a fantasia artística que torna um conteúdo poético".

A LÓGICA DA CRIAÇÃO LITERÁRIA

esclarecê-la satisfatoriamente. Ele não desenvolveu na sua estética a noção mencionada de realidade, orientadora do sistema literário e, com isso, não levou a termo "o modo de ser" da criação literária já corretamente concebida como parte dos sistemas gerais do imaginário e da língua.

Mas o seu ponto de partida já é bastante importante para voltarmos a ele, por assim dizer, pelas portas do fundo das teorias literárias modernas, que pensaram além neste sentido e tratam a criação literária como parte do sistema lingüístico geral. Isto vale em primeiro lugar para o discípulo moderno de Hegel, Benedetto Croce. Sem partir de Hegel neste ponto particular, eliminou, em sua *Aesthetic als Wissenschaft vom Ausdruck und allgemeine Sprachwissenschaft* a problemática vista por Hegel. Croce elimina qualquer perigo de dissolução da poesia em "prosa do pensamento científico", pela divisão bipartida à qual procedeu no âmbito do conhecimento e sua manifestação lingüística em geral: a divisão em conhecimento "intuitivo" e "teórico" (lógico). O intuitivo é o conhecimento de coisas separadas individuais e o lógico é o conhecimento do geral, sendo que o primeiro se realiza em imagens e o último em conceitos. O conhecimento intuitivo e a linguagem de imagens que lhe é atribuída, a expressão, são compreendidos, pois, num sentido muito amplo. Toda sentença em que descrevemos uma coisa ou um acontecimento individual já é uma intuição e com isso uma expressão. Existe intuição quando dizemos "este copo de água", ao passo que o pronunciamento "a água" é um conceito geral [19]. Croce elimina, portanto, a abstração de um enunciado, assim que este se referir a um fenômeno individual e não a um conceito (dentro do qual ordenam fenômenos individuais). Partindo deste princípio (cuja problemática não está aqui em discussão), é compreensível que Croce tenha que designar todos os ditos da poesia como intuições ou expressões. Porque a poesia não descreve conceitos gerais, isto é, não é conhecimento teórico, mas descreve sempre fenômenos únicos e individuais. Também as "máximas filosóficas, proferidas pelos personagens de uma tragédia ou comédia, não têm mais ali o papel de conceitos, mas de características dessas pessoas: do mesmo modo que o vermelho de uma figura pintada não é mais o conceito da cor vermelha no sentido físico, mas um elemento caracterizador daquela figura... Uma obra de arte pode ser cheia de conceitos filosóficos... Mas apesar disso o resultado da obra de arte é uma intuição" [20], isto é, não é conhecimento teórico.

19. CROCE, B. *Aesthetik als Wissenschaft vom Ausdruck*. Tübingen, 1930. p. 24.
20. *Idem*, p. 4.

FUNDAMENTOS LINGÜÍSTICOS TEÓRICOS 9

Por mais incontestável que seja este exemplo da poesia dramática aqui escolhido — a preferência de Croce por este exemplo é significativa, mas também algo suspeita — a aplicabilidade da estética expressiva é diminuída pelo fato de ser o âmbito de utilização da forma de conhecimento intuitivo-expressiva amplo demais. Porque se todos os enunciados que significam fenômenos individuais e por isso também a "História" no sentido de Ciência da História são designados como intuição e subordinados ao conceito geral da Estética, não existe mais uma Ciência da Arte, no caso, Ciência da Literatura e desaparece toda a possibilidade de distinguir-se a "expressão" poética da extrapoética. Se o enunciado "este copo de água", que pronuncio com referência à realidade, é uma "intuição", tanto quanto o é o mesmo enunciado num contexto poético, a estrutura da poesia já não é reconhecível. E inversamente — cabe aqui também a pergunta — pode ser eliminado o sentido "teórico" de um conceito, só por este estar num conceito intuitivo, por mais legitimado que esse conceito o seja? Rickert toca nesse problema quando (sem referência a Croce) na introdução de seu livro sobre o *Fausto* de Goethe levanta a questão de se, "nas obras de arte formadas por palavras e frases, o sentido compreensível artisticamente que elas têm na qualidade de poesia pode ser separado completamente daquele sentido teórico que as suas palavras e frases podem exprimir adicionalmente" [21].

De fato, o problema da posição da criação literária no sistema geral da língua, já abordado por Hegel, e com isso também o problema específico da realidade, relevante para a criação literária, não é resolvido quando se determina de modo tão ditatorial, como Croce, a linguagem, ou melhor, o peso significativo da linguagem pelo contexto, do qual constam enunciados e palavras. Certamente, como veremos mais adiante, o contexto tem significado decisivo para a determinação das formas e gêneros da criação literária. Mas este significado não pode ser simplesmente "emprestado", indicado por um rótulo arbitrário como o conceito de expressão, mas nasce de uma observação exata das funções lingüísticas.

Tal procedimento é encontrado no conhecido livro de Roman Ingarden *Das literarische Kunstwerk* (A obra literária) que, com base na teoria do juízo de Husserl, portanto numa epistemologia ontológico-fenomenológica, procura separar o modo de ser da poesia daquele outro da "prosa" do enunciado da realidade. O problema de Hegel (ao qual também aqui não fazemos referência) surge aqui mais nitidamente que em Croce, porque também aqui é o sistema do

---

21. RICKERT, H. *Goethes Faust*. Tübingen, 1932. p. 23.

10 A LÓGICA DA CRIAÇÃO LITERÁRIA

imaginário, isto é, a relação transcendental da imaginação com a realidade (de "essência autônoma"), a base do sistema de juízo. No entanto, também Ingarden não vai muito além de uma rotulação dos fenômenos aqui presentes de pensamento e linguagem; e se Croce faz rótulos com conceitos amplos demais, com Ingarden dá-se um conceito de diferenciação excessivamente estreito — mesmo quando o conceito "obra literária" é aplicado somente à poesia épica e dramática (como tacitamente presumido no livro, em todo o caso somente adaptado à terminologia inglesa). Não se trata de mais nada do que da prova do fenômeno e da experiência da "não-realidade" destes gêneros da criação literária. Para esta prova, porém, Ingarden serve-se de um instrumento epistemológico, que se manifesta ao menos como pouco vigoroso, a saber, do conceito do "quase-juízo". Este conceito nasce da teoria fenomenológica dos "objetos intencionais". Mas esta faz distinção entre os objetos apenas "intencionais" e os "puramente intencionais". "Puramente intencional" significa a imagem de um objeto (real ou ideal), como tal, ou melhor um fato imaginado, que ainda não se transformou em objeto de um "juízo". Se passar a ser objeto de um juízo, isto significa que "é transferido... à esfera essencial real"[22], isto é, que é referido a um objeto ou fato realmente existentes. Neste caso temos um "juízo autêntico", cujo enunciado é verificável, e que preenche "o requisito da verdade". Isto significa que o "fato" determinável pelo juízo, "realmente existe, não como um puramente intencional, mas como um fato radicado numa esfera do ser que, se confrontada com o juízo, é independente do ser"[23] — como se encontra na definição fenomenológica daquilo que designamos em seguida como enunciado de realidade (e que definiremos em seu devido momento). As sentenças, de que consiste uma obra de ficção (um romance ou drama), não são juízos autênticos, mas sim "quase-juízos", definidos pelo fato de não conterem uma transferência para uma esfera do ser real. O objeto poético existe somente de maneira puramente intencional. Mas com isso ainda não se esgota, para Ingarden, a descrição da relação entre criação literária e realidade. Que a realidade não obstante é o material da ficção é assim expresso: que "os correlatos da sentença são transferidos de acordo com o seu conteúdo para o mundo real"[24]. Mas a pura intencionalidade é mantida pela definição de que "o deslocamento... é realizado não no modo da total seriedade,

---

22. INGARDEN, R. *Das literarische Kunstwerk*. 2. ed. Tübingen, 1960. p. 170.
23. *Idem*, p. 171.
24. *Idem*, p. 178.

FUNDAMENTOS LINGUÍSTICOS TEÓRICOS 11

mas de maneira particular que apenas simula essa seriedade. Por isso os fatos e os objetos puramente intencionais são apenas tratados como realmente existentes sem que estejam... embebidos com o caráter de realidade" [25]. Ingarden julga então que são os assim definidos "enunciados de quase-juízos" que têm a capacidade de "causar a ilusão da realidade", que "levam consigo um poder sugestivo que nos permite, na leitura, imergir num mundo fingido e viver num mundo especial não real, contudo parecendo real" [26]. Esta redução do caráter de não-realidade de uma obra mimética às sentenças das quais consiste não parece, entretanto, de modo algum, esclarecer suficientemente o fenômeno. Pois ela não representa, enfim, mais que um círculo. As sentenças e enunciados de um romance são constituídos como "quase-enunciados" somente pelo fato de constarem num romance. Não é a sentença em si: "Tudo estava em reviravolta na casa Oblonsky", com a qual Tolstói inicia *Ana Karênina,* que provoca como tal a ilusão da realidade. Porque segundo a sua forma, ela pode, desligada do contexto, ser uma comunicação sobre uma realidade, por exemplo, parte de uma carta. A não-realidade do mundo do romance é obtida, como veremos, por funções completamente diversas das funções da linguagem, a saber, por funções autênticas, que são a causa dos fenômenos. A designação das sentenças de um romance ou drama como quase-juízos não exprime nada mais do que o fato tautológico de que, quando lemos um romance ou drama, sabemos que estamos lendo um romance ou um drama, isto é, que não nos encontramos numa situação real. Ingarden — e naturalmente não apenas ele — omitiu o fator decisivo que produz "a realização misteriosa da obra literária" [27], e que foi definido por Aristóteles como a mimese de agentes (de homens em ação). Na tentativa de Ingarden em definir a origem do romance histórico, esse mal-entendido adquire proporções fantásticas. Para esta categoria não mais lhe parece, válido o conceito do quase-juízo. Aqui, diz ele, "aproximamo-nos ainda mais um passo dos juízos autênticos" [28], pois se leva em conta uma realidade identificada como real, sem que ela seja representada em sua realidade, sem que "os fatos concebidos intencionalmente correspondam inteiramente aos reais" [29]. O caráter romanesco do romance histórico (e com isso de todo romance) já é inteiramente deturpado pelo fato de que

25. *Idem.*
26. *Idem,* p. 182.
27. *Idem,* p. 180.
28. *Idem.*
29. *Idem,* p. 181.

12 A LÓGICA DA CRIAÇÃO LITERÁRIA

a realidade conhecida como histórica, que é a matéria desses romances, é tomada do ponto de vista da teoria literária por uma realidade diversa de qualquer outra configurada em romances (como explicaremos melhor adiante). E essa deturpação apresenta-se ainda mais nitidamente quando se julga poder distinguir um romance histórico de uma obra científica sobre a história, graças somente aos quase-juízos, quando se pensa que entre os dois possa ocorrer uma passagem de quase-juízo a juízos autênticos e que com isso se possa obter de um romance histórico um relatório científico sobre história. "Assim se nos apresenta de novo (no romance) o passado há muito desaparecido nos fatos agora intencionais que o representam, mas não é ele mesmo que é aqui apreciado, porque falta o último passo que separa as sentenças de quase-juízos das sentenças de juízo autêntico: a identificação e com isso o assentamento definitivo no *modus* da total seriedade, bem como o ancoramento das intenções dos conteúdos significativos na respectiva realidade. É apenas com a passagem para uma consideração científica ou para um simples relatório de fatos recordados que seria dado o último passo, mas com isso obter-se-iam também os juízos autênticos [30]." É, de fato, difícil imaginar um romance histórico de acordo com esta descrição. Ela esclarece, porém, especialmente bem que o conceito do quase-juízo não descreve de modo algum a estrutura lingüístico-literária nem a forma específica de apresentação do romance, mas que não é outra coisa senão uma atitude psicológica indefinida do autor e conseqüentemente do leitor: os modos da total seriedade ou da não-total seriedade, isto é, a atitude para com o romance histórico (mas também para com o drama) que é diferente da atitude para com o relatório histórico. É somente o estudo das funções da língua que mostrará que nunca poderá ocorrer a passagem de um romance histórico para um relatório histórico da realidade e que são os fatos "representantes", a saber miméticos, omitidos por Ingarden, que a tornam impossível [31].

---

30. *Idem*, p. 181.

31. Ingarden refutou na nova edição de seu livro minha crítica à teoria dos quase-juízos (pp. 184-192). Esta crítica não se referia à teoria, ou seja, à definição do termo quase-juízo como tal, porém ao seu emprego na descrição da literatura ficcional. Não posso considerar refutadas, portanto, as minhas objeções pelos esclarecimentos de Ingarden. Ainda não me parece convincente estabelecer a ficcionalidade de um mundo romanesco (do qual se trata em primeira linha) pela constatação de que as sentenças que constituem um romance sejam quase-juízos (no sentido indicado por Ingarden). Minha objeção à prova tautológica é apenas confirmada por Ingarden (embora ele pretenda refutá-la), quando diz: "... sabendo de antemão que estamos lidando com uma obra literária, também sabemos — se é que tenho razão — que estamos tratando somente com quase-juízos" (p. 189). Ingarden alude em seguida ao sinal de asserção introduzido na Lógica por Russell a fim de distinguir as

FUNDAMENTOS LINGUÍSTICOS TEÓRICOS 13

Tanto na teoria de Croce como na de Ingarden sobre a matéria lingüística da criação literária e com isso sobre a criação literária em si, a linguagem é compreendida e descrita apenas aparentemente em sua qualidade construtora de poesia e, por isso, ambas as teorias se dissolvem em tautologias. A diferença entre a linguagem da criação literária e a linguagem da realidade somente pode ser percebida quando for examinada não somente a linguagem, as sentenças em si, mas o que há por detrás e debaixo dela. Somente a estrutura que então surgirá pode denunciar de que maneira a ficção se distingue da realidade. É somente aí que se estabelece então a tensão conceitual criação literária e realidade em seu sentido total, referindo-se não somente aos gêneros miméticos, mas compreendendo também o lírico, de modo a se iluminarem e delinearem mutuamente tanto a fenomenologia da criação literária quanto a da realidade. Com isso já fica indicado que é justamente o matiz de significado da comparação, contido na tensão conceitual ambígua, que é de importância para o nosso exame. Por ser a "imaginação" que se manifesta na linguagem, como verificou Hegel, a forma mais usual da conscientização, mesmo quando fora da Arte (arte verbal), a constante *comparação da linguagem da poesia com a linguagem da não-poesia* é o meio indicado para a pesquisa da estrutura da poesia (como fenômeno global).

assim chamadas "teses" do sistema lógico de meros "enunciados" (privados de sua função declarativa) e indica, aplicada à criação literária, como "sinal lingüístico externo, dos quee empregamos para designar o quase-juízo..., uma entoação diferente, realmente diferente da entoação que damos às sentenças científicas", assim como "o título ou subtítulo também nos informam de que estamos lidando com um romance ou drama" (p. 190). O contraste entre sentenças científicas e quase-juízos parece referir-se aqui apenas ao romance histórico, ao qual alude Ingarden com referência à minha crítica, ao passo que a entoação característica das sentenças romanescas provavelmente é compreendida em geral. Sem discutir aqui os sinais assumidos de entoação que caracterizariam os quase-juízos, continua a parecer-me desaconselhável o emprego do critério de quase-juízos na verificação da ficcionalidade do mundo romanesco ou dramático. Pois eles apenas *afirmam* a ficcionalidade, mas não mostram como ela é produzida.

Quando Ingarden me censura por "ter feito suas as palavras: somente os quase-juízos distinguem um romance histórico de uma obra histórica correspondente" (p. 190), mencionando em seguida outras diferenças por ele desenvolvidas: "outro estilo lingüístico, uma composição diferente, a presença de uma multiplicidade de opiniões *a priori*, a função representativa dos objetos representados, a existência dos valores estéticos..." (p. 190), devo aqui continuar a insistir que entre todos estes sintomas falta o critério mais decisivo: ou seja, o dos personagens fictícios, *i. e.*, dos personagens configurados em seu agora e aqui fictício, qua fazem de um romance um romance e cuja função estrutural narrativa é exposta em meu livro. — É lícito também que eu proteste contra a opinião evidente de Ingarden de ter responsabilizado minha teoria de incluir sentenças com suas propriedades como juízos lógicos. Meu conceito de enunciado de realidade não pertence à lógica do juízo, mas à teoria lingüística (como se esclarecerá ainda melhor nesta segunda edição de meu livro) e também não o emprego na primeira edição no lugar do termo juízo (Ingarden, p. 189, Nota 1). Que ele antes de tudo não significa enunciado *sobre* a realidade, já foi demonstrado na primeira edição.

14 A LÓGICA DA CRIAÇÃO LITERÁRIA

O SISTEMA ENUNCIADOR DA LINGUAGEM

Conceito de enunciado

Se queremos reconhecer os critérios da linguagem poética em comparação com a não-poética, importa inicialmente examinar esta última do ponto de vista da estrutura que a distingue categoricamente da poética, a que cria literatura. A lógica da criação literária é apresentada assim como uma lógica lingüística da criação literária, com fundamento na *Teoria da Linguagem.* Por esse motivo, deve-se intercalar aqui um exame mais aprofundado, que por ora prescinde do campo da criação literária e considera primeiro a estrutura da linguagem, isto é, o que designamos como o *sistema enunciador da linguagem.*

Na primeira edição deste livro partiu-se do pressuposto de que a noção de enunciado seria uma noção da Teoria da Linguagem, mas somente renovadas pesquisas demonstram que o fenômeno do enunciado não foi até hoje, propriamente, percebido e descrito. Da mesma forma a Teoria da Linguagem apresenta a esse respeito ao menos uma lacuna, embora ela se tenha aproximado uma vez ou outra da essência do enunciado. Mas, por outro lado, é bem compreensível que esta lacuna ainda exista e que não tenha sido sentida dentro da Teoria da Linguagem e até na Lógica e na Gramática. Porque de fato o fenômeno do enunciado torna-se visível do ponto de vista da estrutura teórico-lingüística da criação literária e sobretudo da narrativa. O motivo por que a narração épica ou ficcional é a que fornece os critérios decisivos para todo o sistema da criação literária resultará das exposições que seguem. E aqui se apresenta o caso notável em que a análise da estrutura literária ajuda a conhecer uma parte essencial da estrutura lingüística.

O uso freqüente do conceito, ou melhor, do termo "enunciado" na Lógica, Gramática e Teoria da Linguagem alemãs, torna necessária uma discussão terminológica do sentido em que ele é empregado, mesmo que corramos o risco de abordar fatos evidentes e outros que quase nunca suscitaram dúvidas dentro da Literatura. Mas justamente por ser altamente convencional na Lógica, o uso deste termo deve ser levado ao conhecimento para evitar mal-entendidos terminológicos e, conseqüentemente, também de cunho objetivo.

Na Lógica, a noção de enunciado é usada com o mesmo significado que a de juízo; já nas traduções do *Organon* de

FUNDAMENTOS LINGUÍSTICOS TEÓRICOS 15

Aristóteles, os dois termos se alternam, para se referirem ao que Aristóteles chama de *logos apofántkos,* a saber, um discurso que pode ser verdadeiro ou falso (o que, como observa Aristóteles, não acontece com todos os discursos, como não acontece, por exemplo, num pedido). Em geral o "discurso enunciador" é designado mais tarde como juízo predicativo na forma S é p, do qual, como juízo "simples", se desenvolveu a teoria dos juízos com todas as formas de juízo. Mas, por exemplo, I. M. Bochenski emprega no seu livro *Formale Logik* (Lógica formal) exclusivamente o termo "enunciado", sobretudo em adendo ao *Wortschatz der zeitgenoessischen formalen Logik* (Vocabulário da lógica formal moderna) [32].

Com respeito à presente exposição, prefiro seguir a tradição mais antiga e empregar o termo "juízo" como pertencente à Lógica, o termo "enunciado" como pertencente à Teoria da Linguagem, e acrescento desde já o terceiro termo que aparece, a "sentença", como reservado à Gramática. Meus motivos para isso são a inequivocidade que resulta de seu uso na língua alemã, ou seja, do sentido que é determinante nesses termos. Porque, embora a palavra "juízo" (*iudicium*) provenha da linguagem jurídica, tendo se transformado num termo da Lógica somente através da apreciação da veracidade ou falsidade de uma asserção, é entretanto mais inequívoca e exata para o mesmo fenômeno do que o de "enunciado". Quando dizemos juízo predicativo (ou hipotético, apodítico etc.), nenhum dos outros significados extralógicos da palavra "juízo" é lembrado; o âmbito da Lógica permanece fechado. É diferente o que acontece com o termo "enunciado"; estende-se à Gramática, onde pode significar proposição. E conserva, também como termo da Lógica, certo acento de incerteza no significado; Bochenski sublinha expressamente que compreende "como enunciado uma expressão (um símbolo compreendido materialmente) e não aquilo que este símbolo representa" [33].

De fato, no conceito "enunciado" penetra de modo muito mais sério e mais definitivo a conotação do "enunciar" e do "fato enunciado" do que no conceito "juízo" a conotação do "julgar" e do "fato julgado". Isso já se expressa, embora involuntariamente, nas definições do juízo predicativo. "Os discursos ou são um simples enunciado, quando afirmam algo sobre algo, ou... quando negam algo sobre algo..." — é assim que Kirchmann traduz a proposição de Aristó-

---

32. BOCHENSKI, J. M. *Formale Logik.* Freiburg, 1956. p. 24.
33. *Idem.*

16 A LÓGICA DA CRIAÇÃO LITERÁRIA

teles... *tuton de he men haple esin apofansis, hoion ti kata tinos e ti apo tinos*... e é claro que o tradutor, que chama a Hermenéia de "teoria do juízo", não poderia aqui empregar a palavra "julgar" [34]. Nesta expressão, somente "os discursos" são ativados como "enunciantes". Mas é estranho e sintomático o que foi escrito por Chr. Sigwart: "Aquilo que ocorre quando formo um juízo e o pronuncio pode superficialmente ser considerado como: eu declarando algo sobre algo" [35]. Esta formulação "psicológica" que inclui o ato de enunciação não contribui, entretanto, para a definição de juízo de Sigwart. O "eu... enuncio" é novamente omitido e é objeto da análise somente o fato lógico, a estrutura do juízo, que algo é enunciado sobre algo, isto é, a relação do sujeito do juízo com o predicado do juízo. "Em todo o caso, estão presentes aqui dois elementos: um é aquilo que é enunciado, *to kategorumenon*, o predicado; o outro é aquilo sobre o qual é enunciado, *to hüpokeimenon*, o sujeito [36]." Sigwart designa, contudo, esta fórmula de juízo como "uma designação apenas superficial, emprestada da fala". Mas mesmo quando ele procede em seguida "psicologicamente", isto é, quando considera o juízo como linguagem objetiva (empregando aqui o termo da lógica moderna), a saber, como "enunciado" que "não diz respeito às palavras em si, mas aquilo que é representado pelas palavras" [37], as suas· considerações transformais, não obstante, agem dentro do quadro da relação S-p, que é estabelecida pela forma do juízo. Porque para esta é indiferente que as suas variáveis S e p representem palavras, ou fatos representados pelas palavras.

Mas não se trata aqui de uma discussão desta lógica de juízo mais antiga, mesmo psicologicamente mal-entendida. Com o exemplo de Sigwart queríamos apenas mostrar como é grande a tendência do termo "enunciado", como juízo predicativo, de abandonar o domínio lógico e transferir-se, conservando a fórmula de juízo S é p, para o domínio da linguagem e da fala.

O juízo predicativo S é p foi sempre posto em relação com a proposição, e a Lógica com a Gramática, porque é a proposição, e nomeadamente a proposição declarativa, como forma fundamental da proposição, que formula verbalmente o juízo. Tendo sido empregado o termo enunciado,

34. *Aristoteles' Hermeneutica*, Trad. de J. H. v. Kirchmann, Leipzig, 1876, p. 59.
35. SIGWART, Ch. *Logik* I. 4. ed., Tübingen, 1921. p. 31.
36. *Idem.*
37. *Idem*, p. 32.

FUNDAMENTOS LINGÜÍSTICOS TEÓRICOS 17

para juízo, também a proposição declarativa foi designada como proposição enunciativa e distinguida das outras modalidades proposicionais, como da proposição interrogativa, optativa, imperativa e exclamativa. Na proposição declarativa ou enunciativa, o juízo e a proposição confundem-se até a identificação completa: o sujeito do juízo é idêntico ao sujeito da proposição, e o predicado do juízo ao predicado da proposição. Husserl formula de modo inequívoco, com relação às duas partes do juízo predicatico, o *hypokeimenon* e o *kategoroumenon*: "Toda proposição enunciativa deve ser constituída destas duas partes" [38]. — Há outras opiniões, baseadas em diversas interpretações de juízo e proposição. Por exemplo, H. Ammann não quer que a proposição enunciativa seja compreendida como a mera formulação verbal do juízo, com o que ele recusa também, implicitamente, a identidade terminológica entre juízo e enunciado. Isto porque ele não define o juízo como uma estrutura formal em duas partes, mas como um ato reconhecível, que é referido a uma consciência julgadora. Mas uma proposição como "o pássaro canta" não é um juízo do ponto de vista da formulação verbal, porque dela não mais participa uma consciência julgadora, mas somente uma proposição declarativa "que só pode simular um juízo quando justamente se equipara a proposição (declarativa) ao juízo" [39]. E Ammann estabelece: "A relação entre o sujeito gramatical e o predicado gramatical nada tem a ver aqui com a relação entre o sujeito e o predicado de um juízo porque não há juízo aqui, mas simples revestimento da língua de fatos existentes" [40].

Mas por mais diferentes que sejam as opiniões e definições de juízo e proposição, por mais que a terminologia tenda a apagar os fenômenos — pela equiparação ou respectivamente pelo uso alternado de juízo e enunciado, proposição declarativa e enunciativa — dois fatos são sempre verificáveis, inatingidos por estas divergências, indicando por isso o caminho para novos fatos e problemas, por ora, como o vejo, não considerados.

O primeiro destes dois fatos é menos relevante. Refere-se à relação já mencionada de lógico do juízo e gramática, nomeadamente ao simples fato de que estes se encontram apenas em *um* aspecto lógico-gramatical: na proposição declarativa ou enunciativa. Daqui se separam imediatamente a teoria do juízo e a teoria da proposição, seguindo cada

---

38. HUSSERL, E. *Erfahrung und Urteil*. Hamburgo, 1948. p. 4.
39. AMMANN, H. *Die Menschliche Rede*. v. II: *Der Satz*, Lahr, 1928. p. 125.
40. *Idem*, p. 123.

18   A LÓGICA DA CRIAÇÃO LITERÁRIA

uma o seu caminho. A teoria do juízo trata dos vários gêneros de juízos, exceto do predicativo: a teoria da proposição desenvolve-se na sintaxe e trata do sujeito e predicado, não como formas de juízo, mas como partes da proposição. É justamente este fato que nos sugere a questão, levantada por Ammann sob um outro ponto de vista, se o encontro de juízo predicativo e proposição na "proposição enunciativa" não seria mero encontro ilusório e se a fórmula de juízo S é p ganha a impressão de coincidir com a proposição apenas devido aos nomes das partes de sentenças gramaticais, sujeito e predicado.

O segundo fato está ligado naturalmente a esta relação de juízo e enunciado, mas é de significado muito mais decisivo para o nosso problema. Trata-se de uma lacuna, existente no tocante ao problema do enunciado, entre a Lógica e a Gramática, e que pode ser preenchida naturalmente apenas por uma terceira disciplina, que é a Teoria da Linguagem. Quando Sigwart formulou a definição de juízo no sentido "que eu enuncie algo de algo", tocou, sem o saber, no problema teórico-lingüístico, que ele imediatamente apenas por uma terceira disciplina, que é a Teoria apenas a fórmula de juízo tradicional "é enunciado algo sobre algo". Pois bem, nem Sigwart — o seu nome aqui representa a Lógica antiga em geral —, nem a Gramática que trata da proposição enunciativa, precisou preocupar-se com o significado deste "eu enuncio". Por outro lado, também a Psicologia e a Fenomenologia nada têm a ver com isso, porque o significado do "eu enuncio" desta proposição não é o de um ato-de-consciência, de uma "atividade subjetiva"; a definição apresentada nesta proposição se refere ao juízo, mas não ao ato-de-julgar. Isso deve ser frisado especialmente com referência a uma observação de Husserl, que em *Erfahrung und Urteil* (Experiência e juízo) critica a Lógica tradicional por não ter colocado "o ato-de-julgar como atividade subjetiva", como "obra da consciência", "no centro das suas reflexões, como teria sido necessário, mas de ter pensado poder abandonar esse assunto à Psicologia" [41]. Husserl estabelece a problemática do julgar como atividade subjetiva — como ele quer, não psicológica, mas fenomenológica — como alternativa necessária à teoria de juízo formal, na qual, como é dito expressamente, o juízo "é dado ao logicista primeiramente... em sua formulação lingüística como proposição enunciativa" [42]. Esta alternativa, respectivamente "a bilateralidade da temática lógica" estabelecida por

---

41. ERFAHRUNG und Urteil. p. 9.
42. *Idem*, p. 7.

FUNDAMENTOS LINGÜÍSTICOS TEÓRICOS 19

Husserl, clarifica consideravelmente o fato de que existe uma lacuna entre a Lógica e a Gramática com relação ao problema do enunciado, lacuna que não pode ser preenchida pela fenomenologia do ato-de-julgar, mas que, seja assim novamente frisado, foi oculta como enunciado pela designação de juízo predicativo. Porém, a forma involuntária, incluindo um sujeito, que Sigwart deu à definição de juízo como à de um enunciado dirige a atenção para uma estrutura que, bem entendido, não foi intencionada na formulação de Sigwart. Não é necessário chamar a atenção para o fato de que este sujeito não tem nada em comum, a não ser o nome, com o sujeito lógico, o *hypokeimenon,* e como o sujeito gramatical. Não é o sujeito do enunciado mas o *sujeito-de-enunciação,* enquanto seria também errado indicá-lo como sujeito enunciante, ou seja, como "a atividade subjetiva", divisada por Husserl, do ato-de-julgar ou de enunciado, que é de caráter consciente transcendental-intencional. Mas aparece aqui uma noção de sujeito que não pertence nem à Lógica, nem à Psicologia, nem à Teoria do Conhecimento, mas sim à Teoria da Linguagem. Porque o problema do enunciado é, como tentaremos demonstrar em seguida, o problema da linguagem em si.

No meu entender, entretanto, na Teoria da Linguagem o problema do enunciado ainda não se tornou objeto de estudo. Isso se deve aparentemente ao fato de que ela dirigiu a sua atenção somente para dois lados: para a linguagem como formação gramático-lingüística e para a linguagem como comunicação, ou seja, como discurso. A Teoria da Comunicação merece alguns minutos de nossa atenção, porque aqui aparece uma noção de sujeito que também pertence somente à linguagem, à vida falante, sem aparecer na Gramática e Lingüística formais. É a noção de sujeito que, emprestada da técnica do rádio, é designada como emisssor e cujo contrapolo é o receptor. É assim que diz Karl Bühler em sua *Sprachtheorie* (Teoria da linguagem): "A palavra 'eu' representa todos os possíveis emissores de comunicações humanas e a palavra 'tu' a classe de todos os receptores" [43]. Esta fórmula para a comunicação indica ou, ao menos, deixa entrever em que a Teoria da Comunicação difere da Teoria da Enunciação. Enquanto esta última se revela como a teoria da estrutura e sobretudo da estrutura oculta da linguagem, a Teoria da Comunicação ou do discurso somente concerne à situação da linguagem falada. Verifica-se que o eu-emissor da comunicação é algo diferente do sujeito-de-enunciação da linguagem, cuja noção oposta também não é a do tu receptor, mas a de objeto. Isso

43. BÜHLER, K. *Sprachtheorie.* Iena, 1934. p. 90.

20 A LÓGICA DA CRIAÇÃO LITERÁRIA

significa que, quando aparece no domínio da linguagem uma relação sujeito-objeto, ou mais exatamente, uma estrutura sujeito-objeto, não se trata nem de proposição gramatical (inclusive proposição enunciativa), nem de forma verbal de comunicação. Mas é apenas o conceito de enunciação que é descrito. Ou seja, *é a enunciação que se apresenta como estrutura-sujeito-objeto da língua*. A enunciação é então uma noção de teoria lingüística e não da Gramática ou da lógica do juízo, já que contém o sistema de todas as proposições, isto é, todas as modalidades de proposição. Não apenas a "proposição enunciativa (isto é, a proposição declarativa), mas também a interrogativa, a optativa, a imperativa e a exclamativa, são enunciações" [44]. *Enunciações de um sujeito-de-enunciação sobre um objeto-de-enunciação*. Nesse caso o objeto é o conteúdo da enunciação, em qualquer modalidade proposicional que seja. A sentença de Sigwart "eu enuncio algo sobre algo" pode ser reduzida à proposição "eu enuncio algo". Nesta forma, ela não é mais a descrição (aliás mal formulada) do juízo predicativo, mas a expressão da enunciação em si. Ela significa: o enunciado é a enunciação de um sujeito sobre o objeto. Somente esta fórmula, que é uma fórmula estrutural, dá a perceber que através dela se descreve não somente cada enunciado, mas a totalidade de vida que se manifesta na linguagem. E se já mencionarmos aqui o único caso no âmbito da linguagem para o qual a fórmula da enunciação não é válida, a saber, a narração do gênero narrativo, é justamente esta exceção que consolida, como se demonstrará, a validez da fórmula da enunciação em todo o domínio restante da linguagem, do qual também faz parte a criação lírica.

Análise do sujeito-de-enunciação

A definição do enunciado como enunciação de um sujeito-de-enunciação sobre um objeto-de-enunciação pode

---

44. Que aqui se esconde um problema, já foi muitas vezes percebido e discutido. Embora J. RIES (*Was ist ein Satz*, Praga, 1931) tenha se recusado a compreender as outras modalidades de sentença como orações enunciativas, H. A. Gardiner, que classifica as orações em declarativas, interrogativas, imperativas, e exclamativas (*statements, questions, requests, exclamations*), ressaltou o seu parentesco, atribuindo um valor limitado à forma lingüística. "Exclamation and statement are separated from one another only by a thin partition in How well he sings and he sings very well" (A oração exclamativa e a declarativa distinguem-se apenas por uma tênue divisão em "Como ele canta bem e ele canta muito bem" (*The Theory of Speech and Language*, Oxford, 1932, p. 190). Também H. Ammann propõe uma ampliação do uso do termo enunciado e entende como "sentenças todas as formações que podem ser compreendidas como modificações da sentença declarativa, contanto que nelas seja conservada a estrutura da sentença declarativa, com substituição do aspecto declarativo por um aspecto interrogativo, optativo, exclamativo" (*Idem*, p. 67).

FUNDAMENTOS LINGUÍSTICOS TEÓRICOS 21

ser realizada somente através de uma análise exata do sujeito-de-enunciação; nisso se revelará por que é o sujeito somente e não o objeto que importa.

A noção de sujeito-de-enunciação é análoga à noção de sujeito [45] da Teoria do Conhecimento: do sujeito do conhecimento. Mas apresenta diferenças, que não se manifestam à primeira vista. Estas baseiam-se no fato de que a enunciação, como forma lingüística, que se manifesta no sistema das proposições, é mais *fixa* do que o processo do pensamento e do conhecimento como tal. A enunciação é, pois, um fenômeno da Teoria da Linguagem e não da Teoria do Conhecimento. Isso significa, portanto, que o sujeito-de--enunciação, sobre o qual já dissemos antes que não pode ser considerado como um sujeito enunciante, não reluz à multiplicidade de aspectos como o sujeito do conhecimento, ou mais generalizadamente, à luz da consciência do sujeito, porque é, por assim dizer, um fator no âmbito da vida pessoal em geral, o qual, como já mencionamos, também está oculto em suas abstrações estruturais, podendo ser interpretado de vários modos — psicológico, transcendental, intencional. Sim, embora seja a noção de sujeito considerada em correlação com a noção de objeto, esta relação pode pôr-se em segundo plano e a sujetividade específica do sujeito pode apresentar-se como tal isoladamente, como aparece subjetivamente no uso cotidiano do adjetivo. O adjetivo tem esse significado por assim dizer apolar, quando, p. ex., Husserl fala do juízo como atividade subjetiva (sem querer compreender isso no sentido psicológico), ou quando R. Ingarden se refere a operações do pensamento e da consciência subjetivas intencionais, cujo resultado e correlação é a proposição [46]. Assim Whitehead recusa o "termo técnico" sujeito-objeto por lembrar demais o "sujeito-predicado aristotélico". Whitehead autonomiza por isso o sujeito em "o objeto-eu entre os objetos", como a situação da partida que se apresenta à experiência do conhecimento [47].

---

45. É uma insuficiência terminológica o fato de ser empregado o termo sujeito em significações e funções diversas no campo da Lógica, Gramática, Epistemologia e Psicologia. Tem na Lógica e Gramática — como sujeito do juízo e da sentença — uma qualidade estática; na Epistemologia, Psicologia e Metafísica uma qualidade dinâmica-ativista. No primeiro caso, metalingüisticamente, significa um conceito ou uma palavra, e no segundo, no plano da linguagem objetiva, um personagem, ou num sentido mais geral uma instância pessoal: o sujeito reflexivo, ao qual adere o caráter do pessoal mesmo quando aparece na abstração do pólo-sujeito da estrutura do conhecimento, como • o sujeito da consciência, sujeito transcendental (Fichte), o "eu penso" kantiano, a consciência em geral de Husserl, etc. Th. W. Adorno salientou, em oposição à diferenciação entre o sujeito empírico e absoluto de Fichte, que justamente por ser este uma abstração do primeiro, pertence ao seu conceito (*Drei Studien zu Hegel,* Frankfurt sobre-o-Meno, 1964, p. 27).

46. INGARDEN, R. *Op. cit.* pp. 109, 114.

47. WHITEHEAD, A. N. *Science and modern world.* Zurique, 1949. p. 196

22 A LÓGICA DA CRIAÇÃO LITERÁRIA

Não se trata naturalmente aqui de discutir esta opinião particular isolada de tantas outras citadas a título de exemplificação do sujeio do conhecimento, por exemplo em relação aos vários pontos de vista epistemológicos ou metafísicos dos filósofos mencionados. Todas servem apenas como referência ao amplo significado, rico em aspectos, contido na noção do sujeito da consciência e que põe em evidência um ou outro aspecto, conforme os diversos pontos de vista epistemológicos. Frente ao sujeito-de-enunciação encontramo-nos numa situação mais estreita, mais fixada. Ela é fixada na estrutura da enunciação na qual o sujeito sempre enuncia exclusivamente em relação ao seu objeto-de-enunciação. *A estrutura da enunciação é na relação sujeito-objeto fixada e nítida.* Sua análise demonstrará, no entanto, que o caráter e a função do enunciado são baseados sobre o sujeito-de-enunciação e até que a noção de enunciado é idêntica a este, sendo o objeto-de-enunciação nele implicado apenas intencionalmente. Concomitantemente, manifestar-se-á o fenômeno, que pode parecer surpreendente à primeira vista, de que toda enunciação é uma expressão da realidade, obtendo-se um fundamento para determinar exatamente a relação da linguagem, e, com ela, da criação literária, com a realidade.

Partimos de uma proposição declarativa simples, p. ex.: o aluno escreve. O objeto ou o conteúdo da enunciação do enunciado expresso por esta proposição é o fato de que o aluno escreve. Mas este fato, *i.e.,* o conteúdo da enunciação, muda o seu caráter real e ontológico de acordo com o tipo de sujeito-de-enunciação e até de acordo com o sentido em que este profere a sentença. Se confrontarmos esta proposição numa situação falada, na qual o professor, p. ex., diz: "o aluno escreve", o professor é o sujeito-de-enunciação. O conteúdo do objeto-de-enunciação pode ser então uma situação real; o aluno aqui presente que agora escreve. O sujeito-de-enunciação destacar-se-á como tal, p. ex., quando alguém ordenar: "Silêncio! O aluno escreve!" — Mas este sujeito-de-enunciação também pode proferir (ou escrever no quadro-negro) a proposição num outro sentido, como exemplo gramatical de uma proposição declarativa ou como proposição a ser traduzida para uma outra língua. Neste caso, o professor destacar-se-á menos como sujeito-de-enunciação; e a situação da enunciação não é concreta, mas uma circunstância gramatical. Se a proposição for proferida neste sentido pelo sujeito-de-enunciação, este é percebido menos "subjetivamente" do que no primeiro caso. E se a mesma sentença constar em um livro didático sobre Gramática, não parece haver sujeito-de-enunciação, ou pelo menos a sua natureza é irrelevante.

FUNDAMENTOS LINGÜÍSTICOS TEÓRICOS 23

Com o exemplo desta simples proposição declarativa queríamos mencionar apenas a título demonstrativo os problemas que a noção do sujeito-de-enunciação, ou da enunciação em si, contém. Quando se explicam em geral os diversos significados que o conteúdo da sentença "o aluno escreve" pode receber, dependendo da semântica do contexto em que consta ou é expresso, a nossa atenção é dirigida no sentido do elemento estrutural, que produz, por assim dizer, as relações contextuais. Os conteúdos da enunciação, e com isso os contextos, são infinitos quanto ao número, porque tudo que é representado e pensado pode vir a ser o objeto-de-enunciação. A estrutura da linguagem não pode ser, portanto, encontrada através do objeto-de-enunciação. O seu elemento estrutural é o sujeito-de-enunciação. E a análise do sujeito-de-enunciação resulta, como tentamos demonstrar, em que o enorme campo temático-material dos enunciados pode ser convertido em um *sistema,* que se deixa organizar com a ajuda de poucas, nomeadamente duas a três, categorias ou tipos de sujeito-de-enunciação e assim, também, de enunciados. Às três categorias, que podem ser diferenciadas, podemos designar como: 1) do sujeito histórico; 2) do sujeito teórico e 3) do sujeito pragmático.

A noção de *sujeito-de-enunciação "histórico"* deve ser compreendida em um determinado sentido. Não se entende com ela um sujeito-de-enunciação que exprime algo de sentido estritamente histórico, não é, por exemplo, o autor de uma obra histórica. Mas designamos com ela um sujeito-de-enunciação cuja individualidade é de importância essencial. E isso significa também que uma pessoa qualquer, que por acaso profere uma sentença pedagógico-matemática, não é sujeito-de-enunciação "histórico". O modo mais fácil de iluminar a natureza do sujeito histórico é com o gênero epistolar, como documento escrito, que não oscila, como a comunicação verbal, à luz das diversas situações, momentos e finalidades, mas que é fixo. O autor da carta é um sujeito-de-enunciação, cuja pessoa sempre importa por ser a carta uma comunicação expressamente pessoal, mesmo quando o seu conteúdo é predominantemente objetivo. O autor de uma carta sempre é um sujeito definido, individual, portanto, no sentido mais amplo, um sujeito-de-enunciação "histórico", cuja pessoa nos interessa indiferentemente por motivos particulares ou gerais, "histórico" no sentido mais restrito. A carta sempre é um documento histórico, que testemunha sobre uma pessoa individual — e não é necessário mencionar que toda carta, por mais particular que seja originariamente, pode ser utilizada como um documento histórico no sentido mais estrito, como fonte de pesquisa histórica de todo tipo,

24 A LÓGICA DA CRIAÇÃO LITERÁRIA

sendo indiferente, no caso, se se trata mais da pessoa que escreveu a carta ou mais das circunstâncias, do tempo do acontecimento etc., do que foi escrito. O autor da carta é apenas um exemplo do sujeito-de-enunciação histórico; outros relacionados são os sujeitos-de-enunciação de diários, memórias, numa palavra, de documentos autobiográficos de todo tipo. A individualidade, determinante da essência do sujeito histórico, impõe-se pelo fato de o sujeito aparecer como "eu". Isso não significa, porém, que o seu enunciado deva ser pronunciadamente "subjetivo". A relação sujeito-objeto-de-enunciação não é constituída pela forma do eu, nem sequer é por ela influenciada, mas está sujeita a outras leis contidas na natureza da enunciação, que exporemos em seguida. Mostrar-se-á até que o enunciado de um sujeito teórico pode ser mais subjetivo que aquele de um sujeito histórico, apresentando-se na forma de eu.

O *sujeito-de-enunciação teórico* distingue-se do histórico precisamente pela qualidade que o caracteriza. Não se trata nele da pessoa individual que faz a enunciação. O professor que profere a sentença "o aluno escreve", como um exemplo gramatical, é um sujeito teórico, funcionando como um histórico, quando a sentença se refere a uma situação atual, da qual ele participa, ou também, de acordo com o acento que lhe confere, como pragmático (como descreveremos abaixo). Elucidativo para a diferença e a delimitação entre o sujeito histórico e o teórico é aquele de um relatório documentário no sentido mais restrito, que por isso queremos designar como histórico. Nisso deve-se entender a noção "histórico" num sentido relativamente amplo, abrangendo de uma obra científica sobre História até um comentário jornalístico sobre Política, bem como todo documento sobre História da Arte e da Literatura. Os autores destes relatórios ou exposições sem dúvida são pessoas individuais, que os assinam com o seu nome e cuja individualidade é decisiva para o caráter do relatado, ou seja, de um livro científico sobre História ou Literatura. Apesar disso não são sujeitos-de-enunciação "históricos", porque não importa a sua pessoa individualmente; o leitor toma conhecimento do conteúdo apenas e não o refere, como no caso de uma carta, ao respectivo autor. O autor de uma obra científica e objetiva é um sujeito-de-enunciação teórico. Quando ocorre o caso de a atenção se dirigir sobre a sua pessoa individualmente, por exemplo, quando vivem sua posição frente à obra, ele permanece como autor da obra um sujeito teórico, embora possa ser, assim ligado a uma pessoa individual, de influência maior ou menor sobre o objeto-de-enunciação. Ocorre fato semelhante, embora algo modificado, com os sujeitos-de-

FUNDAMENTOS LINGUÍSTICOS TEÓRICOS 25

enunciação em obras filosóficas. A individualidade peculiar do filósofo relaciona-se mais estreitamente com a sua obra, sobretudo a *sua* filosofia, do que a de um autor de obra científico-histórica. A determinação individual do filósofo é idêntica à sua própria teoria; a sua pessoa não é destacada desta e o seu nome serve por isso à designação de sua filosofia. Não se pode falar identicamente de uma influência das circunstâncias do sujeito-de-enunciação sobre o objeto, tanto aqui como no caso do autor de obra científica sobre História.

A individualidade do sujeito-de-enunciação teórico diminui à medida que o objeto for teórico, isto é, livre de influências do sujeito-de-enunciação. O caso mais puro de enunciado teórico é a sentença matemático-científica ou lógica. Por exemplo, a proposição "paralelos encontram-se no infinito" é de validez tão "objetiva" e geral que não parece existir aqui um sujeito enunciador. Porque na sentença matemática não importa nem o sujeito-de-enunciação que a pronuncia ou a escreve, nem o matemático que a estabeleceu pela primeira vez. Contudo o sujeito existe, mas não como um individual, e sim como um geral interindividual — correspondente à validez geral do objeto-de-enunciação — isto é, referindo-se a todos os sujeitos pensáveis entre os quais nenhum é distinguido dos outros.

O sujeito-de-enunciação pragmático. O sujeito enunciador histórico e o teórico têm em comum o fato de que os seus objetos são estados de coisas que aparecem no modo do relatório ou da constatação. Estas duas formas ou tipos de enunciado dominam a parte consideravelmente maior de nossa vida enunciativa: quase toda a literatura do sistema enunciador é também a maior parte da comunicação verbal. Formam aquela parte do sistema que foi designada como "enunciado" no sentido mais restrito, e nomeadamente tanto no sentido da proposição declarativa quanto no sentido mais amplo, não-gramático, de uma declaração (p. ex., em juízo). As modalidades proposicionais da interrogação, da ordem, da exclamação e da elipse, são excluídas deste sentido mais restrito da noção de enunciado. Quando se compreende, porém, no sentido mais amplo, estrutural, como "enunciado" de um sujeito enunciador, então estas modalidades também são aí incluídas. Sim, será assim demonstrado que é possível descrever a estrutura da linguagem de maneira completa e exata somente com o que é o fundamento de toda a nossa vida pensada e falada: a estrutura sujeito-objeto.

A LÓGICA DA CRIAÇÃO LITERÁRIA

É possível então reunir as modalidades de proposição que não pertencem ao tipo afirmativo, portanto não são proposições declarativas, como a interrogativa, imperativa e optativa, na categoria do sujeito enunciador pragmático. Esta noção é motivada pelo fato de que essas modalidades de enunciado, aparecendo em suas diversas formas gramaticais de proposição, são orientadas de maneira utilitária no sentido de um efeito. O sujeito-de-enunciação — interrogativo, imperativo, optativo — *quer* algo referente ao objeto-de-enunciação. Ele quer que os fatos entendidos virtualmente na pergunta, na ordem, no pedido, sejam respondidos, executados, deferidos. Se a natureza da pergunta, da ordem e do pedido contém outrossim a necessidade de ser dirigida a uma pessoa receptora, ao passo que a declaração é independente desta, isso se deve à qualidade comunicativa da linguagem e não à sua estrutura de enunciado.

A estrutura sujeito-objeto-de-enunciação

Se anteriormente tratou-se, em primeiro lugar, da redução de todos os enunciados pensáveis às três categorias — histórico, teórico e pragmático — do sujeito-de-enunciação, obteve-se com isso primeiro apenas o fundamento para a revelação da estrutura, não somente do enunciado isolado, mas também de todo o sistema de enunciado como estrutura sujeito-objeto. Porque esta estrutura não é deduzível e reconhecível pela categorização dos sujeitos enunciadores em si. Definindo melhor temos: as noções que aparecem em conexão com a estrutura sujeito-objeto, sobretudo as pertinentes à subjetividade e objetividade, ou seja, os adjetivos "subjetivo" e "objetivo", não são dadas pelos tipos dos sujeitos enunciadores. O sujeito enunciador histórico não afirma nem procede necessariamente de modo "mais subjetivo", por aparecer mais na primeira pessoa gramatical do que um teórico. Mas, se é certo que o sujeito enunciador é o correspondente — fixado verbalmente e com isso descritível com maior exatidão — do sujeito do conhecimento ou da consciência, assim também as circunstâncias teórico-lingüísticas da subjetividade e objetividade podem ser fixadas com maior exatidão que as epistemológicas.

A fim de observar e examinar estas circunstâncias, escolhemos uma série de enunciados quaisquer de todas as três categorias:

1. Eu sou professor.
2. Como é difícil a vida!

$\left.\right\}$ sujeito-de-enunciação histórico

FUNDAMENTOS LINGUÍSTICOS TEÓRICOS 27

3. Napoleão venceu em Iena em 1806.

4. Paralelos encontram-se no infinito.

5. "Temos hoje uma resposta à pergunta do que entendemos propriamente com a palavra *seiend?* De modo algum." (Heidegger) — sujeito-de-enunciação teórico

6. "Ó dever, sublime e grande palavra... qual é a tua origem digna de ti e onde se encontra a raiz da tua nobre linhagem?" (Kant)

7. Pode vir a minha casa amanhã?

8. Deixa-me em paz! — sujeito-de-enunciação pragmático

9. Não se debruce na janela!

Estas proposições, como foi indicado, estão classificadas dentro das três categorias dos sujeitos-de-enunciação. Mas o modo da polaridade sujeito-objeto que estrutura cada um desses enunciados *qua* enunciado não é dado através desta classificação por categorias. A proposição declarativa de um sujeito histórico em 1ª pessoa "Eu sou professor" (1) apresenta-se mais objetiva do que a proposição interrogativa retórica do sujeito filosófico, portanto teórico, que se chama Kant (6), sendo este mais subjetivo do que a proposição interrogativa do sujeito filosófico-teórico Heidegger (5). A proposição exclamativa do sujeito histórico (2) é sem dúvida mais subjetiva do que a sentença proibitiva munida de ponto exclamativo (9), a proposição interrogativa (7), por sua vez, mais objetiva do que a proposição imperativa (8). Estes exemplos seriam suficientes para dar a perceber que em todo o sistema de enunciados abrangendo todas as modalidades de proposição — não há um só enunciado que não possa ser questionado quanto ao grau de sua objetividade e, vice-versa, de sua subjetividade. A relação desta polaridade existente entre o sujeito e o objeto aparece precisamente na comparação dos enunciados que se apresentam, dos quais um se manifesta mais subjetivo ou objetivo do que o outro. É apenas na manifestação verbal, na sentença formulada, que a subjetividade aparece em sua relação polar à objetividade e, inversamente, a formulação subjetiva manifesta-se realmente como menos objetiva e, ao contrário, a objetiva como menos subjetiva — sendo que a intensidade do menos ou mais pode alcançar o limite do objetivo absoluto, nomeadamente, no caso (único) da proposição matemática, na forma de uma enunciação. Porque já quando a proposição matemática é revestida na forma de uma pergunta, p. ex.,

28 A LÓGICA DA CRIAÇÃO LITERÁRIA

proferida por um professor: — Encontram-se os paralelos no infinito? ou: Onde se encontram os paralelos? — a objetividade do enunciado sofre uma redução subjetiva, que é a da própria pergunta.

Com este exemplo toca-se ao mesmo tempo em mais dois aspectos. Tem sua razão de ser o fato de que somente se pode alcançar o limite da objetividade absoluta, mas não o da subjetividade absoluta. A objetividade absoluta da proposição matemática (como puramente teórica e aqui paradigmática a esta) tem por pólo subjetivo a generalidade interindividual do sujeito-de-enunciação, que não aparece *como* sujeito perceptível, justamente porque pesaparece na generalidade de todos os sujeitos-de-enunciação imagináveis. Inversamente, não há objeto-de-enunciação que possa desaparecer numa subjetividade absoluta do enunciado, porque um sujeito-de-enunciação não pode formular um enunciado sem um objeto-de-enunciação, permanecendo assim o objeto-de-enunciação sempre visível, por mais subjetiva que seja a formulação do enunciado. Este é o problema importante para a estrutura do poema lírico.

Sem dúvida, a polaridade da estrutura sujeito-objeto é percebida mais nitidamente na proposição declarativa, e é, por outro lado, importante apenas em relação a esta. A proposição declarativa também é aquela forma de enunciado, cuja polaridade sujeito-objeto é a menos influenciada pela "expressão", pela saliência emocional do sujeito-de-enunciação. É precisamente este aspecto que é característico para os tipos dos sujeitos-de-enunciação — e com isso dos enunciados —, que reunimos na categoria dos pragmáticos: os da proposição interrogativa, imperativa e optativa. Quando do Heidegger (ex. 5) apresenta o enunciado teórico de que "ainda não temos hoje resposta à pergunta do que entendemos propriamente com a palavra *seiend"*, numa pergunta embora retórica, o sujeito-de-enunciação, por ser a forma interrogativa retórica, continua teórico, mas recebe no entanto, pela forma interrogativa, um acento de — digamos — urgência, que acrescenta ao caráter teórico do enunciado uma cor pragmática. No exemplo de Kant extraído da *Kritik der praktischen Vernunft* (Crítica da razão prática) (6) o aspecto de urgência é ainda mais acentuado; sim, o sujeito-de-enunciação teórico quase se transforma aqui num pragmático, porque a pergunta "qual é a origem digna de ti...?" é dirigida ao dever personificado, esperando resposta, embora retoricamente. É por isso mesmo que a interrogação kantiana apresenta uma nota mais subjetiva do que a de Heidegger. — Estes dois exemplos de proposições interrogativas já indicam que a polaridade sujeito-objeto não

FUNDAMENTOS LINGÜÍSTICOS TEÓRICOS 29

está somente na estrutura das proposições declarativas, nas quais predomina o sujeito teórico e o histórico, mas que também determina os da categoria pragmática. Existem proposições interrogativas, imperativas e optativas, mais objetivas ou mais subjetivas. Mas o sujeito-de-enunciação interrogativo, imperativo, optativo, já é um sujeito como tal, que se destaca como sujeito mais do que o da proposição declarativa.

A noção do enunciado como expressão da realidade

É a estrutura da polaridade sujeito-objeto que abre a visão sobre os demais elementos estruturais do enunciado e leva imediatamente à verificação de que todo enunciado é enunciado de realidade. Se esta alegação é problemática e até atacável e se a noção de realidade que se apresenta aqui parece confusa, não obstante provar-se-á, mediante uma análise minuciosa da presente situação, que, de fato, é apenas a estrutura do enunciado que ilumina a relação muito discutida da linguagem com a realidade e conseqüentemente da criação literária com a realidade. Mostrar-se-á — o que é essencial em nosso tema — que não é a noção de realidade em si, mas a do enunciado de realidade que fornece o critério decisivo para a classificação dos gêneros literários. Trata-se agora de definir a noção do enunciado de realidade.

Partimos de um texto documentado, de um trecho da carta de Rilke a Lou, datada de 04/12/1904:

No meio do repique de dez pequenos sinos ia-se por uma longa aléia de tílias — o trenó desviou-se e lá estava o pátio do castelo, cercado pelas suas pequenas alas laterais. Lá, no entanto, onde penosamente subíamos as escadarias da neve do pátio ao terraço, terraço que, cercado de uma balaustrada enfeitada de vasos, parecia preparar-nos ao castelo, onde não havia nada, nada a não ser uns arbustos afundados na neve e céu, céu cinza, trêmulo, de cujo crepúsculo se soltavam flocos em queda.

Este trecho consiste de um grupo de proposições declarativas, nas quais não ocorre nenhum pronome pessoal; pois é em tal proposição declarativa que a estrutura de um enunciado é demonstrável mais nitidamente. Também uma carta é um texto adequado para isto, porque nela tratamos com um sujeito-de-enunciação individual (histórico). Levantamos ainda a alegação, que primeiro parece tautológica, de que as coisas e fenômenos naturais descritos nestas sentenças "realmente" existem e foram assim, por terem sido descritos numa carta identificada como autêntica e por descrevê-los o autor da carta não como uma fantasia ou um sonho, mas como algo "realmente" experimentado e assim visto. Nisto está conti-

A LÓGICA DA CRIAÇÃO LITERÁRIA

do inversamente que as coisas, *independentemente do fato de serem descritas ou não,* existiam e procediam assim. Napoleão, por exemplo, viveu nos anos tal e tal e realizou as guerras tal e tal, independentemente de quaisquer relatórios documentados sobre isso. Sabemos, ao contrário, nós os póstumos, que Napoleão existiu e guerreou, porque estes documentos se apresentam como documentos autênticos, históricos e legitimados, assim como o passeio de trenó descrito por Rilke se legitima como um passeio realmente ocorrido, por constar numa carta que é um documento autêntico.

Estes exemplos analisados em documentos autênticos poderiam levar-nos a considerar um enunciado como enunciado de realidade somente *quando* ele for um documento autêntico, isto é, quando o objeto-de-enunciação é empiricamente verídico ou, em caso de enunciados teóricos, quando é um objeto abstrato, "ideal". Também uma proposição matemática seria naturalmente, neste sentido, um enunciado verídico e podemos até dizer: em todos os casos, onde se atribui veracidade a uma situação, de qualquer gênero que seja — sensorial ou extra-sensorial, material ou espiritual — poderia um enunciado a respeito ser designado como um enunciado verídico. Contudo, o caráter do enunciado como enunciado verídico não é fundamentado na veracidade do objeto-de-enunciação. Se fosse assim, apresentar-se-iam logo dificuldades e a definição se perderia em inexatidão. Isso já porque a noção de realidade está sujeita a várias interpretações possíveis — físicas, epistemológicas, ontológicas e metafísicas — sendo que a definição por nós alegada e a ser verificada encontraria discordâncias. Sim, esta definição já será falha quando o objeto-de-enunciação for comprovadamente "irreal", por exemplo, um sonho, uma fantasia, uma mentira. O fato, porém, de ser também tal "enunciado de não-realidade", ainda e sob quaisquer circunstâncias, um enunciado de realidade decorre de que não é o objeto, mas o sujeito-de-enunciação o fator decisivo. *A enunciação sempre é real, porque o sujeito-de-enunciação é real, porque, com outras palavras, uma enunciação somente pode ser constituída por um sujeito-de-enunciação real, autêntico.* E a noção de realidade que se apresenta nesta relação não mais está sujeita a diversas interpretações epistemológicas, mas é compreensível num só sentido inequívoco, fundamentado no do próprio sujeito, ou mais exatamente: vale somente neste sentido inequívoco. É somente com o esclarecimento da noção de realidade concernente ao sujeito-de-enunciação que se pode iluminar a estrutura do enunciado de realidade, *i.e.,* também a relação sujeito-objeto, e, preci-

FUNDAMENTOS LINGUÍSTICOS TEÓRICOS 31

samente, analisar completamente a autonomia do objeto, já mencionada, da sua forma expressa.

Mas é, em última análise, apenas um critério que prova a realidade do sujeito-de-enunciação: o que nos permite *indagar a sua posição no tempo,* mesmo quando, devido ao caráter deste ou daquele enunciado, não existe resposta possível, ou quando a pergunta é irrelevante. Este fato já ressalta, quando apenas lançamos um olhar sobre as três categorias de sujeitos enunciadores, o histórico, o teórico e o pragmático. É claro que o fator da realidade já está contido nestas categorias de sujeitos, servindo-lhes de base. Se aparece somente nesta conexão, é porque apenas com a sua ajuda é que pode ser explicada a natureza do enunciado como enunciado de realidade. À indagação pela posição no tempo da sua ocorrência naturalmente o sujeito-de-enunciação histórico responde de maneira mais fácil e imediata, justamente por se tratar de um sujeito individual, cujos enunciados — p. ex., os de um autor de carta ou memórias — são datáveis, datas estas que são de importância e relevância pela existência individual destes sujeitos-de-enunciação. Os diversos tipos de sujeitos teóricos e, *i.e.,* os diversos graus de objetividade dos enunciados teóricos trazem consigo o fato de que, embora possa ser sempre feita em princípio a pergunta pelo tempo do sujeito, ela é sempre mais relevante ou menos, mais respondível ou menos. Se, por exemplo, o elemento datas for importante em relatórios jornalísticos, este importa num livro didático ou técnico somente sob o ponto de vista da atualidade ou da influência recebida pelas correntes de determinada época. Se, nos enunciados puramente teóricos, a indagação do tempo do sujeito toca no vazio por assim dizer, isso está relacionado justamente com a sua "qualidade impessoal", sua generalidade interindividual, que se refere a qualquer sujeito imaginável, mas a nenhum determinado. No tocante ao sujeito-de-enunciação pragmático, o da proposição interrogativa, imperativa e optativa, a indagação da situação temporal, por um outro motivo quase oposto, é possível, mas irrelevante. Porque ele é sempre o respectivo presente, o agora e aqui, no qual alguém pergunta, ordena ou solicita, sendo estas modalidades de proposição principalmente, quando não exclusivamente, discurso falado, deixando de aparecer na literatura (não-poética), a não ser no caso de proposições retóricas interrogativas e optativas.

Se definíssemos a realidade de um sujeito-de-enunciação, e conseqüentemente o enunciado de realidade, pela sua posição no tempo, teríamos destacado com isso somente um componente do sistema coordenado espaço-temporal, que descreve a realidade como realidade espaço-temporal e com

A LÓGICA DA CRIAÇÃO LITERÁRIA

isso, inversamente, o que aqui interessa, realidade espaço-temporal como realidade. Que o tempo esteja ligado ao espaço, ou vice-versa, não necessita aqui de explicação. Mas por mais envolvidos que estejam entre si, do ponto de vista físico, o espaço e o tempo — para a definição da realidade, o componente decisivo, que ultrapassa o espaço, é o tempo e a experiência temporal. A experiência espacial está ligada ao "aqui" e "agora" da verificação e eventualmente à imagem que lembra ou projeta. Já toda a realidade histórica é determinada primeiramente pela medida do tempo, é estruturada cronologicamente e não topograficamente. O tempo como fator da realidade da vida é, na verdade, mais abstrato, mas mais poderoso e determinante que o espaço, mais existencial, se quisermos falar deste modo. E é claro que um elemento estrutural como o sujeito-de-enunciação somente pode ser definido na sua realidade pela coordenada temporal do sistema tempo-espaço. Na medida da abstração, o sujeito-de-enunciação toma uma posição média entre o sujeito da ação e o do conhecimento. Para o sujeito ativo, o espaço é condição tão necessária à sua realidade como o tempo, a indagação do "onde" tão importante como a do "quando". Contudo, o sujeito do conhecimento é dirigido, independente do tempo e do espaço, para fenômenos abstratos e, já quando aparece como sujeito-*de-enunciação* teórico, não perguntamos pela sua localização no tempo, ou então somente sob determinados aspectos.

A possibilidade da pergunta pela sua posição no tempo legitima como real o sujeito-de-enunciação, o que, frisando de novo, não significa outra coisa senão que todo enunciado é enunciado de realidade. É justamente nisso que se fundamenta a estrutura sujeito-objeto, que cunha o enunciado e com ela nossa vida verbal de enunciações em geral. A estrutura sujeito-objeto, porém, significa por sua vez que o sujeito declara *sobre* o objeto, formulação esta que quer dizer o mesmo que o objeto "é", independente da existência ou não de um enunciado a ele referente. E já se mostrou nas análises acima que esse estado de independência não é equivalente à realidade, ou melhor, a uma realidade do objeto determinada desta ou daquela maneira. Não necessita de discussão o fato de que uma lei matemática "é" tão independente de sua formulação ou não numa proposição, quanto um objeto ou acontecimento real é de sua enunciação ou não. Há somente um caso que necessita de esclarecimento nesta relação, e, para evitar mal-entendidos, é justamente o caso em que o sujeito-de-enunciação não é independente (ou não parece ser) do seu "estado de enunciado": uma fantasia ou mesmo uma mentira. Para o esclarecimento deste caso não

FUNDAMENTOS LINGÜISTICOS TEÓRICOS 33

necessitamos da noção de realidade, ou irrealidade em si, porque esta é, como já foi exposto, problemática quanto à determinação de seu ser e pode ser interpretada de diversas maneiras. Mas o que sucede com uma situação de fantasia ou mentira, que evidentemente não é independente do sujeito-de-enunciação que faz a fantasia ou a mentira, mas que é por assim dizer criada por ele? O critério aqui, de fato, não é a natureza do sujeito-de-enunciação em si. Esta pode ser examinada, a situação fantástica ou mentirosa pode ser verificada, *i.e.*, interrogada quanto à sua veracidade ou falsidade, procedimento este que concerne não à estrutura do enunciado, mas somente ao conteúdo deste. Mas para a relação sujeito-objeto importa o sentido em que o sujeito-de-enunciação declara. Para o sujeito-de-enunciação, que fantasiou inconscientemente o objeto fantasiado, é tão independente de estado de enunciado como aquele que pode ser provado empiricamente. Ele "acredita", por assim dizer, na sua existência (como no plano religioso, o fiel crê na existência de Deus, no mistério de Cristo). O sujeito-de-enunciação mentiroso sabe, na verdade, que a situação por ele declarada não "corresponde aos fatos", que é invenção dele; mas como sujeito-de-enunciação "alega" que a situação mentirosa "é" verdadeira, e, com isso, estruturalmente independente do seu estado de enunciado.

A estrutura sujeito-objeto-de-enunciação, que a estabelece como enunciado de realidade, encontra alguma referência e confirmação na ontologia e epistemologia ontológica de Nicolai Hartmann, às quais aludimos brevemente, por este motivo. Hartmann opôs-se, como é sabido, à epistemologia idealista que é fundada no argumento da correlação sujeito-objeto, pelo qual aquilo que é visado pelo conhecimento, *das Seiende,* como é chamado por Hartmann, é somente objeto (*Objekt*) do sujeito do conhecimento, portanto tem somente uma "maneira de ser" imanente à consciência. O conhecimento porém, diz Hartmann, distingue-se dos outros processos da consciência, como imaginar, pensar, fantasiar, precisamente por ser orientado em sentido transcendental à consciência, "seu objeto em seu estado de objeto não se abre à consciência". "Conhecimento existe somente daquilo que 'é' — e sobretudo independentemente do fato de ser conhecido ou não" [48]. Hartmann tem por assim dizer a coragem de reduzir o problema do conhecimento ao realismo natural, a atitude natural da consciência, para a qual "o mundo em que vivemos e que transformamos em nosso objeto, pelo conhecimento, não é criado por nosso conhecimento" — como pressuposto

---

48. HARTMANN, N. *Zur Grundlegung der Ontologie.* 2. ed. Berlim, 1941. p. 17.

A LÓGICA DA CRIAÇÃO LITERÁRIA

em última análise pelo idealismo e expresso em sua forma extrema, com Fichte, "mas que existe independentemente de nós" [49]. E Hartmann exprime então a opinião, evidente para a visão imparcial, de que o existente independente de todo conhecimento somente se torna objeto do conhecimento, *quando* é feito objeto do conhecimento — e esta é apenas uma formulação tautológica, mas não é um fato tautológico, e sim um fato epistemológico autêntico. Já expusemos a opinião de que a situação epistemológica tem a sua manifestação exatamente verificável na estrutura do sistema enunciador da linguagem. Quando se dá no processo do conhecimento que este, como "a transformação em objeto, a objetivação do existente" [50], permanece, justamente por isso consciente do ser-que-está-sendo (*Seiendsein*) existente independentemente de tornar-se objeto, ou então da realidade do ser (*Sein*), é a fenomenologia da enunciação que nos esclarece a esse respeito, é nela que lemos tais fenômenos. Pois a autonomia do objeto-de-enunciação — se quiséssemos corresponder exatamente às determinações de Hartmann teríamos que abordar aqui a autonomia do ser tornado objeto-de-enunciação — em relação a seu "tornar-se enunciado" é um fato ainda mais definitivo do que a autonomia do objeto do conhecimento em relação ao "tornar-se conhecido". O conhecimento é como tal um processo problemático, que tem sido problema capital da epistemologia; e sempre se pode opor ao realismo ontológico de Hartmann, p. ex., as teorias do conhecimento transcendental-idealísticas ou fenomenológicas. O enunciado, porém, é uma situação formalizada, estabelecida nas diversas modalidades proposicionais, que não apresenta problemas relativos à sua origem e natureza, como o conhecimento. É uma estrutura sujeito-objeto, exatamente verificável em cada caso no sentido da sua respectiva subjetividade e objetividade. Resumindo, podemos definir a natureza do enunciado de realidade como "*o que foi enunciado é o campo da experiência ou de vivência do sujeito-de-enunciação*" [51], que não é mais do que uma nova expressão para a afirmação de que existe uma relação polar entre o sujeito e o objeto-de-enunciação. Sendo que o passeio em trenó da carta de Rilke se nos apresenta neste documento legitimado como histórico, ele é de caráter verídico, isto é, nós o experimentamos como um acontecimento do eu da enunciação.

Se tivermos êxito em demonstrar que todos os enunciados são enunciados de realidade, enunciação de um sujeito real, poderemos arriscar a nova afirmação de que *o sistema de*

---

49. *Idem*, p. 53.
50. *Idem*, p. 18.
51. Com referência aos termos vivência e campo vivencial ver, na p. 196. a referência à lírica vivencial.

FUNDAMENTOS LINGÜÍSTICOS TEÓRICOS

35

enunciação da linguagem é o correspondente verbal do próprio sistema da realidade. Encontramo-nos no sistema da realidade quando nos movimentamos — ativa ou passivamente, falando-escrevendo ou ouvindo-lendo — no sistema de enunciação. Quando se passa porém do enunciado de realidade, a saber, da linguagem, à própria realidade, parece indicado esclarecer mais uma vez, no sentido aqui entendido, a relação linguagem e realidade. Pois se até agora, no tratamento deste problema, não entrou em discussão o enunciado de realidade como fenômeno da teoria lingüística, a relação linguagem-realidade em si é, no entanto, problema familiar desde a Antigüidade. Mas sempre foi, ao que me parece, relacionada, de uma maneira ou de outra, somente a palavra, a substância verbal da linguagem, com a realidade, dando-se assim uma limitação à palavra designada das coisas, ao "nome" em sentido mais amplo. *Crátilo* de Platão já trata da exatidão "natural" das denominações (*orthotes ton onomatikon*), da questão se as coisas têm nomes naturais, ou se essas convenções são estipulações arbitrárias "combinadas por alguns" (383a). Mas quando, no pensamento de épocas posteriores e já com o próprio Platão, as palavras não mais significam simples nomes, pois intercalou-se entre a palavra e a coisa a abstração da noção; para a maneira, porém, como a linguagem é relacionada com a realidade, é comparada com ela, isso não significou em princípio nenhuma diferença. Entre os elementos (sensoriais e espirituais) da realidade: coisas e fatos, e os elementos da linguagem: palavras e proposições, sucedeu, conforme a compreensão, uma relação designativa ou mesmo reprodutiva.

A linguagem como espelho ou reprodução da realidade — situação esta ora afirmada, ora rejeitada — é ainda problema do *Tractatus Logico-Philosophicus* de Ludwig Wittgenstein, que tem sido muito influente. Os elementos da realidade (ou do mundo: "A realidade total é o mundo") são designados como "fatos", os elementos da linguagem, como "proposições". Pelo caminho da noção da "imagem lógica" denomina-se "a proposição como uma imagem da realidade" (p. 52). A proposição em si é compreendida por Wittgenstein, "como Frege e Russell, como a função das expressões nela contidas" e justifica esta teoria reprodutiva pela afirmação: "Porque eu conheço a situação por ela (a proposição) representada, quando compreendo a proposição" e "A proposição nos comunica uma situação, portanto deve estar em essência relacionada com a situação. E o relacionamento é justamente que ela é a sua imagem lógica" [52].

---

52. WITTGENSTEIN, L. *Tractatus Logico-Philosophicus.* Londres, 1962. pp. 38, 52, 66, 68.

A LÓGICA DA CRIAÇÃO LITERÁRIA

Não se trata aqui de uma discussão das noções wittgensteinianas, p. ex., da dificuldade criada pela noção da imagem lógica, que permanece inexplicada. Foi feita alusão a Wittgenstein somente porque a teoria reprodutiva é expressa aqui em abstração extrema e para esclarecer mais uma vez que a linguagem também é considerada como uma "substância" existente em si e para si como a realidade — ou, mais exatamente, que ela só é relacionada e confrontada com a realidade, como tal. Porque é um truísmo dizer que a essência da linguagem é outra e que é sujeita a outras leis que a realidade, compreendida sobretudo como realidade física espaço-temporal. A linguagem compartilha, como essência espiritual, aquela do pensamento e dos "objetos ideais" produzidos por este e, com isso, também o modo pelo qual estes são confrontados com a "realidade". Mas precisamente por ser a linguagem, diferentemente dos produtos e do processo do pensamento, uma forma espiritual "sensorialmente perceptível", exprimível e legível por letras, audível por sons (o que compartilha os produtos da Arte), e principalmente por apresentar estruturas históricas verificáveis mais expressivas, mais fixadas do que o pensamento e o conhecimento, pôde ela ter sido pesquisada como uma "substância" específica de, por assim dizer, materialidade espiritual e resultar numa ciência lingüística, como a Fonética, Lingüística e Gramática. Nisto está possivelmente a razão pela qual foi sempre a camada puramente verbal, *i.e.,* lingüística da linguagem, confrontada com a realidade, e sobretudo também esta essencialmente como substância verbal, — sob o aspecto da função designativa e da função mais ou menos problemática da reprodução. Wittgenstein alude mesmo à escrita hieroglífica egípcia para apoiar a sua teoria de imagem: "A fim de compreender a essência da proposição, pensemos na escrita hieroglífica, que reproduz graficamente os fatos que descreve. E dela resultou a escrita alfabética, sem que perca o essencial da reprodução" (p. 56).

A noção de enunciado, como se tentou analisar, coloca a linguagem numa outra relação com a realidade. A saber, de tal maneira que a "linguagem" não é compreendida como totalidade de palavras ou proposições, que pode ser comparada com uma realidade concreta ou também espiritual frente a ela, mas como enunciação, estrutura sujeito-objeto fixa, que se "comporta" de acordo com o que é enunciado. Com isso precisa-se a noção de realidade, a saber, ela se liberta da incerteza em que permanece quando é aplicada àquilo a que se refere o enunciado — seja em palavra, ou em proposição de qualquer modalidade. Se foi possível demonstrar que todo enunciado é expressão da realidade, seja realçado novamente, a realidade não significa aqui o objeto-de-enunciação, mas o sujeito-de-enunciação, de modo que também um objeto-de-enunciação "não-real" não prejudica o caráter do enunciado como enunciado de realidade.

A descrição da linguagem não-poética como sistema de enunciação serve-nos como base de comparação necessária à determinação e descrição dos gêneros literários, *i.e.*, do próprio sistema de criação poética. Pois, a fim de evitar o aparecimento de mal-entendidos (ou seja, o reencontro com mal-entendidos já havidos), queremos frisar novamente que este sistema e conseqüentemente a classificação dos gêneros é reduzida apenas ao procedimento da linguagem que produz obras literárias, nele se baseando. Isto significa que deve ser examinada a posição da criação literária dentro do sistema assertivo da linguagem e frente a ele. A este respeito, a criação literária é justificada como "arte verbal" pelo fato de a relação entre criação literária e realidade, da qual partimos, ser reconduzida à relação de criação literária e enunciação da realidade no sentido aqui definido. É de acordo com a diferenciação desta relação que serão determinados os gêneros ficcional e lírico, bem como as formas especiais da narração na primeira pessoa e da balada.

2. O Gênero Ficcional ou Mimético

OBSERVAÇÃO PRÉVIA: A NOÇÃO DE FICÇÃO LITERÁRIA [1]

Antes de fundamentar pela teoria lingüística a criação literária épica (narrativa) e dramática como ficcionais, deve-se empreender um excurso sobre a noção da ficção literária. Pois as noções de "ficção" e "fictício", aplicadas aos mais diversos fenômenos, são compreendidas também na ciência literária geralmente num sentido mais ou menos aproximativo. Além disso, o uso pela língua inglesa de *fiction* para designar o romance (em vez do termo mais antigo *novel*), mas não o drama, tem aumentado a imprecisão desta noção, ou seja, do seu emprego. Por isso é tanto mais necessário defini-lo como uma noção metodológica exata da ciência literária e limitar este termo de seus outros significados e empregos.

Ficção é derivado do latim *fingere,* que tem os sentidos mais diversos de compor, imaginar, até a fábula mentirosa, o fingimento. Precisamente quando examinamos os significados do verbo *fingere* e dos substantivos e adjetivos derivados nas línguas vivas européias ocidentais, chegamos a uma definição quase exata daquilo que é compreendido como ficção literária e que deverá ser compreendido principalmente em relação à teoria da criação literária desenvolvida em seguida. *Fingere* em italiano é *fingere,* em francês *feindre,* em inglês *feign,* em alemão *fingieren* — e isso significa que o verbo latino em suas formas nas línguas contemporâneas conserva exclusivamente o significado: alegar falsamente, fingir, simular, imitar etc. Os substantivos correspondentes

---

1. Este parágrafo é extraído do meu artigo "Noch einmal — von Erzaehlen", em *Euphorion,* v. 59, pp. 61-64 (1965).

A LÓGICA DA CRIAÇÃO LITERÁRIA

finta, feinte, feint, Finte foram formados neste sentido, Mas sucede diferentemente com o substantivo *fictio* (ficção). Este conservou nas línguas modernas tanto o sentido pejorativo como o eufêmico, mas de tal modo que o último, que significa a função da formação criativa, domina o pejorativo. E ao menos em francês, como em seguida em alemão, foi formado (além do *feint, fingiert*) o adjetivo *fictif* (*fiktiv*) no sentido positivo, que se tornou, na Teoria da Arte, mais corrente ainda do que o substantivo "ficção".

Com isso complicou-se, porém, a situação. O que significa a diferença entre fingido e fictício, p. ex., o fato de tratarmos os personagens de um romance ou drama como "fictícios" e nunca "fingidos"? O que sucede com as formações imaginativas da Arte em geral? Até que ponto e de que maneira correspondem os termos ficção e fictício? Desde a *Philosophie des Als Ob* (A filosofia do faz-de-conta) (1911) de H. Vaihinger costuma-se explicar a ficção pela forma do faz-de-conta, isto é, pela estrutura do ser fingido. Isso cabe às ficções científicas — Matemática, Física, Direito etc. A Matemática conta com pontos fora do espaço, a Física com o espaço vazio, como se existissem tais conformações, o Direito, com casos construídos, como se efetivamente tivessem acontecido. A definição da ficção pela forma do faz-de-conta serve-se e deve servir-se do conjunto irreal, que indica o estado fingido. No emprego lingüístico, sem dúvida, aproximam-se as noções de "fingido" e "fictício". Pontos matemáticos são, como formações, fingidos, também fictícios. E no uso comum, fictício, ficção, têm o significado de irreal, imaginado.

Nossa indagação porém é se as "ficções estéticas", como diz Vaihinger, as formações da Arte, são determináveis pela estrutura do faz-de-conta. Examinemo-la primeiro nas Artes Plásticas. Nas pinturas de Terborch, pode-se dizer, Taft é pintado de tal modo — pelo menos conforme a intenção desta importante corrente da arte realista — que parece ser o próprio Taft. Contudo é agora duvidoso se esta obra de arte tão realista pode ser descrita pela estrutura do faz-de-conta. A concepção antiga da Arte louvou as cerejas de Zêuxis porque os pardais as tomavam por reais, enquanto para a arte moderna o limite é atingido onde entra em jogo um elemento de ilusão, algo não vivo dado por vivo, fingido como no museu de cera. As obras da Arte Plástica, ou melhor, o que nelas está representado não é ficção no sentido do faz-de-conta. Dele, do ser fingido, deve-se distinguir o fictício. E demonstra-se assim que este é válido somente para a criação literária e não para a Arte Plástica, e que o ficcional, a ficção literária, não tem a estrutura do faz-de-conta. O que sucede

O GÊNERO FICCIONAL OU MIMÉTICO 41

então? Por que não designamos um retrato de Maria Stuart como uma forma fictícia, nem a Maria retratada como uma Maria fictícia, deixando essa noção para a figura de Maria Stuart na tragédia de Schiller, enquanto, por outro lado, a rainha escocesa entendida como objeto de uma representação histórica é considerada como a rainha real? Qual é a razão pela qual deixamos de designar uma pessoa retratada, por mais realisticamente que seja, como pessoa fictícia, ao passo que designamos como tais as figuras por mais surrealistas de um drama ou romance? Vaihinger e seus sucessores, como entre outros E. Utitz, referiram-se erroneamente a personagens de romances e dramas como personagens fingidos, do mesmo modo que Vaihinger falhou na determinação em geral da ficção estética, porque não incluiu na noção de ficção a diferença de sentido entre fingido e fictício, isto é, compreendeu a ficção exclusivamente como estrutura do faz-de-conta. Mas Schiller não representou Maria Stuart como se fosse o personagem real. Se a percebemos, contudo, como personagem fictício, ou qualquer outro personagem do mundo do romance e do drama, isso não se deve a uma estrutura do faz-de-conta, mas sim, como se pode dizer, a uma *estrutura do como*. Theodor Fontane deu uma vez sem querer esta definição à ficção literária: "Um romance... deve contar-nos uma história na qual acreditamos" e entendeu com isso que "um mundo de ficção deve parecer por alguns instantes como um mundo da realidade..." Nesta definição involuntária, por assim dizer, ingênua, nascida mesmo do espírito naturalista (1875 por ocasião de uma recensão de G. Freytag: *Ahnen*) [2], é, contudo, acertada com precisão, e por isso mesmo, talvez não por acaso, a essência da ficção literária, da épica tanto quanto da dramática. A expressão "parecer como realidade" a define com todas estas três palavras. Ela significa que a aparência da realidade é obtida, o que significa (além da intenção de Fontane) a aparência da realidade, mesmo quando se trata de drama ou romance com ambiente muito irreal. Também o conto de fada nos parece realidade, enquanto o lemos ou assistimos, mas não, é claro, como uma realidade. Porque o faz-de-conta contém o elemento de significação de ilusão e com isso uma relação com a realidade, formulada no conjuntivo irreal; porque a realidade do faz-de-conta não *é* a realidade que aparenta ser. A realidade do "como", porém, é aparência, ilusão da realidade, que significa não-realidade ou ficção. A noção de ficção no sentido da "estrutura como" é, entretanto, preenchida apenas pela ficção dramática e épica (narração na

---

2. FONTANE, Th. *Saemtl. Werke*. Munique, 1963. v. XXI, p. 239.

terceira pessoa) como também pela cinematográfica. Se perguntarmos, porém, por que é aqui e somente aqui que se produz a ilusão, a "estrutura como" da realidade, a resposta é: porque aqui se cria a ilusão da vida. E a ilusão da vida é criada na Arte somente por um "eu" vivo, que pensa, sente, fala. As figuras de um romance ou drama são personagens fictícios porque são constituídos como "eus" fictícios ou sujeitos. Entre todos os materiais das artes, porém, é somente a linguagem que pode produzir a ilusão da vida, isto é, criar personagens vivos, sensíveis, pensativos, que falam e também se calam. E que o seu procedimento é muito mais complicado na criação literária narrativa do que na dramática é demonstrado pela estrutura da narração épica, que designamos por isso como o ficcional e que descreveremos em seguida.

A FICÇÃO ÉPICA (OU A NARRAÇÃO NA TERCEIRA PESSOA)

A narração ficcional e seus caracteres

Tem os seus motivos lingüístico-teóricos o fato de que iniciamos a descrição do sistema literário com a narração na terceira pessoa, isto é, a ficção épica. Esta definição, que equipara a ficção épica à narração na terceira pessoa, não abrange a totalidade da literatura narrativa, à qual também pertence a narração na primeira pessoa. Mas tentaremos demonstrar que esta última não é ficção no sentido teórico (lingüístico e literário) por nós definido e que cremos ser exato. Pois a noção de ficção não é preenchida, como aliás se depreende do parágrafo anterior, pela noção do invencionado, de tal modo que um narrador em primeira pessoa, invencionado e portanto "fictício", fosse suficiente para a noção de ficção. E não é, pois, a estrutura narrativa da narrativa em primeira pessoa, mas somente da literatura narrativa na terceira pessoa, a narração *ficcional* no sentido exato, que serve de ponto de partida para a descrição teórico-lingüística da criação literária em geral. Porque é a narração ficcional, que ocupa um lugar decisivo no sistema da criação literária e da linguagem, na qualidade de linha divisória, que separa o gênero ficcional ou mimético — a ficção épica e por conseguinte a dramática — do *sistema enunciador* da linguagem. A estrutura da narração ficcional, portanto, somente pode ser desenvolvida em constante comparação com a enunciação, que foi exposta acima em seus traços básicos, como uma estrutura sujeito-objeto.

Com referência à primeira edição deste livro desejamos observar que a noção de narração histórica, ainda presente naquela edição, que, alternadamente com a de enunciado,

O GÊNERO FICCIONAL OU MIMÉTICO 43

era confrontada com a narração ficcional, será, de agora em diante, eliminada. As razões para tal procedimento resultam da estrutura modificada deste livro.

Partimos de um texto extraído do romance de C. F. Meyer, *Jürg Jenatsch,* apropriado à nossa exemplificação:

O sol meridional estava acima do cume do Julierpass, envolvido por rochas escalvadas, na região de Bünden. As paredes de pedra ardiam e reluziam sob os raios perpendiculares e pontiagudos. Uma vez ou outra, quando uma nuvem borrascosa nascia e passava, as paredes das montanhas pareciam aproximar-se, brusca e ameaçadoramente, estreitando a paisagem... — No meio do estendido cume do desfiladeiro estavam, à direita e à esquerda do atalho lateral, duas colunas em ruínas, que pareciam desafiar o tempo há mais de um século.

Este trecho de romance apresenta a mesma estrutura lingüístico-lógica que o trecho da carta de Rilke (p. 29). É de tal natureza que, destacado do contexto, não é reconhecível como trecho de romance, menos ainda no caso presente por pertencer a Julierpass no cantão de Graubünden a realidade geográfica por nós conhecida. É construída de tal modo que poderia ser proveniente, como a descrição do passeio em trenó na carta de Rilke, de um documento histórico, de um diário, de um relatório de viagem, de uma carta. Se nos fosse apresentado este trecho, desligado do romance, compreenderíamos o desfiladeiro escalvado sob o sol meridional, na região de Bünden, como o campo de experiência do sujeito relator, podendo ser este considerado um sujeito-de-enunciação histórico. Se lermos, porém, este trecho, sabendo que é o começo de um romance, que penetramos, portanto, no cenário de um romance, nossa experiência de leitura será de tipo completamente diferente. Sua característica principal é a de que ele agora prescinde do caráter realista. E isso apesar de ser o cenário descrito uma realidade geográfica conhecida, "apresentada muito realisticamente" por meio de uma descrição poética plasticamente ilustradora. Mas pelo simples fato de saber que estamos lendo um romance, esta descrição não nos comunica uma experiência da realidade. Por outro lado, esta afirmação poderia parecer uma tautologia que não se distingue da tautologia acima criticada dos quase-juízos, aos quais adere o elemento "da seriedade não completa". Mas é justamente aqui que nos encontramos num pólo, como cremos poder dizer e em seguida provar mais pormenorizadamente, da autêntica lógica da criação literária. A experiência da não-realidade tem a sua origem definida lógica, no sentido epistemológico mais amplo, que encontra a sua expressão gramático-semântica em determinados fenômenos da narração ficcional, como provaremos nos parágra-

44　　A LÓGICA DA CRIAÇÃO LITERÁRIA

fos consecutivos. Se este início do romance *Jürg Jenatsch*, que não se distingue, do ponto de vista puramente verbal, de um possível relatório histórico-biográfico, provoca a experiência da não-realidade, o motivo disto não está no narrado, mas sim no "narrador", querendo dizer, ainda assim, no estilo tradicional. Pois ao saber que estamos lendo um romance e não um relatório de viagem, deixamos de referir, sem disso estarmos conscientes, a paisagem descrita ao narrador. Sabemos que não devemos compreender a paisagem como o campo de experiência do autor, mas sim como o cenário de outras pessoas, cuja entrada em cena aguardamos, porque estamos lendo um romance — de personagens fictícios, de figuras de romance.

Agora ressoava de longe... o latido de um cão. Bem no alto... da encosta tinha descansado um pastor bergamasco. Levantou agora com um pulo... apertou o casaco nos ombros e lançou-se em saltos audazes de uma saliente torre de rocha, para baixo, no encalço de seu rebanho de ovelhas, que se perdia, em brancos pontos móveis, na profundeza... E o meio-dia tornava-se mais e mais abafado e quieto... Finalmente surgia um peregrino... Agora alcançava as duas colunas romanas. Livrou-se aqui da mochila... Com súbita decisão tirou sua carteira de couro e começou a desenhar com zelo as duas colunas respeitáveis numa folha branca de papel. Depois de algum tempo, examinou com satisfação a obra de suas mãos..., semi-ajoelhado tomou agora com exatidão as medidas das colunas estranhas. "Cinco pés" murmurou para si. "Que faz aí? Espionagem?" ressoou ao lado dele poderosa voz de barítono.

Veremos abaixo por que, no texto anterior, é apenas a proposição "Com súbita decisão tirou sua carteira de couro" que fornece a verdadeira prova de que estamos lidando com um romance e não, p. ex., com um testemunho vivaz, portanto ainda um documento histórico. Porque esta prova entra na demonstração dos fenômenos fundamentais que trazem à luz a diferença categórica existente entre a narração ficcional e a enunciação.

O fato de serem os personagens do romance, ou em sentido mais geral, os personagens épicos, que fazem da literatura uma literatura narrativa parecia ser aceito como algo tão banalmente evidente, e mesmo tautológico, que teoria nenhuma da literatura épica se demorou nele. Mas este fato já se manifesta menos banal e tautológico, quando se considera outro fato, a saber, o de que os personagens de um romance são *fictícios*. Pois é somente este fato que explora a estrutura da ficção literária, da épica bem como da dramática, que, sob o ponto de vista da estrutura lógica da criação literária, confrontam, como gênero ficcional, o gênero lírico, diferenciando-se categoricamente deste. Mas é a ficção épica e não a dramática que apresenta todos os fenômenos em

O GÊNERO FICCIONAL OU MIMÉTICO 45

que isso pode ser demonstrado com toda a força comprobatória. Pois é somente no problema da narração que se deixam demonstrar as relações lógico-epistemológicas e gramático-semânticas, que distinguem a ficção da realidade. É somente na literatura narrativa, não na dramática, que a linguagem vive e atua em sua totalidade, é nela somente que se pode demonstrar o que significa quando a linguagem cria uma experiência ficcional e não-real. Isto significa: é somente da diferença entre enunciação e narração ficcional que se pode desenvolver a estrutura lógica da ficção.

O pretérito épico

Já dissemos que, no nosso exemplo, no início do *Jürg Jenatsch,* é a espera da entrada em cena dos personagens do romance que faz apresentar desde o início o narrado como não sendo real, o que significa que o campo da experiência não é o do narrador. Mas com isso está esboçada apenas a experiência aproximativa, que temos na leitura de uma obra narrativa (na terceira pessoa), seja de Homero ou de qualquer romance de folhetim. E é possível levantar objeção de que há romances narrados muito "subjetivamente", romances em que o autor se manifesta como "eu" e "nós", se dirige aos "seus amáveis leitores" e coisas parecidas. Estas e outras eventuais objeções poderão ser respondidas apenas quando a essência e a função do "narrador" forem iluminadas inteiramente do ponto de vista da Teoria da Linguagem e da Gramática, tendo sido explicada assim a experiência psicológica do não-real.

Para este fim devemos procurar um fenômeno teórico da narração que nos pode fornecer esta prova melhor do que qualquer outro, que seja mesmo de tal natureza que possibilite o esclarecimento e desenvolvimento de todos os demais fenômenos narrativos. Existe um fenômeno assim e não estranhamos que este esteja ligado ao verbo, ao tempo verbal e conseqüentemente ao problema do tempo. Na proposição e na fala é o verbo que decide sobre "o modo-de-ser" das pessoas e das coisas, que indica sua posição no tempo e, conseqüentemente, na realidade, que afirma a sua existência ou inexistência, a sua existência presente, passada ou potencial.

"No meio do repique de dez pequenos sinos ia-se por uma longa aléia de tílias — o trenó desviou-se e lá estava o pátio do castelo" conta Rilke em carta de 4 de dezembro de 1904, e sabemos que dera este passeio antes desta data, que o passeio hibernal a Oby, na Suécia, fora uma experiência

A LÓGICA DA CRIAÇÃO LITERÁRIA

passada, porque ele o relata no pretérito. "O sol meridional estava acima do cume do Julierpass, envolvido por rochas escalvadas, na região do Bünden. As paredes de pedra ardiam e reluziam..." Também esta descrição é contada no pretérito. Pois então, dizem os gramáticos e teóricos da Literatura, o épico narra a sua história no passado, ou ao menos como se fosse no passado. Ainda não se foi essencialmente além da opinião muito citada de Goethe, em sua famosa discussão com Schiller sobre a literatura épica e dramática, de dezembro de 1797, segundo a qual "o dramaturgo (mímico) representa o acontecimento inteiramente no presente, o épico (rapsodo) inteiramente no passado". E mesmo quando a experiência, obtida da leitura de um romance, de Homero, ou da canção dos Nibelungen, chamou a atenção para o fato de que esse ser passado, ou mesmo essa aparência de ser no passado, da ação épica, apresenta-se mais problemático, mesmo aí não se foi muito além da modificação, feita por Schiller, das verificações de Goethe: "que a arte literária obriga também o poeta épico a atualizar o acontecido". E a ocorrência freqüente do presente histórico parecia uma realização bem-vinda da noção de atualização. Já Schiller, que o empregou em antítese a "passado" carregou-o marcadamente demais com o significado temporal que pertence à palavra alemã *Gegenwart* (presente). Mas é justamente em relação às teorias sobre o presente histórico que a noção de atualização foi superestimada, como explicaremos melhor em seguida, e esta superestimação resultou da suposição nunca colocada em dúvida de que o narrado no gênero épico é pensado e representado no passado, porque é relatado na forma gramatical do pretérito. Pois não tinha sido posto em discussão que o pretérito possa deixar de ser, em algum lugar qualquer da manifestação verbal, a expressão de acontecimentos passados. É por isso que a forma épica não pôde ser descrita satisfatoriamente e que permaneceram sem solução alguns problemas lingüísticos e gramaticais, como por exemplo o do discurso vivenciado. É, porém, de fato a mudança de significação, aparentemente paradoxal, que ocorre com o pretérito da narração ficcional, que o legitima como ficcional, ou, expresso de outro modo, que esclarece que o "eu épico", como se costuma dizer, não é sujeito-de-enunciação. *A mudança de significação, porém, consiste em que o pretérito perde a sua função gramatical, que é a de designar o passado.*

A fim de provar isso, devemos informar-nos primeiro sobre a função gramatical do pretérito. Nem todas as definições estabelecidas para este tempo verbal são elucidativas para a nossa finalidade. Não é suficiente definir, por exem-

O GÊNERO FICCIONAL OU MIMÉTICO 47

plo com H. Paul e O. Behaghel, o pretérito através de sua relação ou não-relação com o "presente", ou por meio de um "ponto de referência" existente no "passado" do qual se prossegue no passado [3]. Pois falta nesta determinação do imperfeito (aoristo) e dos tempos em geral algo essencial que os define partindo de uma camada mais profunda do que a simplesmente gramatical. Este aspecto essencial está contido apenas, pelo que me foi dado verificar em gramáticas alemãs e estrangeiras, na *Deutsche Grammatik* do antigo gramático alemão Christian August Heyse, que se distingue justamente pela razão de derivar as leis e formas gramaticais sempre quando possível de situações da lógica do significado. Foi a sua explicação dos tempos verbais que me chamou primeiro a atenção sobre a verdadeira origem da diferença categórica entre enunciação e narração ficcional, embora o próprio Heyse, como todos os outros gramáticos antes e depois dele, não tenha reconhecido esta diferença.

Enquanto Paul e Behaghel se referem somente à relação dos tempos com o presente, Heyse aprofunda a noção do presente, acrescentando: "Presente, ou seja, o momento presente do sujeito que fala" [4]. Assim Heyse chega a diferenciações mais nítidas dos tempos principais, presente, passado, futuro. Estes são designados como "tempos subjetivos", porque colocam *grosso modo* "a ação ou enredo no presente, passado ou futuro, sem delimitação interna dos momentos da ação em si". Com a noção do "sujeito falante", Heyse introduziu o sujeito-de-enunciação na definição temporal e, conseqüentemente, no sistema temporal ou (o que é o mesmo) no sistema da realidade. Inversamente, isto significa que o sujeito-de-enunciação é reconhecido como existente no tempo, *i.e.*, real, o que por sua vez não significa outra coisa senão que as considerações feitas sobre presente, passado e futuro têm significado somente quando se relacionam a um sujeito-de-enunciação autêntico. Empregaremos consecutivamente no lugar do termo "sujeito-de-enunciação" a noção idêntica, de colorido mais epistemológico, de eu--origo, baseada na terminologia de Brugmann e Bühler. Esta noção significa o ponto zero, a *origo* — ocupado pelo eu (o eu da experiência ou da enunciação) — do sistema coordenado espaço-temporal, que coincide ou é idêntico — com o agora e aqui. A *"origo* do sistema do eu-agora-aqui", expressão que abreviamos em "eu-*origo*", é empregada por Brugmann e Bühler [5] na descrição das funções dos pronomes

3. PAUL, H. *Deutsche Grammatik*. Halle, 1920. v. IV, p. 65.
4. HEYSE, Ch. A. *Deutsche Grammatik*. 29. ed., Hannover, 1923.
5. BRUGMANN, K. *Die Demonstrativpronomina der indogermanischen Sprachen*. Leipzig, 1904; — BÜHLER, K. *Idem*. p. 102 e s.

48 A LÓGICA DA CRIAÇÃO LITERÁRIA

dêiticos no discurso, problema que também nos servirá de argumento importante e convincente nas nossas provas.

Substituímos o termo lógico-lingüístico do sujeito-de-enunciação pelo termo epistemológico de eu-*origo*, porque o ponto de vista puramente gramatical não é suficiente para esclarecer as situações gramaticais particulares que se apresentam na narração ficcional, e que são inconscientes ao narrador. Nenhum domínio da linguagem mostra mais nitidamente do que a criação literária que o sistema da sintaxe pode ser logo estreito demais para a vida criativa da linguagem, que tem a sua fonte como tal no domínio mais amplo do pensamento e da imaginação. Se as vestes estreitas demais da sintaxe rasgam quando aparecem processos deste domínio — e trata-se de observá-los! —, não resta fazer outra coisa senão remendá-las com peças novas. Acreditamos que o pretérito pode ser considerado como uma destas peças. Para o aumento da teoria dos tempos gramaticais por intermédio desta peça, requer-se um aprofundamento nas situações básicas epistemológicas, onde se deverão encontrar, em última análise, os motivos pelos quais o pretérito na ficção não tem a função de exprimir o passado.

Para este fim examinamos primeiro a função do pretérito no enunciado da realidade em dois exemplos de enunciados objetivos: 1 — Comunico verbalmente ou por escrito a respeito de uma pessoa: "O Sr. X estava em viagem" (sentença eventualmente proferida no curso de uma conversa, p. ex., como resposta à pergunta, onde estava o Sr. X em determinada época). 2 — Qualquer proposição de qualquer obra histórica, por exemplo uma história de Frederico, o Grande: "O rei tocava flauta todas as noites". Estas asserções sobre terceiros ou fatos objetivos são de acordo com a teoria de Heyse: "colocadas no passado do sujeito que fala (portanto do sujeito-de-enunciação), ou em nossa terminologia: ambas as asserções contêm uma eu-*origo*, a partir da qual existe, na coordenada temporal de seu sistema espaço-tempo, um lapso de tempo aqui não datado dos processos mencionados. No primeiro exemplo a eu-*origo* é nítida. Eu comunico aqui e agora que o Sr. X estava em viagem, olho do meu agora para o tempo da viagem do Sr. X e posso responder eventualmente à pergunta, quando estava ele em viagem. Depreende-se também do imperfeito do meu enunciado que essa viagem pertence ao passado e que ele já não está viajando. No segundo exemplo, histórico, a eu-*origo* é menos visível, mas existente, como no primeiro. A obra histórica, a totalidade dos enunciados nela contidos, parece estar exonerada do sistema tempo (e espaço). Seus

O GÊNERO FICCIONAL OU MIMÉTICO 49

enunciados têm valor "objetivo" e não estão, ou não estão mais, ligados ao agora e aqui de quem faz o enunciado. É esta a maneira geral de determinar a objetividade de enunciados, e nela está a razão pela qual a estrutura da criação literária não é descoberta, os gêneros literários são definidos erroneamente, o épico e dramático, p. ex., confrontados, como gêneros objetivos, ao lírico subjetivo.

O erro está em que na definição do enunciado não foi incluído o fator estrutural da realidade, e com isso a eu-*origo*, — nem a eu-*origo* de quem faz o enunciado, nem também a de quem o recebe. O enunciado histórico não é, em princípio, diferente daquele de nosso primeiro exemplo. Também ele está colocado no passado do sujeito que fala ou da eu-*origo*. Primeiramente na do autor da obra histórica. Para Kugler, que editou a sua obra sobre Frederico, o Grande, em 1840, Frederico, o Grande, viveu num passado distante de 70 anos. Mas esta obra está situada no passado de qualquer leitor: para um leitor em 1940, o passado de Frederico dista de 170 anos. O significado existencial do tempo para a experiência e fenômeno da realidade histórica vale em que reúne o "emissor" e o "receptor" do enunciado ou comunicação *num* espaço da realidade e *numa* experiência da realidade. Isto vale tanto para a contemporaneidade como para a não-contemporaneidade da existência de emissor e receptor. Se, como no último caso, o relato da realidade sobreviver ao autor, na forma de um livro impresso ou de diários deixados etc., entra no lugar da eu-*origo* do relator original e do respectivo leitor — bem entendido que em relação à experiência do tempo. Justamente o fato de que o leitor póstumo tem outra relação temporal com o conteúdo do relato que o seu autor, autentica este conteúdo como um relato sobre a realidade, que é submetido ou pode ser submetido à indagação pelo quando. Este "quando" somente pode ser perguntado pela respectiva eu-*origo* ocupada com o relato. Tudo aquilo que é passado (no sentido mais amplo, tudo que é histórico) relaciona-se como todo o presente e futuro, "comigo", está situado no meu passado, presente ou futuro, mesmo quando as ocorrências passadas, presentes ou futuras, não têm nada a ver com o meu eu pessoal e individual. A possibilidade de uma pergunta pelo "quando" de uma ocorrência prova a sua realidade e a pergunta prova a existência de uma eu-*origo*, seja explícita ou implícita. O pretérito de um enunciado sobre a realidade significa que o relatado é passado, ou seja, que é conhecido por uma eu-*origo* como passado.

Examinemos agora o imperfeito da ficção. Suponhamos que a sentença "O Sr. X estava em viagem" esteja

50 · A LÓGICA DA CRIAÇÃO LITERÁRIA

contida num romance. Percebemos imediatamente que mudou completamente seu caráter. Não mais podemos fazer a pergunta pelo "quando", nem no caso de ser mencionada uma data, digamos o verão de 1890. Com ou sem indicação de data, eu sei, pela sentença do romance, não que o Sr. X *estava* em viagem, mas que ele *está* em viagem. O mesmo ocorre com a sentença sobre Frederico o Grande, quando a encontramos num romance. E isso embora se trate de uma personalidade histórica, cuja existência real, uns 200 anos atrás, seja do nosso conhecimento. A sentença no romance "O rei tocava flauta todas as noites" também não nos comunica que ele *tocava,* mas que ele *toca* agora. A sentença, na *Geschichte Friedrichs des Grossen* (História de Frederico, o Grande), de Kugler, que segue à narração dos saraus noturnos: "A determinada hora, entrava na sala de música, com as partituras debaixo do braço, e distribuía as partes..." manifesta este fato com nitidez: como proposição da obra histórica ele comunica ocorrências passadas, como sentença de romance, descreve uma situação "presente". A forma gramatical do imperfeito perde a sua função de nos informar sobre o passado dos fatos comunicados.

Esta circunstância, porém, não se explica apenas psicologicamente partindo da nossa experiência de leitura. Ela não ocorreria, se não tivesse suas determinadas razões lógicas e epistemológicas de estrutura. E para conhecê-las melhor, não podemos depender apenas do sintoma subjetivo de nossa experiência de leitura. Mas é um autêntico sintoma objetivo, a Gramática, o procedimento da própria linguagem, que nos fornece melhor esclarecimento sobre a situação aqui presente. Podemos prosseguir em pensamento a sentença no romance: "Sr. X estava em viagem" com uma sentença da forma: "Hoje percorria pela última vez a cidade marítima européia, porque amanhã partia seu navio para a América". A sentença sobre Frederico tocando flauta pode ter em romance a seguinte forma: "Hoje à noite o rei queria novamente tocar flauta". Aqui encontramos o sintoma gramatical objetivo que em toda a sua insignificância aparente fornece entretanto a prova decisiva de que o imperfeito da narração ficcional não é expressão do passado, ou seja, que os advérbios temporais dêiticos podem ser ligados ao imperfeito.

Este fenômeno deve ser analisado melhor. Saltam imediatamente à vista os advérbios indicativos de futuro hoje, hoje à noite, etc., porque esta ligação não é possível numa situação de conversa real. Mas também é impossível aos advérbios do passado num discurso real, porque somente podem ser relacionados com o imperfeito em referência ao

O GÊNERO FICCIONAL OU MIMÉTICO
51

agora de quem fala: ontem aconteceu isso ou aquilo. Contudo essa relação não é mais possível numa asserção verídica para um passado em referência ao agora de quem faz a asserção. Se o sujeito que fala agora e aqui se desloca a um tempo passado, p. ex., no dia 15 de julho aconteceu isso ou aquilo, ele não pode designar por "ontem" algo ocorrido um dia antes dessa data, nem por "amanhã" aquilo que sucedeu um dia depois. Aqui se tornam necessários advérbios ou locuções adverbiais como "no dia anterior" (ou "seguinte"). Mas é suficiente que leiamos qualquer romance, literário ou não-literário, para perceber que as leis lógico-gramaticais por assim dizer inerentes à asserção da realidade têm aqui perdido a sua validez. Eis alguns exemplos:

"Mas de manhã ela tinha de decorar a árvore. Amanhã era Natal."
   [ALICE BEREND, *Die Braeutigame der Babette Bomberling* (Os noivos de Babette Bomberling).]

"... and of course he was coming to her party to-night."
   [VIRGINIA WOOLF, *Mrs. Dalloway.*]

"Debaixo das pálpebras ela ainda hoje via o rosto em sua frente..."
   [THOMAS MANN, *Lotte in Weimar* (Lotte em Weimar).]

"A manobra ontem tinha durado oito horas."
   [BRUNO FRANK, *Tage des Koenigs* (Dias do rei).]

"Reuniam-se, e todos estavam amuados pela festa de ontem."
   [GOETHE, *Wilhelm Meisters Lehrjahre* (Os anos de aprendizado de Wilhelm Meister), 5º livro, Cap. 13.]

"Ele refletia na vida hibernal desse bom pai e em sua festa solitária e ansiosa no dia de hoje..."

   [JEAN PAUL, *Hesperus, 7. Hundsposttag* (Hesperus, dia 7 do correio canino).]

Enquanto a união do advérbio futuro dêitico com o imperfeito faz da proposição "Amanhã era Natal" imediatamente uma sentença de romance e somente romance, o advérbio "ontem" não parece ser, por motivos por assim dizer naturais, semanticamente contraditório ao imperfeito. Examinando-se melhor, porém, num texto ficcional o imperfeito, relacionado com um advérbio do passado dêitico, percebe-se que ele reage de um modo ainda mais sensível e dinâmico do que com um advérbio do futuro. Porque agora desaparece por completo e é substituído por uma outra forma de pretérito, o mais-que-perfeito: "A manobra ontem tinha durado oito horas" (ex. 4). A ligação de "ontem" com o

52 A LÓGICA DA CRIAÇÃO LITERÁRIA

mais-que-perfeito também identifica a sentença como pertencente a um romance, de modo menos saliente que o imperfeito com "amanhã", porém também de modo imediato. Porque no caso de um enunciado direto sobre a realidade deve ser empregado neste teor o pretérito perfeito ou imperfeito. É natural que o mais-que-perfeito também pode aparecer em determinadas estruturas temporais: "A manobra tinha durado ontem oito horas, quando irrompeu uma tempestade"; mas inversamente, não pode constar no romance o imperfeito e sim unicamente o mais-que-perfeito. Uma sentença de romance pode dizer: "amanhã era Natal", mas nunca: "Ontem era Natal"[6]; ao invés: "Ontem fora Natal". Este mais-que-perfeito único possível na reunião com o advérbio dêitico de pretérito é tão elucidativo para a narração ficcional como a reunião, somente possível nesta, do advérbio futuro com o imperfeito. *E ambos os fenômenos temporais estão baseados na mesma lei; que o narrado não se refere a uma eu-origo real, mas sim a eu-origines fictícias, portanto é fictício*[7]. A ficção épica é definida do ponto de vista da Teoria Literária unicamente pelo fato de, primeiramente, não conter uma eu-*origo* real e, secundariamente, por conter obrigatoriamente eu-*origines* fictícias, isto é sistemas de referência que nada têm a ver epistemologicamente, e com isso temporalmente, com um eu-real, do autor ou do leitor, que experimente a ficção de uma maneira ou de outra[8]. É justamente isso que significa, inversamente, que eles são não-reais, fictícios. Contudo, estas duas condições significam

6. Somente no sistema de diálogos de um romance a sentença pode aparecer também nesta forma, como discurso direto de um personagem romanesco.

7. A interpretação desta situação por Brugmann demonstra novamente que não se tornou consciente a diferença entre narração "histórica" (ou seja enunciado) e narração ficcional. Brugmann é de opinião que "não altera em nada a natureza dos pronomes dêiticos de primeira pessoa o fato de serem também empregados na narração de ocorrências passadas. Pois se aparecem na narrativa demonstrativos de significação espacial ou temporal, indicadores da presença de quem fala, isso é uso dramático, semelhante ao uso do presente, em lugar de um tempo passado na narração. Por exemplo: estava ele sentado tristemente o dia todo: "tinha recebido hoje (em vez de naquele dia) duas más notícias" (BRUGMANN, *Demonstrativpronomina*, p. 41). Decerto, é correto que o uso dos pronomes dêiticos da primeira pessoa não é modificado no imperfeito da narração. O que é alterado é a função e significação do imperfeito, que também no exemplo de Brugmann não exprime nada de passado, *razão por que* pode combinar com os dêiticos. Estes fatos ficam encobertos quando atribuídos à "dramatização". O que se dá aqui é um recurso da ficcionalização, de que precisamente o drama não necessita.

8. Assim diz D. Frey, em confirmação aos fatos decorrentes da teoria da linguagem: "No épico, o espaço e o tempo da ocorrência é de natureza puramente objetiva. Nada têm a ver com a determinação espaço-temporal do sujeito, nem com a do autor, nem com a do ouvinte; não se relacionam de modo algum com esta. É por isso também que a história se diferencia da narração literária, por integrar-se, embora sendo igualmente de natureza puramente objetiva, no espaço e tempo concreto dados pela vivência subjetiva" (*Gotik und Renaissance*, Augsburgo, 1929, p. 213). — Esta opinião, bem como as nossas discussões, contrariam a idéia muito difundida, quase inerente à teoria do passado, de que o narrador épico, *i. e.*, o autor, se situa numa relação temporal, numa "distância narrativa", para com o narrado. Idéia defendida principalmente por F. STANZEL, *Die typischen Erzaehlsituationen im Roman* (*Wiener Beitraege zur engl. Philologie*, Viena, 1955, v. 53).

O GÊNERO FICCIONAL OU MIMÉTICO 53

o mesmo e foram desdobradas numa proposição negativa e numa positiva, apenas para maior clareza. Pois é somente a entrada em cena, ou seja, a expectativa da entrada em cena da eu-*origo* fictícia dos personagens do romance, a razão para o desaparecimento da eu-*origo* real e concomitantemente, em conseqüência lógica, para a destituição pelo pretérito da sua função de passado. Antes de descrevermos melhor a estrutura da ficção, queremos mostrar, num exemplo particularmente adequado, oferecido por um trecho, em si não muito insinuante, da prosa alemã, o que significa do ponto de vista da Teoria Literária a noção de personagem fictício e por que é apenas a sua entrada em cena que dá à narração o caráter de não-realidade, tirando, conseqüentemente, ao imperfeito o seu significado de passado.

Encontramos esse trecho no início de *Hochwald* de Stifter. Ele é especialmente instrutivo para o nosso problema por ser, não somente uma descrição de ambiente, como o início do *Jürg Jenatsch*, mas uma descrição do ambiente em primeira pessoa, que desaparece depois no romance. Pela maneira como ela aparece em nosso exemplo, serve ao fato que vai ser demonstrado, através de um efeito de contraste particularmente nítido. Ela faz deste trecho uma mina de achados para o teórico da Literatura, concentrando lado a lado o enunciado de realidade e narração ficcional, deixando transparecer muito bem a diferenciação lógica entre os dois.

A narração inicia-se pela descrição de um cenário no presente:

> No norte da pequena terra da Áustria, uma floresta estende a sua penumbra por umas trinta milhas, no sentido do poente... Ela dobra... no sentido da serra, que continua setentrionalmente por muitos dias de viagem. É no lugar desta conversão da floresta que estão as paragens onde ocorreu o que nos propomos contar.

Esta descrição do ambiente no presente, embora introduzindo um romance, é, diferindo do início do *Jürg Jenatsch*, uma descrição autêntica da realidade. E na verdade ela não se identifica como tal pela localização geográfica, mas pelo presente, que não é presente histórico, mas que o designa agora (mesmo sem data) em que o narrador relata — razão por que não colocamos aqui a noção de narrador entre aspas. Porque o narrador aqui é uma eu-*origo* real, transferindo-se para o tempo em que estava percorrendo a região, que seria o cenário do romance por vir — e aqui não importa se esta lembrança é, e até que ponto, autêntica ou inautêntica, *i.e.*, fingida. O que importa é a forma da narração, que é a de uma enunciação de realidade, a asserção de um autêntico sujeito-de-enunciação e, portanto, de uma eu-*origo* real; e

54   A LÓGICA DA CRIAÇÃO LITERÁRIA

não é por acaso que o pronome pessoal mais geral "nós" (que é freqüentemente usado em exposições teóricas) será substituído pelo pronome pessoal da primeira pessoa:

> Um sentimento de profunda solidão apoderava-se de mim sempre quando eu subia ao lago feérico... Muitas vezes surgia em mim o mesmo pensamento, quando sentado nestas costas... Muitas vezes sentava eu em dias passados nos velhos muros...

Também o imperfeito deste trecho é referido, como o presente do trecho anterior, ao agora do narrador. Indica um passado de sua vida, sua juventude, em que vagueava por essa região. — Depois da descrição do cenário no presente, em relação ao narrador em primeira pessoa, vem um relatório para ele histórico, isto é, ele se transporta pela fantasia a um passado mais remoto, por ele não experimentado:

> E agora, caro leitor, se contemplaste o suficiente, volta comigo dois séculos atrás.

A imagem do castelo, construída pela fantasia partindo das ruínas conhecidas, é apresentada ao leitor. Mas o enredo do romance ainda não começa com isso. Temos aqui antes um exemplo literário para a diferença lógico-lingüística entre uma fantasia e uma ficção, diferença que já salientamos acima:

> Exclua do pensamento todas as florzinhas do muro... ao invés espalhe areia branca até o muro anterior, coloque um sólido portão de faia na entrada...

O esboço desta imagem da fantasia, apresentada ao leitor, é um enunciado de realidade, mesmo se o seu conteúdo é expressamente dado por fantasia. Porque é relacionado ao "sujeito falante", representado como a sua imaginação, além disso não inteiramente irreal, pois está localizado numa época determinada passada para o narrador. O enunciado de fantasia caracterizado pela presença da eu-*origo* continua ainda, quando são apresentadas as duas figuras que serão as protagonistas do romance, ou seja, as duas filhas de Heinrich, o Wittinghauser. Pois "elas ainda não entram ativamente em cena", mas são apresentadas mais como duas figuras de enfeite pertencentes ao quadro:

> ... as portas escancaram-se de repente — agrada-te o gracioso par?... A mais nova está sentada ao lado da janela bordando... A mais velha ainda não está vestida...

Também o presente desta descrição não é um presente histórico, que substitui o imperfeito, embora nos encontremos

O GÊNERO FICCIONAL OU MIMÉTICO

num passado histórico designado especialmente assim pelo narrador. Mas não é isso que importa e sim a eu-*origo* ainda presente do narrador, que na sua fantasia transportada para um determinado passado ainda contempla o local com as duas moças como se fosse um quadro, que ele apresenta aos leitores num presente, que poderíamos chamar de *tabular*[9]. E é apenas quando as imagens mudas das moças se transformam em personagens vivos — seres atores, como disse Aristóteles — que se inicia o imperfeito, sem ser intencional pelo autor e sem ser notado pelo leitor:

> Aquela da janela borda zelosamente, olhando apenas uma vez ou outra para a irmã. Esta interrompeu de vez a busca e pegou da harpa da qual caem, como em sonho, há algum tempo sons isolados, desconexos, ou picos de ilhas de uma melodia submersa. De repente *dizia*[10] a mais moça:...

A partir deste "dizia" a narração prossegue no pretérito, o que significa no contexto que é apenas com ele que penetramos no espaço ficcional. Pois nenhum texto pode esclarecer mais nitidamente que com este imperfeito desaparece a eu-*origo* do narrador, retira-se da narração, dando lugar às eu-*origines* fictícias dos personagens. Até este "dizia", o cenário e o tempo da narração estavam situados no passado do narrador, estavam relacionados à sua eu-*origo* real, à sua narração autêntica do agora. Eram objetos de um enunciado de realidade, embora fantasiado, até fingido. É apenas com o imperfeito que a imagem muda se transforma num quadro vivo, num romance, em ficção, no sentido exato da Teoria Literária. É justamente o contraste deste imperfeito com o presente precedente da descrição do quadro, que aqui não é presente histórico, que mostra com toda a nitidez este limite. A descrição "A mais jovem está sentada ao lado da janela bordando..." de fato já introduz a ficção, mostrando as moças em suas atividades. Mas a tendência estrutural aqui dominante dirige tão exatamente os significados gramaticais que este presente somente teria recebido o significado de presente histórico se esta descrição tivesse surgido *após* o imperfeito "dizia". Pois nesse caso já pertenceria ao espaço ficcional. Objetando a isso, pode-se perguntar se é então realmente o imperfeito, o pretérito como tal, que identifica a narração ficcional como ficção, pois no nosso texto poderia ter constado no seu lugar um

---

9. O presente tabular foi descrito em Brugmann-Delbrück, *Vergleichende Grammatik der indogermanischen Sprachen* IV, 2 (1897), em relação estreita com o presente histórico: "Também aqui o evento passado está em frente de quem fala, como uma imagem, sem relação temporal. O *praesens tabulare* surgiu apenas pela representação pictórica do imaginado ou falado" (p. 736).

10. Ressaltado por mim.

A LÓGICA DA CRIAÇÃO LITERÁRIA

presente, sem que se tivesse modificado o caráter ficcional. É justamente com esta pergunta que se toca o próprio procedimento e natureza do pretérito épico. Mas antes de descobri-lo inteiramente, queremos examinar o restante do procedimento do texto de Hochwald, não apenas para desarmar possíveis objeções dele resultantes, mas também porque precisamente este procedimento ilumina particularmente bem a fenomenologia do pretérito épico.

Aderimos primeiro ao ponto de vista de que a partir do imperfeito "dizia" as figuras "entram em ação" propriamente como vivas e "ativas" por si, e sem nos aprofundar ainda no significado deste fenômeno, significa ele, e é imediatamente perceptível, que a partir de então a ação e conseqüentemente o tempo da ação não se refere mais à eu-*origo*, mas sim a estas figuras. Deu-se transferência da eu-*origo* do sistema real a um outro, do sistema ficcional, ou como podemos dizer ainda, ao campo ficcional, onde agora ou hoje, ontem ou amanhã, se referem ao agora e aqui ficcional dos personagens, e não mais a um agora e aqui real do narrador — podendo por isso relacionar-se sem dúvida com o imperfeito gramatical:

> Hoje, porém, tinha chegado o dia em que o exército de ervas e florzinhas deste gramado... pela primeira vez devessem ver algo diferente de verde folhagem e azul celeste...

diz o começo do segundo capítulo "Waldgang". E aqui nosso texto instrutivo oferece mais uma vez a possibilidade de visualizar claramente a lei da narração ficcional através do seu oposto, o enunciado da realidade. Pois no início deste capítulo aparece novamente a eu-*origo* real deste narrador, interrompendo a ficção. Ele descreve novamente a paisagem, como ela ainda é "hoje", no seu tempo, no tempo em que ele está narrando:

> Ainda hoje há extensas florestas em volta da região fontanal do Rio Moldau... Ao longo da fresca água florestal... e no vale um limpo atalho leva hoje à aldeia madeireira de Hirschbergen... Naquela época, porém, não havia nem aldeia nem atalho, mas apenas o vale e o córrego...

Neste texto, o presente e o imperfeito preenchem novamente, como na parte inicial, sua função gramatical natural, a de determinar o presente e o passado do "sujeito falante", e os advérbios de tempo "hoje" e "naquela época" são relacionados de modo gramatical exato ou natural com seus tempos. Na verdade o "havia" da última sentença manifesta-se como imperfeito autêntico, um imperfeito de enunciação, apenas porque está contraposto ao "hoje" da sentença em

O GÊNERO FICCIONAL OU MIMÉTICO 57

presente, mesma razão pela qual o "naquela época" se revela como locução adverbial indicadora de passado.

Nosso texto, todavia, presta-nos o favor de opor ao hoje autêntico, imediatamente, um hoje fictício, ao pretérito autêntico um não-real, um ficcional, relacionando na sentença acima citada "Hoje, porém, tinha chegado o dia", o "hoje" com o mais-que-perfeito. Com esta proposição passa-se novamente do enunciado real inicial sobre um tempo passado para a narração ficcional, sendo que o "hoje" já não se refere ao ponto de vista do narrador, mas ao agora e aqui fictício dos personagens do romance:

Claras e doces vozes humanas — vozes de moças — ressoavam entre os troncos, interrompidas pelo toque parcial de um sininho fino...

E sem mais invasões pela *origo* real do narrador, sem interrupções por descrições em presente (que caracterizam nesta narração estas invasões e nunca têm o sentido do presente histórico), desenrola-se agora o mundo ficcional do romance — numa forma pretérita, que não mais torna possível uma indagação pelo "quando".

Este exemplo de Stifter, seja salientado novamente, é particularmente instrutivo para o nosso problema apenas pela razão de a sua forma narrativa possibilitar a demonstração do problema do pretérito da narração ficcional diretamente na sua gênese. Este trecho contém o fenômeno, aparentemente paradoxal, de que o presente dá expressão à consciência do estado passado do tempo e local descritos, enquanto o pretérito "dizia", que vem depois, exprime o seu "presente"; porque desde o momento do seu aparecimento este não é mais percebido como expressivo do passado, apresentando-se agora os personagens e acontecimentos descritos como "sendo presentes" "agora e aqui".

Os verbos dos processos internos

Todavia, a fenomenologia do pretérito épico ou ficcional, e conseqüentemente da narração ficcional, ainda não está esclarecida completamente. Até agora foi demonstrado que ele perde a sua função indicadora de passado, pela razão de ser referido o tempo do enredo épico, *i.e.*, este mesmo enredo, não a uma eu-*origo* real, a um sujeito, "que fala" ou ao sujeito-de-enunciação, mas às eu-*origines* dos personagens do romance. Trata-se agora de descobrir o verdadeiro motivo do fato de que não experimentamos um enredo épico no passado, embora seja narrado no pretérito.

58 A LÓGICA DA CRIAÇÃO LITERÁRIA

Pode ser exato que Homero ou o poeta da Canção dos Nibelungen quiseram contar as histórias que viviam na consciência do povo como passadas. Mas é verificável com segurança maior que o poeta não as queria relatar como acontecidas alguma vez, mas como "acontecendo agora". O que nos instrui neste particular são os verbos de que se serve o autor épico. Distinguimos entre verbos de processos externos e internos. Andar, sentar, levantar, rir etc., são verbos que designam processos externos, e que podemos observar, por assim dizer, externamente nas pessoas. Servem a todos os tipos de descrição incluindo o não-épico. Mas estes verbos não são suficientes para o autor épico. Ele necessita dos verbos relativos aos processos internos como pensar, refletir, crer, julgar, sentir, esperar etc. E ele os emprega de um modo particular como nenhum narrador o pode fazer — verbalmente ou por escrito. Pois se consultarmos a nossa experiência pessoal psicológico-lógica, lembrando-nos de que nunca podemos dizer sobre uma pessoa autêntica diversa de nós mesmos: ele pensava ou pensa, sentia ou sente, acreditava ou acredita etc., compreendemos que, com o aparecimento destes verbos na narração, o pretérito, em que é contada, torna-se uma forma sem sentido, se compreendida como tempo do passado. Em outras palavras: o uso destes verbos é a prova concludente epistemológica de que o pretérito não tem a função de passado no gênero épico, do mesmo modo que a sua relação com advérbios dêiticos é a sua prova gramatical (por sua vez naturalmente condicionada pela primeira).

Poder-se-ia objetar aqui que os verbos como crer, julgar, pensar etc., também podem ser empregados em representações não-épicas, mas históricas, podendo-se dizer, p. ex.: Napoleão esperava ou acreditava que seria capaz de vencer a Rússia. O uso de "acreditar", entretanto, é apenas derivado e pode vir em tal contexto apenas como um verbo indicador de uma informação indireta. Deduz-se dos documentos legados que Napoleão era de opinião que venceria a Rússia. No relatório histórico, autêntico, porém, Napoleão não pode ser apresentado como alguém que acredita "aqui e agora", ou seja: na subjetividade, na eu-originidade de seus processos internos, de sua "existência". Acontecendo isso, encontramo-nos num romance sobre Napoleão, numa ficção. *A ficção épica é o único lugar epistemológico, onde a eu-originidade (ou subjetividade) de uma terceira pessoa pode ser apresentada na terceira pessoa.* Os verbos dos processos internos, que aqui fornecem a prova concludente, justificam com isso concomitantemente a perda da função de passado

O GÊNERO FICCIONAL OU MIMÉTICO 59

do pretérito, no qual se encontram estes e os demais verbos da ficção. Não existe experiência passada quando se diz de uma pessoa que ela pensava isto ou aquilo, ou esperava, refletia ou até dizia.

O verbo "dizer" requer esclarecimento especial. Ocupa uma espécie de posição intermediária entre os verbos de processos externos e internos. Significa a expressão e com isso a verificabilidade de um processo interno. Apesar disso, tem outro significado, diferente de outros verbos designativos de sons perceptíveis como, p. ex., cantar, gritar etc. O verbo "dizer" não se refere como estes à matéria sonora do expresso, mas ao seu sentido. Considerado semanticamente, é um verbo de processo interno como pensar, esperar etc., e eu me sirvo dele em reprodução indireta como destes outros verbos. Pois nestes está praticamente incluído que o pensado, esperado, é também dito, é expresso, quando eu relato sobre uma pessoa que ela tenha pensado, esperado, acreditado, nisto ou naquilo. Por este motivo também, na ficção, o verbo "dizer" entra no plano dos verbos de processos internos e, como o mais freqüente, transmite, em conexão com o discurso direto que introduz, a impressão mais marcante da ficção. Ele dizia, ela dizia, não significa na ficção épica que alguém, "o narrador" reproduz em forma indireta o que ele ou ela "disse", mas possibilita a nossa experiência do personagem, do mesmo modo que os outros verbos de processos internos, como um personagem que pensa, espera, acredita e diz. Tem, portanto, o seu significado o fato de ligar-se o pretérito ficcional primeiro ao verbo "dizer", em nosso exemplo de *Hochwald,* produzindo a situação aparentemente paradoxal de que o pretérito cria a impressão do "presente". Antes de prosseguir na descoberta deste significado, arraigado em camadas mais profundas ainda, devemos examinar melhor o procedimento do pretérito ficcional.

O discurso vivenciado

Os verbos dos processos internos, e não por último o verbo "dizer", que, portanto, é o índice decisivo para o desaparecimento do significado pretérito da forma pretérita, já apontam para o fenômeno da literatura narrativa, que, para a teoria lingüística e literária, tenha sido talvez o fator que tornou perceptível o problema do passado suposto do enredo épico: o assim chamado "discurso vivenciado". É justamente a forma no imperfeito desta reprodução na terceira pessoa da corrente de consciência não formulada, que lhe tem sido um problema [11]. A sua solução não sucedeu porque não tinha sido percebida a diferença entre enunciado da realidade e a narração ficcional e a modificação nela efetuada do significado do pretérito. O discurso vivenciado é, todavia, a última conseqüência dos verbos de processos internos. Ainda mais nitidamente do que estes, o discurso vivenciado revela que na ficção a eu-*origo* real é substituída pela eu-*origo* fictícia e que a forma imperfeita de locuções como "Como era esplêndido esse céu azul" ou "Se ele se devesse enganar assim" não influi no agora e aqui fictício das pessoas que pensam isso.

O discurso vivenciado que, embora aplicado hoje em qualquer romance jornalístico, se transformara, no decorrer da evolução do romance, no meio mais artístico da ficcionalização da narração épica, é agora do ponto de vista teórico e lógico da Literatura um meio particularmente produtivo para esclarecer sobre a função apreteritiva, e também, como veremos, atemporal em geral, do pretérito épico. A fim de visualizar esta consideração, queremos expor três exemplos:

Isso não podia simplesmente ser verdade — quando ele somente pensava nela! Mas quanto compreenderia ela? Não a perderia ele já depois dos três primeiros minutos? E isso deveria ele arriscar? Quem exigia isso dele, quem o podia exigir?

[EDZARD SCHAPER, *Der letzte Advent* (O Último Advento).]

He dropped her hand. Their marriage was over, he thought, with agony, with relief. The rope was cut; he mounted; he was free, as it was decreed that he, Septimus, the lord of men, should be free; alone... he, Septimus was alone...

(VIRGINIA WOOLF, *Mrs. Dalloway*.)

E ele comparava em pensamento a torre da igreja natal com a torre ali em cima. Aquela torre, decerto, rejuvenescendo sem reticências diretamente para cima, de telhados amplo, acabada com telhas vermelhas, uma construção terrestre — o que outro podemos construir? — ... A torre, ali em cima, era a única visível — a torre de uma residência, como se revelava agora, talvez do castelo principal, era uma construção uniforme, redonda... com janelas pequenas, que agora reluziam ao sol — isso tinha algo de louco — e um acabamento como num terraço...

(FRANZ KAFKA, *O Castelo*.)

---

11. Lembre-se aqui a discussão feita nos anos vinte entre os romanistas CH. BALLY, TH. KALEPSKY, E. LERCH, em *GRM* V, VI (1912/14) e sua apresentação em E. LORCK, *Die erlebte Rede* (1921), bem como a contribuição de WALZEL em *Das Wortkunstwerk* (1926). Outrossim, G. STORZ, "*Über den 'monologue intérieur' oder die 'Erlebte Rede'* ", em *Der Deutschunterricht*, 1955, v. 1, p. 45 e ss. Sobr teorias em inglês, ver DORRIT COHN, Narrative Monologue, Definition of Fictional Style, em *Comparative Literature*, 1966, v. XIII, n. 2, pp. 97-112.

O GÊNERO FICCIONAL OU MIMÉTICO   61

Não se presta serviço ao conhecimento da estrutura ficcional, quando aderindo timidamente ao significado gramatical original do imperfeito e ainda frente a essa forma narrativa agora tão comum, não se quer abandonar a opinião de que o enredo épico é passado ou "lembrado". Nesta conexão torna-se necessário submeter a uma análise crítica justamente a noção de "lembrança", que foi introduzida ultimamente na teoria da literatura narrativa. Na teoria da arte *Feeling and Form* da filósofa americana Susanne Langer, importante em muitos e básicos aspectos, afirma-se que o objetivo da literatura narrativa não é informar o que aconteceu e quando aconteceu, "but to create the illusion of things past, the semblance of events lived and felt, like an abstracted and completed memory", como, e é dito assim, *a semblance of memory* ou *virtual memory* [12]. Este complicado acoplamento de noções descreve o fenômeno em questão, corresponde à experiência de leitura e, como podemos talvez dizer simplesmente, à experiência conceitual do poeta? Qual é a experiência da memória em seu sentido autóctone? A lembrança é ligada primariamente apenas à experiência pessoal. Posso lembrar-me somente do meu próprio passado. Do passado de terceiros (reais), que eu mesmo não experimentei, posso tomar conhecimento apenas indiretamente, do mesmo modo que do histórico, passado anterior à minha vida. Que a consciência histórica, *the sense of history*, como acha S. Langer, se constitua em *memory* [13], é uma metáfora, que dá expressão a um possível sentimento da vida, uma das várias interpretações possíveis da experiência histórica. Tal interpretação torna-se errônea, porém, quando é aplicada, com base no *past tense* a um romance. Isso se revela justamente na formação conceitual que se teve que criar de *abstracted memory* ou *semblance of memory* que não mais corresponde nem a um fenômeno objetivo nem a um vivenciado. É formado em adaptação à determinação de S. Langer de que a literatura narrativa não cria apenas a ilusão de vida, mas a ilusão de vida passada, e até de *virtual past*. É decerto, até tautológico, que a ficção cria uma ilusão de vida, razão pela qual Aristóteles a chamou mimese. É errado, porém, referir a aparência a algo passado como tal. Como ilusão pode ser formado apenas como algo que é como tal concreto, um objeto, ou algo manifestado em objetos ou seres. A vida pode ser representada no jogo, na Arte, mas a vida passada não pode ser transformada como passada em ilusão. Pois o estado de passado não é uma qualidade perceptível; é abstrato, determinado por datas,

12. LANGER, Susanne. *Feeling and form.* Nova York, 1953. p. 269.
13. *Idem*, p. 263.

62 A LÓGICA DA CRIAÇÃO LITERÁRIA

sabido. Se contemplarmos, por exemplo, objetos de época passada num museu: móveis, roupas, utensílios, ligamos-lhes a noção de histórico somente pelo nosso conhecimento, que é orientado e precisado pelas indicações de temppo e de lugar. Se, por outro lado, vemos tais objetos numa pintura de Terborch, desaparece em alto grau o fato de pertencerem a uma época passada e nós os experimentamos como a ilusão artística de objetos exonerada de qualquer tempo. Quando S. Langer quer acentuar, pela noção de passado abstrato ilusório, que aqui não se trata de um passado "real", não nota que esta noção em si já elimina a noção de passado em geral. Quando a ficção (não somente a épica, mas também a dramática e cinematográfica) cria a ilusão da vida, ela a isenta do passado, exonera do tempo em geral, e isso não significa outra coisa senão a realidade em geral. Justamente por ser este também um dos principais pontos de vista da teoria da arte de S. Langer, deve ser eliminada a noção de *virtual memory* da sua teoria literária. Veremos de que modo contribui na prova desta ausência de tempo o procedimento do pretérito épico.

Aceitamos a teoria de Langer em relação à forma do discurso vivenciado, porque é exatamente esta a mais adequada para levá-la *ad absurdum*. Pois melhor do que qualquer forma narrativa, revela a falha básica cometida em todas as teorias e mormente nas teorias de passado sobre a literatura épica, que é a não-consideração do fenômeno que faz de uma criação literária épica uma criação literária épica de fato: os personagens fictícios, a "mimese de seres atuantes", que foi reconhecida como fenômeno central somente por Aristóteles. E ele se teria admirado ainda mais da falta de consideração deste fato pelos seus contemporâneos, se tivesse conhecido o discurso vivenciado. Pois é ele, cujo único lugar gramatical é a literatura narrativa, que de fato revela inteiramente a lei do tempo paradoxal, que nele governa "necessariamente por natureza", em seu paradoxo gramatical. "Quem exigia isso dele, quem o podia exigir?" — "Since she had left him, he, Septimus, was alone." — "A torre, ali em cima, era a única visível — . . . isso tinha algo de louco." O imperfeito ou o mais-que-perfeito destes verbos tornam-se inexpressivos, sem sentido. É relevante apenas o conteúdo significativo do verbo em si, que declara sobre o pensamento, que se realiza nos personagens, neste momento fictício da sua existência fictícia, ". . . he, Septimus, was alone" — não é a sua solidão "de então" — quando foi mesmo? — que é a experiência tida quando lemos este trecho, mas que ele se *encontra* só em sua pobre alma destruída, no próprio mo-

O GÊNERO FICCIONAL OU MIMÉTICO 63

mento descrito de sua vida. *É o personagem de romance, a pessoa fictícia que aniquila o significado de passado dos verbos descritivos.* O discurso vivenciado prova isso mais nitidamente, mais palpavelmente do que qualquer outra forma de narração, porque ele é, — diferentemente do diálogo e do monólogo, que em si têm a mesma função — e por conservar a forma narrativa épica e assim o pretérito, o meio mais adequado (não porventura popular) para representar os personagens em sua eu-*originidade*. O discurso vivenciado também revela com evidência imediata o processo lógico-semântico, que é a causa da extinção da função de passado do pretérito: a transposição do sistema de referência espaço-temporal, *i.e.*, do sistema de referência da realidade, para um fictício, e a substituição de uma eu-*origo* real, representada por qualquer narrador de um relatório autêntico, pelas eu-*origines* dos personagens. Como deve ser explicado logicamente o "narrador" da ficção (que novamente colocamos de propósito entre aspas) — este é o problema fundamental não somente da ficção épica, mas do sistema literário em geral, que será explicado no seguinte parágrafo. Porque este assunto será completamente explicativo somente quando forem esclarecidos da melhor maneira possível os processos lógicos e lingüísticos que se desenrolam na ficção épica.

A atemporalidade da ficção

Voltamos ao nosso exemplo inicial, ao *Jürg Jenatsch*. Nossa análise da narração ficcional, que dele se tinha distanciado por algum tempo, responde à pergunta por que, do ponto de vista puramente lógico, é apenas a sentença "Com súbita decisão tirou sua carteira de couro" que identifica como ficcional a narração, e por que experimentamos a ação descrita no pretérito não como uma passada, o que significa real, mas como uma fictícia "presente", *i.e.*, não-real. Pois todas as sentenças precedentes deste início de romance são constituídas por verbos que apresentam a descrição ainda como se fosse um relatório autêntico, por exemplo um testemunho explícito. Descrição por Goethe da festa de São Roque em *Am Rhein, Main und Neckar* (No Reno, Meno e Neckar):

> Entre rochas, mata e matagal erra uma multidão agitada, correndo para cima e para baixo, gritando: Alto! aqui! para cá! ali!... Um rapaz ágil e robusto surge correndo para apresentar, satisfeito, um texugo sangrante...

não difere estruturalmente do modo pelo qual os personagens são apresentados também no início de *Jürg Jenatsch:*

64 A LÓGICA DA CRIAÇÃO LITERÁRIA

Agora ressoava de longe o latido de um cão. Bem no alto da encosta tinha descansado um pastor bergamasco. Levantou agora... Finalmente surgia um peregrino...

É apenas a sentença mais adiante "Com súbita decisão..." que modifica a passagem que, construída com verbos de processos externos, não se distingue até esse ponto de um relato sobre a realidade, como o relato de viagem de Goethe ou da carta de Rilke. Tudo que é declarado aqui pode cair no campo da vivência e percepção de um sujeito-de-enunciação. E a delimitação aqui é tão delicada, mas — como ainda veremos melhor — separa, apesar de toda a delicadeza, categorialmente os domínios de linguagem, que, sem a simples palavrinha "decisão" — p. ex., subitamente tirou a sua carteira de couro — poderia o conteúdo da sentença cair no domínio do verificável. Se alguém faz algo depressa ou devagar pode ser verificado pela observação. Mas se ele o faz, decidindo lenta ou rapidamente, isso se subtrai da observação, causando, portanto, uma sentença que, fora do contexto, pode ser compreendida imediatamente como ficcional, romanesca. E isso significa, salientemos novamente, que nos encontramos com essa obra narrativa não no passado do autor que a relata, mas no presente do Sr. Vasa e dos demais personagens do romance: "Cinco pés, murmurava para si. Que faz aí? Espionagem? ressoava ao lado dele poderosa voz de barítono..." e assim por diante. Um "presente", para formularmos mais exatamente, que apesar dos imperfeitos "tirava, dizia, ressoava" não está no passado do autor que narra, como está no passado do autor da carta o passeio em trenó de Rilke, ou, no relato de viagem de Goethe, a Festa de São Roque (apesar do autêntico presente histórico aqui empregado).

A arte poética, tinha replicado Schiller a Goethe, obrigaria o poeta a tornar presente o acontecido. Schiller emprega a noção presente exatamente como oposto ao passado, que era justamente objeto da discussão dos dois poetas, e o exprime com o particípio "o acontecido". O significado temporal contido na noção alemã, bem como neolatina de *représenter, représentation* de modo algum é sempre dominante em seu uso. Isso significa que o contraste com um passado desaparece atrás do significado de representação, que liga a palavra alemã mais do que a romântica também ao significado de representação plástica. Esta pequena análise da noção de tornar presente não é sem importância para a problemática da narração ficcional e, em estreita relação com a fenomenologia do pretérito, também para o presente histórico.

O GÊNERO FICCIONAL OU MIMÉTICO 65

A fim de visualizar melhor o fato de que não experimentamos como passado o enredo narrado num romance, nós o havíamos designado como presente fictício, colocando entre aspas, vez por outra, e não sem intenção, o termo aqui empregado de "presente". Pois aqui nos defrontamos com situações que exigem um melhor exame. Se for certo que a forma pretérita da narração não significa que os acontecimentos e pessoas narrados são passados, ou pensados como passados, podemos então designá-los sem mais nada como presentes, ainda que ficticiamente presentes? Quando dissemos acima que a sentença extraída de um romance "O Sr. X estava viajando" não significa que ele *estava* em determinada época, mas que ele *está* — tem este presente simplesmente o mesmo significado que o presente temporalmente exato? Respondêssemos afirmativamente e sem limitações a esta pergunta, cometeríamos certamente um erro lógico que colocaria em dúvida toda a fenomenologia do pretérito épico e até a tornaria inválida. Mesmo a prova de que o pretérito narrativo possa ser combinado com advérbios dêiticos não é ainda prova logicamente concludente de que o pretérito gramatical receba o significado de presente gramatical. Qual seria o erro lógico que cometeríamos, erro este na verdade não muito palpável? Nós nos movimentaríamos em dois planos diferentes da epistemologia. Não podemos equiparar o presente fictício dos personagens de um romance à experiência do não-passado, *i.e.*, não podemos introduzir um elemento temporal designado por "presente fictício" na vivência de um enredo de romance, que não tem relação alguma com a vivência de tempo do leitor (e autor). Se o enredo do romance não é por nós vivenciado no passado, isso não significa que seja — por nós — vivenciado no presente. Porque a vivência do passado tem significado como tal somente em relação a uma vivência do presente e do futuro — o que não significa outra coisa senão que a vivência do passado, bem como a do presente e do futuro, é a vivência da realidade. O pretérito ficcional naturalmente não tem por função despertar uma vivência passada, o que não significa que tenha por função despertar uma vivência presente, embora fictícia: o *era* não-temporal da narração ficcional não significa com isso um *é* temporal. A noção de "presente fictício" é por si logicamente tão errônea quanto a noção acima criticada de *virtual past*. Tem significado apenas em comparação com a noção "passado fictício" ou "futuro fictício". E isso significa que pertence ao sistema temporal fictício que pode ser configurado na literatura narrativa como todos os demais componentes do material configurativo que a realidade fornece à criação literária. O tempo fictício,

66 A LÓGICA DA CRIAÇÃO LITERÁRIA

presente, passado e futuro dos personagens do romance, resulta somente em vivência, quando é configurado como tal, quando é elaborado por intermédio dos meios de narração e representação. Do mesmo modo que o espaço, que aparece no romance apenas quando é narrado. Mas não é toda indicação de elementos de tempo na literatura narrativa (e dramática) que significa "configuração temporal". Visto que os acontecimentos, o enredo, a vida, se desenrolam no tempo, as indicações temporais acompanham o enredo, sem por isso serem mais significativas, mais temáticas, do que as orientações sobre o espaço. O presente fictício certamente é dado a conhecer através de advérbios temporais dêiticos, como, p. ex., hoje, amanhã, assim como o passado fictício e o futuro fictício o são por intermédio de advérbios de passado e futuro respectivamente, ou por outros meios de representação. Todavia — e é isso que importa no contexto — há uma grande quantidade de literatura narrativa que não revela nenhum tempo fictício. Ela "torna presente" sem se relacionar a um presente temporal, passado ou futuro dos personagens épicos. Desejamos demonstrar isto numa passagem, que é particularmente elucidativa, justamente devido à indicação temporal que contém. A narração concatenada das *Züricher Novellen* (Novelas de Zurique) de Keller inicia com a seguinte proposição:

> Pelo fim dos anos de 1820, quando a cidade de Zurique estava cercada de extensas fortificações, levantou-se de seu leito, no meio destas, certa manhã clara de verão, um jovem, que era chamado de Sr. Jacques pelos empregados da casa, mas que ainda era tratado por você pelos conhecidos...

Nada melhor do que este texto parece comprovar a opinião de que o enredo foi imaginado no passado e por isso contado no pretérito. Quando se desenrola? No fim do século XIX. Mas se perguntarmos: o que aconteceu então? Um jovem levantou-se de seu leito. Se, ao contrário, perguntássemos: quando se levantou o jovem de seu leito?, teríamos de responder: pelo fim dos anos de 1820, numa clara manhã de verão. Dando esta resposta, notamos que ela é inadequada. A pergunta "quando aconteceu isso?" não parece combinar bem com o verbo ao qual se refere a pergunta temporal. Verbos como: levantar-se (do leito, da cadeira), andar, sentar, passar uma noite inquieta "porque ele passara uma noite inquieta" diz em seguida o nosso texto — etc., não são empregados quando fazemos afirmações sobre tempos remotos ou indefinidos. Podemos dizer: ontem ou há uma semana Pedro foi de bicicleta à cidade, mas não costumamos dizer: há dez anos, ou no início do

O GÊNERO FICCIONAL OU MIMÉTICO 67

século Pedro foi à cidade de bicicleta, ou até: levantou da cadeira. Em asserções sobre situações reais empregamos tais *verbos de situação* no imperfeito somente com referência a situações temporais próximas, porque designam uma situação concreta, ainda visualizável e lembrada pelo enunciador. Numa afirmação sobre uma situação real não poderia ocorrer uma sentença como a de nosso texto. Nela não seria possível a relação do jovem levantando-se da cama com a indicação de que a cidade de Zurique, onde se deu isso nos anos de 1820, estava cercada de extensas fortificações. Ao ler o texto, ainda que desconhecendo o contexto de que provém, sabemos imediatamente que não se trata de um relato sobre uma situação real. O primeiro verbo que encontramos "levantou-se de seu leito" já nos revela que se trata aqui de uma narração ficcional. E esse verbo faz ainda mais, ele *destrói* a indicação temporal na sua qualidade de indicação do passado, e o faz, embora esteja no imperfeito. Ao contrário *atualiza* o tempo indicado, como também o lugar, numa situação fictícia aqui e agora presente, na qual o nosso "jovem" não se levantou, mas se levanta. Mas o que acontece com a indicação temporal passada já para o autor das *Züricher Novellen?* Ela perde a sua função de asserção histórica e apresenta apenas o cenário, o ambiente da cidade de Zurique, ainda cercada de fortificações, que é o da narração vindoura. O verbo situacional aniquila o caráter de passado, que tanto a indicação temporal como a forma pretérita têm num enunciado de realidade, e estabelece um presente fictício que irá se manifestando sempre mais nitidamente pelos demais elementos da narração. Prosseguindo a leitura,

> O humor matinal do Sr. Jacques não era tão risonho como o céu porque ele passara uma noite inquieta, cheia de pensamentos dificultosos e dúvidas sobre a sua pessoa.

o leitor assim como o autor que o escreveu experimentam o humor matinal do Sr. Jacques que não *está* risonho — num momento fictício da existência deste personagem fictício. O elemento ficcional decisivo neste texto é, portanto, o verbo situacional, que já tem o poder de apagar o caráter passado dos tempos verbais e dos advérbios temporais. Os verbos de situação sempre são um meio de auxílio para a ficcionalização; mas do ponto de vista da teoria lingüística não são decisivos ainda para a ficção épica, pois também aparecem em enunciados de realidade, em qualquer descrição situacional. São imediatamente indicadores de ficção apenas

68 A LÓGICA DA CRIAÇÃO LITERÁRIA

num texto como o citado, porque a descrição da situação contradiz a indicação temporal.

Agora e aqui, portanto, desenrola-se, atualizado, o enredo da narração, sem que este "agora", esta atualização deva ter o significado de presente temporal, embora o possa adotar — e com facilidade — num sentido fictício. Contudo, se a arte literária obriga o poeta épico a "atualizar", como opinava Schiller *versus* Goethe (e com ele muitos outros no mesmo sentido), esta noção torna-se errônea quando se entende, como Schiller, que é algo "acontecido", algo passado que deve ser atualizado. Se o pretérito da ficção narrativa não tem mais a função de passado é porque não é atualizado no sentido temporal. A noção de atualização não é apenas inexata em sua ambigüidade; ela é errônea e enganadora para a designação da estrutura da literatura ficcional, mimética. Significa aqui ficcionalização. E não é contraditório dizer que apesar disso o enredo do romance se desenrola "agora e aqui", deixando entender assim que não é vivenciado no passado. Pois "agora e aqui" — e com isso fecha-se o círculo da prova da falta de função do pretérito — significa do ponto de vista epistemológico e também lingüístico primeiramente o ponto zero do sistema da realidade, que é determinado pelas coordenadas do tempo e do espaço. Significa a eu-*origo,* em relação à qual o "agora" não tem precedência sobre o "aqui" ou vice-versa, mas que as três determinações definem o ponto original da experiência. Mesmo sem a existência de um "hoje", de uma data definida ou coisa parecida, que indiquem um "presente" — não restrito, mas estendido intencionalmente de acordo com a experiência subjetiva — experimentamos o enredo de um romance como acontecendo "agora e aqui", como a experiência de seres fictícios (como diz Aristóteles: atuantes) — o que não significa nada além de nossa experiência de seres humanos em sua eu-*origo* fictícia, à qual se referem todas as possíveis indicações temporais, como as demais indicações.

Isso já inclui que a perda da função de passado do pretérito não significa a obtenção de uma função de presente. Se a sentença "O sol meridional estava acima do cume do Julierpass" concomitantemente transmite a experiência de que o sol meridional *está* acima do Julierpass, porque penetramos o cenário de personagens fictícios, esta forma de presente tem tão pouco significado presente temporal como a forma de pretérito tem significado temporal passado. Este sentido de presente não é outro senão o transmitido por uma pintura, uma estátua; é o sentido da

O GÊNERO FICCIONAL OU MIMÉTICO 69

existência da eternidade, um "agora e aqui estacionário", é o sentido fundamental da noção alemã de *Gegenwart* tão bem como da latina *repraesentare,* em relação ao qual o sentido temporal é secundário e derivado. O agora depende do aqui, *être présent,* e não o aqui antes do agora.

A ficcionalização, a ação dos personagens fictícios representada como agora e aqui, *destrói o significado temporal do tempo* no qual é narrada uma obra narrativa: o pretérito do imperfeito gramatical, mas também o do presente histórico. Embora já tenha sido esclarecido sistematicamente este tempo problemático e muito discutido, é necessário incluir aqui uma descrição mais exata, na verdade com a finalidade de discutir criticamente a função que lhe é atribuída pelos autores e intérpretes.

O presente histórico

O presente histórico servia quase sem exceção como o principal meio de atualização da narração. Mas a sua caracterização tem sido confundida justamente por não ter sido feita a distinção entre o seu aparecimento em relatos na primeira pessoa, verbais e escritos, em documentos históricos, em descrições, e na épica, o que é devido ao fato de que a ciência lingüística e a gramática em geral fundamentaram a análise dos tempos e pronomes sobre a noção inequívoca da narração. Por isso a sua relação com o passado era quase sem exceção decisiva para o seu esclarecimento. O narrador, diz Jespersen, "steps outside the frame of history, visualizing and representing what happened in the past as if it were present before his eyes" [14] — onde o fato não é alterado se "o acontecimento é transportado para o passado" [15] ou se "nós nos transportamos para o passado" [16]. Encontra-se uma explicação mais exata e, a meu ver, decisiva, da função do presente histórico como atualização do passado, explicação esta que compreende o fenômeno na sua essência, na obra de Wunderlich-Reis, que atribui a origem do presente histórico a experiências pessoais narradas com vivacidade, onde o narrador "acredita enxergar novamente no presente" [17] as experiências que, neste caso, sempre são passadas para ele. Pode ficar em suspenso a manutenção desta explicação à luz da história da lingua-

14. JESPERSEN, O. *The Philosophy of Grammar.* Londres, 1924. p. 259.
15. Ch. A. HEYSE, p. 360.
16. KÜHNER, R. *Grammatik der griechischen Sprache.* Leipzig, 1898. v. 1, II Parte, p. 132.
17. WUNDERLICH-REIS. *Der deutsche Satzban* I. Stuttgart, 1924. p. 235.

gem [18]. Do ponto de vista psicológico da linguagem, ela esclarece em todo caso somente a experiência da atualização, que o narrador e o receptor têm por intermédio do relato, no presente, de acontecimentos passados. Isso pode ocorrer apenas em documentos autobiográficos de todos os tipos. Um bom exemplo é fornecido pela descrição de viagem de Gerhart Hauptmann *Griechischer Frühling* (Primavera Grega) (1907). Esta é contada inteiramente no presente de tal modo que não somente as descrições situacionais, como também cada passo do decurso, reduzido ao momento da sua realização, é reproduzido de certo modo cinematograficamente:

A curva do caminho é alcançada. A estrada se estende num amplo arco sob as imponentes paredes de rocha vermelha... Caminhamos lentamente sobre a branca estrada. Espantamos uma longa lagartixa verde..., que atravessa o caminho. Um jumento, pequeno, carregado de um monte de gengibre, cruza conosco...

Sobre o fato de ser esta descrição um relatório na primeira pessoa baseia-se na estreita relação com o passado deste presente, apesar de seu efeito indubitavelmente atualizador. Pode-se dizer que no relatório autobiográfico, decerto o único lugar da literatura narrativa, a consciência do passado é mantida justamente porque o presente atualiza aqui no sentido real. Visto que o narrador não pode ter anotado esses conhecimentos enquanto caminhava, etc., salienta-se nitidamente o caráter histórico do presente e sabemos tratar-se de uma viagem ocorrida há algum tempo, mais ou menos próximo. Todavia, em referência à consciência do passado num relato autobiográfico, o uso exclusivo do presente não cria efeito diferente daquele criado pela alternação do presente com o pretérito. Este é o caso da descrição de Goethe já mencionada sobre a Festa de São Roque, onde o presente se alterna com o passado indiscriminadamente — "a procissão vem para cima"... "um baldaquim de seda vermelha balançava..." — de modo que nenhum dos tempos tem a precedência da atualização, a ponto de se esquecer que esta impressão de viagem foi escrita depois de acontecer. Pois é por ser apresentado o aqui narrado na forma de experiência pessoal, *i. e.,* por estar presente o narrador na primeira pessoa (presença que é característica de qualquer narração em primeira pessoa, seja

---

18. A. T. ROMPELMAN ressaltou em seu ensaio *Form und Funktion des Praeteriuns im Germanischen* [*Neophilologos*, 37 (1953)], aludindo à história do presente histórico existente em todas as línguas indogermânicas, que originalmente "a mudança cômoda de uma forma para a outra... não seria conseqüência de uma falta de estilo" (p. 80) e que esta mudança não deveria ser interpretada apenas temporalmente. Ele a reconduz a uma época em que o presente era menos um tempo do que um modo de ação.

O GÊNERO FICCIONAL OU MIMÉTICO 71

real ou fingida), que referimos o ocorrido à sua pessoa e ao lugar e tempo de então. No relato autobiográfico não é alterado o sentido de tempo pelo presente histórico, por mais que se indique aqui — e nisso Wunderlich-Reis me parece estar inteiramente com a razão — que o narrador se transporta vivamente para a ocorrência passada, atualizando-a assim para si mesmo e para o leitor. Pois na lembrança pessoal a representação viva coincide com a impressão de então e, sendo reproduzida na memória, coincide por outro lado com o momento da lembrança e da experiência renovada. O significado e função exclusivamente existencial da recordação (que ao mais pode ser transferida no sentido metafórico a outros processos espirituais, p. ex., do conhecimento) também se torna válido na iluminação do presente histórico.

Pois este se mostra completamente modificado num documento histórico objetivo. Desejamos incluir aqui um exemplo extraído de um livro didático moderno (como tal correspondente a todas as exigências de um ensino moderno da História) que está redigido quase completamente no presente histórico:

> Com cautela realiza Barbarroxa a renovada união com a Igreja do Império. Utiliza-se de todos os direitos que lhe pertencem pela Concordata de Worms, a fim de obter novamente o domínio sobre os prelados da Igreja... Ao mesmo tempo renova o rei... o direito de regalias e espólios da Coroa... Após esta consolidação provisória da situação da Alemanha, Frederico se dirige em 1154 a Roma, para buscar a coroa imperial já prometida a ele no ano anterior. A viagem pela Itália Setentrional e Central mostra-lhe a totalidade das dificuldades, que... [Geschichte unserer Welt (História do nosso mundo) II, 1947.]

Em que consiste a diferença deste presente histórico com o do exemplo autobiográfico? Ambos os exemplos são reais. Em ambos existe uma eu-*origo* real, um sujeito-de-enunciação. Mas o conteúdo objetivo, ou objetivamente relatado do livro de História, é (relativamente) objetivo, porque é apresentado independentemente do sujeito-de-enunciação e não como experimentado por ele mesmo. Se bem que o sujeito-de-enunciação, o historiador, tenha o seu lugar no tempo, como o eu do relato autobiográfico, o tempo de Barbarroxa está no passado. Mas não referimos as ocorrências narradas a este lugar no tempo, que está por assim dizer distante demais daquele das ocorrências, precisamente porque o historiador não pode, como o autobiógrafo, lembrar as ocorrências descritas, "torná-las presentes", razão por que o presente histórico não tem aqui função atualizadora. Em vista das exposições históricas deste tipo, já Brugmann-Delbrück

72 A LÓGICA DA CRIAÇÃO LITERÁRIA

tem compreendido o presente histórico não no sentido de atualização, *i.e.*, uma relação temporal entre passado e presente, mas atribui-lhe a função de visualização dramática: "O narrador vê diante de si o enredo como num drama, que o absorve a ponto de apagar seu relacionamento temporal" [19]. Substituindo a expressão "como num drama" por ficção épica, Delbrück enxergou aqui claramente. O presente histórico desempenha aqui não uma função atualizadora, mas sim uma função de atualização ficcional. Faz com que os personagens atuem mais por si, do que com o pretérito, mostra-os no desempenho de suas ações, ao passo que o imperfeito de um relatório histórico mostra antes as ações já feitas, os fatos.

Num modo mais desenvolvido ainda, aparece esta função ficcional do presente histórico em relato histórico objetivo em muitas passagens da bela biografia sobre Wieland por F. Sengl (1949). Queremos apresentar aqui uma análise de tal trecho porque é muito elucidativa no esclarecimento do presente histórico na ficção épica, pela demonstração de limites muito ocultos:

> As coisas se apresentavam assim, quando Wieland se decidiu de repente pelo casamento evangélico. Ele sabia que era impossível, nestas condições, obter o consentimento da mãe de Cristina... Por isso quer Wieland mandar buscar a moça em Augsburgo com a maior rapidez possível... e escondê-la em sua casa. As janelas de um quarto já estão revestidas de papel, para que os vizinhos nada percebam, a velha Floriana é a única que tem acesso e ela é discreta até a morte... Ao velho Schmelz não resta outra coisa senão esperar... e acompanhar pai e filha ao convento de Rot... Wieland parte para Rot, não encontra mais o pai e a filha... Agora está no fim. Acometido pela idéia da morte... Nesta disposição está sentado em casa, depois de ter voltado de Rot, cismando... Não mais compreende a Deus por que pode criar seres humanos de tão bárbara dureza. Não há meio de escapar-lhes? (p. 133 e s.)

Este trecho no presente aproxima-se muito de uma narração ficcional romanesca (embora não se trate disso no exemplo acima). Nesta exposição biográfica, cujo imperfeito tem a sua função natural e gramatical de passado, são empregados verbos e outros meios de representação sobre processos internos, que têm o seu lugar legítimo somente na narração ficcional. "Está sentada em casa, cismando"... "Não mais compreende a Deus"... "Não há meio de escapar-lhes?" — forma interrogativa de discurso vivido. Como devemos explicar estas formas de narração "históricas"? Aqui se apresenta o estranho fenômeno de que tal atualização ficcional — teria sido obtido justamente pelo imperfeito, mormente em passagens como estas, que diriam assim: Nesta disposição estava ele sentado em casa, cismando... Não

---

19. BRUGMANN-DELBRÜCK. *Grundriss der vergleichenden Grammatik der indogermanischen Sprachen*. Estrasburgo, 1916. II, 3, 1, p. 733.

O GÊNERO FICCIONAL OU MIMÉTICO 73

mais compreendia a Deus... Não havia meio de escapar-lhes? Aqui o imperfeito teria o efeito, com base nos verbos de processos internos, de apresentar Wieland como um personagem romanesco. Que não compreendia mais a Deus, que se perguntava como escapar aos homens bárbaros, seriam compreendidos como pensamentos atribuídos pelo narrador a Wieland, sendo assim o narrador não mais histórico, mas ficcional — o procedimento paradoxal do pretérito na ficção manifestar-se-ia imediatamente: todo o passado, e com ele a realidade histórica, seria apagado, e até anulado. É justamente o presente que mantém neste relatório histórico, na forma particular destas sentenças, a consciência do histórico: tem função "documentária", indica a reprodução do conteúdo das cartas, do qual o biógrafo reconstrói a situação interna e externa de Wieland naquele momento. Pois os documentos ainda existem, enquanto a vida, que neles está representada, já passou. O presente desta exposição reúne portanto uma função "atualizadora" do estado interno e externo com uma histórica, evitando o trespasse num relato ficcional romanesco, que facilmente pode aparecer em descrições deste gênero e que teria ocorrido neste caso imediatamente se tivesse sido usado o imperfeito.

O caso-limite do exemplo de Sengl já nos ilumina a função do presente histórico na literatura narrativa. É possível demonstrar agora nitidamente, mediante comparação com o seu desempenho na asserção de realidade, no relatório histórico objetivo, que ele não tem na ficção épica uma função autêntica: nem de atualização temporal, nem de atualização ficcional. Ambas as coisas resultam imediatamente do fato, e são por este condicionadas, de que o pretérito não tem aqui uma função autêntica de passado. Queremos ainda concretizar este fenômeno num único exemplo, num trecho de *Buddenbrooks* de Thomas Mann, que tem neste romance a forma presente com a clara finalidade de ilustrar a vivacidade e agitação da ocorrência ali descrita: A espera de Toni em frente à Câmara Municipal, onde se realiza a eleição senatorial:

O assunto tem-se prolongado. Parece que as discussões nas câmaras não querem acalmar... Não está ali dentro o Sr. Kaspersen,... que se diz sempre "funcionário público" e dirige o que aprende... por um canto da boca... para fora?... A gente que está aqui e espera é de todas as classes sociais... Atrás de dois operários que mastigam tabaco... está uma senhora, que, em grande agitação, vira a cabeça para cá e para lá a fim de poder enxergar a Câmara Municipal, por entre os ombros dos dois indivíduos robustos... "Ei, não é ela que tem uma irmã que consumiu dois maridos?" A senhora de mantô estremece... "É, é uma coisa. Não se sabe bem e, afinal, não é culpa do cônsul"... Não, não é ver-

74 A LÓGICA DA CRIAÇÃO LITERÁRIA

dade, pensa a senhora de véu, apertando as mãos debaixo do mantô... Não é? Oh, graças a Deus!

Em vista de tal trecho de romance, e de outro qualquer, desmorona a interpretação temporal tradicional do presente segundo o qual ele atualizaria ocorrências no passado, *"as if they were present before our eyes"*. Pois seriam menos atuais a nossos olhos as ocorrências aqui descritas, se fossem apresentadas no imperfeito? São mais atuais do que outras cenas do mesmo romance, onde se dá o pretérito?:

> Uma grande inquietação o agarrava, uma necessidade de movimento, espaço, e luz. Empurrou a cadeira para trás, passou à sala de estar e acendeu algumas chamas no lustre acima da mesa central. Parou, virou devagar e compulsivo a longa ponta do bigode e olhava em redor, sem nada ver do luxuoso aposento...

Depois de nossas provas não é mais necessário observar que nem a descrição no passado, nem a feita no presente, despertam uma experiência passada. Nenhuma das duas cenas tem precedência sobre a outra quanto à atualização temporal, em ambas se trata do agora e aqui fictício dos personagens, que em ambos os casos não é salientado por noções temporais especiais (advérbios de tempo ou atributos) como presente fictício. A interpretação temporal do presente na ficção épica já falha porque também o imperfeito não indica passado. — Mas por que não tem o presente função atualizadora ficcional especial, que chegaria além daquela do imperfeito? É porque ele a tem no relatório histórico do tipo de nosso exemplo do livro de História, ou do exemplo de *Wieland* de Sengl. Podemos responder a isso pela metáfora de que, numa superfície azul, ressalta uma peça vermelha que não sobressai em uma superfície da mesma cor vermelha. Na enunciação histórica, o presente é um tempo diferente do pretérito, que nela tem a função autêntica do passado. Na epopéia, no romance, porém, não é outro tempo, *i.e.*, funcionando diferentemente. Visto que nela o pretérito não prejudica a experiência ficcional do agora e aqui, não necessita de um tempo substituto, que, num contexto de estrutura diferente, ou seja, o do enunciado de realidade, pode ter eventualmente um efeito ficcional tal, que não é produzido tão bem pelo pretérito. Conseqüentemente, podemos substituir sem exceção, em qualquer contexto ficcional, que o apresente, o presente histórico pelo pretérito novamente, sem notar modificação alguma da experiência ficcional [20]: O assunto se prolongara... Era gente de todas

---

20. Este fenômeno foi observado, porém não explicado, por J. R. Frey, The Historical Present in Narrative Literature, particularly in Modern German Fiction (*The Journal of English and German Philology*, v. 45, I): "It is not going too far to say that in narration the lines dividing the tenses from

O GÊNERO FICCIONAL OU MIMÉTICO 75

as classes sociais... Atrás de dois operários estava uma senhora... Não, não é verdade, pensava a senhora. Encontrando-nos nesta passagem com o verbo pensar, e também estremecer (A senhora estremece), notamos que os verbos dos processos internos prestam-se melhor para a substituição pelo tempo narrativo usual do que os outros verbos. Pois são eles a prova mais válida da opinião de que o imperfeito na ficção não é expressão do passado, por serem justamente eles que produzem a eu-originização e ficcionalização decisiva dos personagens do romance. A ficcionalização, porém, não é reforçada pelo fato de o verbo estar no presente. Ao contrário, precisamente por não suceder nunca uma forma de expressão com "pensava a senhora" em um enunciado de realidade, i.e., por nunca poder indicar uma ocorrência passada, e por estar aqui o imperfeito completamente atônico, a forma de presente tem até um efeito perturbador. De certo modo ela chama a atenção para o fato de que é somente num romance, e em nenhum outro lugar, que podemos apreender o que uma pessoa pensa no momento, e com isso ela destrói algo da ilusão da vida fictícia, produzido pelo romance. Porém, o que importa nesta maneira particular dos verbos de processos internos é, em última análise, válido para o emprego do presente histórico na ficção em geral. E com isso alcançamos o ponto em que podemos iluminar inteiramente a fenomenologia do pretérito épico, em sentido mais geral: a fenomenologia do tempo narrativo ficcional.

Que seja possível lidar gramaticalmente com o pretérito na literatura narrativa, na ficção épica, de tal modo como não é possível na enunciação real, não é senão uma prova, já insinuada várias vezes, de que a forma verbal definida perde aqui a sua temporalidade. A união existente, no enunciado de realidade, entre o significado da palavra verbal e seu tempo[21], por mais que possa recuar um a favor do outro, dissolve-se na ficção. Uma comparação com a pintura é muito

---

another do not have the rigidity of which we are conscious when viewing the tenses just as grammatical forms" (p. 53). Mas Frey não encontrou explicação para isso, pois é de opinião que o leitor ao menos experimenta a ação do romance como uma passada. "To the reader even the writer's present is the past" (Idem).

21. H. WEINRICH, como é conhecido, em seu livro Tempus (Stuttgart, 1964), negou aos tempos o seu conteúdo temporal, classificando-os, sob um ponto de vista lingüístico, nas categorias mundo narrado e mundo discutido: os pretéritos na primeira categoria e os presentes na segunda. Continuo a sustentar minha opinião, defendida no ensaio Noch einmal-vom Erzaehlen (op. cit.), contrárias à opinião de Weinrich, inclusive na sua contribuição à nossa polêmica "Tempusprobleme eines Leitartikels" (Euphorion, v. 60, pp. 263-272, 1966), de que é o pretérito que testemunha o passado do enunciado de realidade. É precisamente quando ele verifica, situando o artigo-de-fundo com razão no gênero histórico, que nele se alternam os tempos pretéritos que narram a História com os presentes, que a discutem, que ele novamente introduz a categoria tempo nestes tempos, que deles queria desligar: no pretérito enunciador

76 A LÓGICA DA CRIAÇÃO LITERÁRIA

elucidativa aqui. Assim como uma pintura não pode ser pintada no ar, mas deve ter um substrato, uma parede ou uma tela, assim a narração de uma obra narrativa deve proceder numa forma verbal definida. Na verdade a tela tem seu valor material próprio, afora a pintura, como tela. Como substrato da pintura, portanto dentro dela, ela perde este valor material, como pintura não é mais tela como tal. O mesmo ocorre com o tempo do verbo finito. O pretérito tem, fora da ficção, no enunciado de realidade, sua função gramatical autóctone, ele exprime uma relação do sujeito-de-enunciação com o passado; o presente também tem nela o seu significado próprio de simultaneidade ou funciona como presente histórico. Na ficção, como tempo narrativo (*i.e.*, não como indicações temporais fictícias, que são referidas à vida fictícia dos personagens, por exemplo expressas em discurso), o pretérito (ao qual pertence o presente histórico semanticamente) é somente o substrato, no qual deve proceder a narração. É como tal, *i.e.*, como tempo de passado, tão pouco notado como a tela na pintura, e do verbo, ao qual está ligado, resta apenas seu conteúdo semântico, a ação, o estado etc., expresso pelo respectivo verbo, mas não a indicação de que esta ação, este estado, são passados. Quando eu leio em *Ana Karênina*: "Tudo estava em reviravolta na casa Oblonsky", não fico sabendo que certa vez *estava* tudo em reviravolta, mas sim que estava *em reviravolta,* e quando a mesma sentença está no presente histórico, apreendo o mesmo: uma situação, mas nenhum tempo.

O presente pode servir como um indício para a situação atemporal na ficção épica, que empregamos involuntariamente, mas com necessidade lógica, quando reproduzimos o conteúdo de uma narração tão bem como o de um drama, podendo indicá-lo como o *presente reprodutivo.* O sentido lógico-lingüístico deste presente manifesta-se claramente somente quando empregamos no lugar dele o imperfeito. Pois este imperfeito daria imediatamente à ficção o caráter de um documento autêntico e não é, como nem é preciso dizer, idêntico ao pretérito épico. Por isso mesmo o presente reprodutivo não é o presente histórico, mas o presente atemporal da enunciação sobre algo ideal existente. Quando numa discussão de uma obra ficcional liga-se ao conteúdo uma interpretação reflexiva julgadora — p. ex., como escreve Schiller a Goethe sobre o *Wilhelm Meister:* "Desde aquela expedição infeliz, onde ele quer encenar uma peça teatral,

do passado, mas também no presente quando este designa algo atual, concomitante ao tempo do sujeito assertivo. Como exemplo servimo-nos novamente de uma sentença jornalística: "3-7-1967. A promotoria em Karlsruhe examina presentemente o pretenso rapto de ..." A presença, outrossim, do presente discursivo intemporal em qualquer publicação, é indiscutível.

O GÊNERO FICCIONAL OU MIMÉTICO   77

sem ter pensado no conteúdo, até o momento em que escolhe
Teresa para esposa, ele percorreu como que toda a esfera da
humanidade, unilateralmente" (8-7-1796) — não se modifica o significado atemporal do presente. E se por acaso
não soubéssemos a que se refere a sentença de Schiller, o
presente nos esclarece que ele fala sobre a ficção e não sobre
uma situação real, na qual ele teria empregado o imperfeito
do enunciado de realidade.

O problema do tempo no romance histórico

A fenomenologia dos tempos ficcionais exige ainda o
esclarecimento do problema do tempo de tais romances em
que ele desempenha um papel material, razão pela qual tem
especialmente ocasionado uma interpretação errônea das condições ficcionais. — Podem ser levantadas objeções contra a
desvalorização temporal do pretérito, em vista de um início
de romance que não deixa nada a desejar quanto à fixação
exata da data e até a certeza histórica do ocorrido:

> O 2 de março de 1930 era um dia mau para o auxiliar Augusto
> Esch, de 30 anos; tivera uma briga com o seu chefe e fora demitido
> antes que tivesse tido a oportunidade de pedir demissão. E assim
> ele se aborrecia menos com o fato de sua demissão, do que por
> não ter tido melhor presença de espírito.
> [Hermann Broch, *Esch, oder die Anarchie* (Esch ou a Anar-
> quia).]

Provoca esta data, que sem dúvida indica um passado
conhecido pelo autor e pelo leitor e do qual uma série de
pessoas vivendo no ano de 1931, ano do aparecimento do
romance, se podem pessoalmente lembrar — provoca esta
data, 2 de março de 1903, a experiência de que o ocorrido
se deu 28 anos atrás? De forma alguma. Indica apenas
um dia, que é de importância para o personagem do romance
e pelo qual aprendemos também que devemos imaginar o
início do século como o ambiente em que vive, que é uma
das condições que contribuem para a natureza particular da
experiência de Esch e o significado de sua vida. A data
é um agora e também um hoje fictício na vida de um personagem fictício, na qual ela significa um momento crítico; não
há nenhum outrora no passado do leitor e autor, pessoalmente
experimentado ou não, que não esteja contido em sua experiência da ficção. A data não tem outro papel do que outra
característica qualquer de um dia romanesco, não é mais do
que um pedaço de material da realidade e é, na ficção, tão
fictícia como o são a casa e a rua, o campo e a floresta,
como as cidades de Mannheim e Colônia, onde se desenrola o

romance *Esch,* assim como Julierpass e o meio-dia do agora e aqui fictícios com que inicia *Jürg Jenatsch.* Porque assim que o tempo e o lugar se refiram a pessoas fictícias, isto é, representem um ambiente fictício, perdem a sua "realidade", embora apresentem componentes oriundos de uma realidade conhecida de modo mais ou menos geral. Quanto à realidade geográfica e histórica, seu conhecimento é bem relativo. Colônia e Mannheim podem significar para um leitor ignorante de geografia, digamos, um outro continente, tão pouco como a realidade de um lugarejo qualquer desconhecido, que para o autor do romance, que o escolheu por cenário, tem inteira realidade geográfica. Novamente se apresenta aqui o significado do contexto para o problema da realidade, ou seja, da não-realidade. Encontrando um nome geográfico desconhecido (ou outro qualquer) num documento histórico, num relatório verídico, os leitores, embora desconheçam este nome, não duvidam da realidade do lugar por ele indicado. Na ficção, porém, em contrário, por mais conhecido que seja o lugar, ele é afastado da realidade. E a mesma argumentação pode ser empregada em relação à realidade temporal. A data de 2 de março de 1903 é tão fictícia no romance como o ano 1984, da utopia política de Orwell — bem entendido não pelo fato de não ser experimentado pelos contemporâneos da edição (o que não será mais válido para a próxima geração), mas por se tratar de um tempo romanesco. E o fato de ser também narrado no imperfeito, como todas as utopias futurísticas — e não no futuro — pode esclarecer nova e vigorosamente sobre o significado atemporal do pretérito épico. Também a utopia narra seus acontecimentos em relação aos seus personagens fictícios, no seu agora e aqui, de modo que as relações de sua estrutura ficcional não se distinguem de modo algum do "romance atual" ou do "romance histórico".

Pois não é necessário dizer muito para explicar que também o imperfeito do romance histórico não tem nada a ver com o caráter histórico de seu material. A Guerra Franco-Russa de 1812, acontecimento histórico com o qual a geração de hoje tem outra relação temporal que a geração dos anos setenta, é experimentada por nós, como substância da *Guerra e Paz* de Tolstói, na mesma "atualidade" que pelo leitor dos anos setenta, quando esta obra apareceu. Porque também em tal romance, cujo material de realidade é conhecido como pertencente à história, ao passado, à eu-*origo* e com ela a consciência do tempo e da realidade do leitor não estão presentes, e ele experimenta o "era" da narração exatamente do mesmo modo que num romance com material invencionado, como o agora fictício dos personagens:

O GÊNERO FICCIONAL OU MIMÉTICO 79

de Napoleão, quando descrito na sua *toilette* matinal, bem como do Conde Andrej Bolkonskij, do qual não sabemos se é personagem imaginário ou histórico e até que ponto. Como assunto de uma obra histórica, Napoleão é descrito como objeto, sobre o qual algo é afirmado. Como objeto de um romance histórico, Napoleão transforma-se num Napoleão fictício. E isso não porque o romance histórico possa desviar da veracidade histórica. Também os romances históricos, que se mantêm fiéis à veracidade histórica, transformam a personalidade histórica em uma figura não-histórica, fictícia, e a transpõem de um sistema de realidade possível para um sistema de ficção. E isso é definido pelo fato de que o personagem é representado, não como objeto, mas como sujeito em sua eu-originidade (ou, como também é possível, como objeto do campo de experiência de um outro personagem romanesco). Estes são os fatos de personificação omitidos na teoria de Ingarden sobre os quase-juízos: é o processo de ficcionalização que transforma qualquer material por mais histórico que seja em um não-histórico.

Esta situação, porém, que apenas desenvolvemos a título de exemplificação partindo da relação de datas fictícias com o pretérito épico, não se refere somente a romances históricos, mas também a dramas históricos. É justamente com isso que se torna bem claro que o pretérito da narração nada tem a ver com um material histórico ou ficcional caracterizado por indicações temporais. — Contudo, se isto é expresso nesta maneira geral, podem ser levantadas objeções principalmente com referência a um gênero romanesco moderno, que pode servir de prova contraditória à nossa argumentação: tais obras em que o estado de passado é particularmente acentuado ou praticamente temático. Na literatura alemã, p. ex., representam este gênero o *Joseph* de Thomas Mann e *Der Mann ohne Eigen-Schaften* (O homem sem qualidades) de Robert Musil, embora de maneira completamente diversa uma da outra. O ponto de partida por assim dizer humorístico-metódico de Thomas Mann é o ponto de vista sobre o qual coloca a narração: reanimar a lenda de José e atualizá-la, mas ao mesmo tempo torná-la, através de contínuos comentários, o objeto de um conhecimento histórico-psicológico [22]. Também Musil conserva constantemente presente, através do estilo particular de sua narração, que neste romance de costume satírico da época passada do "K e K" (monarquia austro-húngara), o ano de 1913 em que se desenrola a ação, deve ser considerado passado, e o centro de enredo, a "ação paralela" que prepara o jubileu do Imperador Francisco José

---

22. Para uma consideração mais a fundo ver meu livro: *Der Humor bei Thomas Mann. Zum Joseph — Roman*, Munique, 1965.

A LÓGICA DA CRIAÇÃO LITERÁRIA

em 1918, é justamente por isso também em si o objeto central da sátira de costumes. Mas em ambas as obras, a consciência do passado, da ocorrência passada histórica ou mítica, não se atribui ao pretérito no qual é narrado, como toda literatura épica o é. Uma sentença do romance de Musil como: "Walter e ele tinham sido jovens na época hoje desaparecida do início do século, quando muitos imaginavam que o século também fosse jovem. Aquele então enterrado não se tinha distinguido sobremaneira em sua segunda metade" (I Parte, Cap. 15), exprime decerto a distância temporal do narrador ou autor para com o enredo de seu romance. Mas isso ocorre pelo próprio teor — "na época hoje desaparecida, aquele então enterrado" —, a narração empresta aqui a impressão de um relato histórico, que tem nesta obra a função de ressaltar repetidamente o sentido satírico de costumes do material narrado. Apesar disso este romance é — um romance, ou seja uma ficção, criando personagens fictícios no agora e aqui de sua vida fictícia, com todos os meios que estão à disposição da narração moderna. Em descrições como a seguinte, extraída ao acaso da história de Ulrich, o homem sem qualidades, e das pessoas de seu meio: "Enquanto Ulrich conversava com Clarisse, não tinham os dois percebido que a música atrás deles parava de vez em quando. Walter foi então à janela. Ele não podia ver os dois, mas sentia que estavam à beira do seu campo de visão. O ciúme o torturava" (I, Cap. 17), desaparece a distância narrativa "histórica" como em todo outro romance, e o pretérito não contém mais nem um sopro do valor passado. Pois na narração literária a situação é tal que, embora a narração pareça tirar o seu material de um passado histórico ou imaginado, não é o pretérito que indica isso e de modo algum é o critério para o passado ou imaginado como o passado do material narrado. Tanto o romance de Musil, como o de Thomas Mann, mas também o nosso exemplo de *Hochwald* demonstram que esta impressão é obtida com meios completamente diferentes, sendo indiferente que se trate de uma narração de material histórico autêntico ou imaginado, fingido mais ou menos como histórico [23].

23. Isso vale também, embora de forma pouco acentuada, para o exemplo da narrativa de Keller, *Romeo und Julia auf dem Dorfe*, que H. Seidler traz como exemplo, em polêmica contra a minha teoria, comprovando o valor estilístico passado do pretérito: "Longe, no sopé desse morro, está situada uma aldeia que contém muitas quintas grandes, e no outeiro estendiam-se há anos três belas propriedades". (*Wirkendes Wort*, v. 1952/53, Cad. 5, p. 271; v. também a obra de H. Seidler *Allgemeine Stilistik*, Goettingen, 1953, p. 139, e a polêmica entre mim e ele em: *DVJS*, v. 29, 1955, Cad. 3). Não é o pretérito "estendiam-se" que segue o presente, que, como diz Seidler, "abre a esfera do passado", mas o advérbio temporal "há anos"; o pretérito aqui já é relativamente inexpressivo, tornando-se mais inexpressivo na medida em que a história se ""atualiza"", i. e., se ficcionaliza, de modo a ser vivida não como passada, mas como ocorrendo agora e aqui, por exemplo: "assim aravam os dois calmamente,

O GÊNERO FICCIONAL OU MIMÉTICO　　81

Onde, porém, como em *Guerra e Paz,* o material histórico é "atualizado" como o imaginado neste mesmo romance, e nunca se deve despertar a consciência do passado, mas justamente esquecê-lo, o funcionamento ficcional do pretérito, nas partes conhecidamente históricas, é particularmente adequado para fornecer melhores esclarecimentos sobre a fenomenologia do pretérito épico. Desejamos demonstrar isso novamente num exemplo textual. Quando lemos:

> Às cinco e meia Napoleão cavalgava rumo à aldeia de Schewardino. Já estava amanhecendo; o céu se tornara claro, uma única nuvem estava suspensa no leste. As fogueiras de guarda abandonadas consumiam-se na fraca luz matinal.

é apenas o conteúdo significativo dos verbos que chega a ser experimentado, indiferentemente do tempo em que estão. Mas as leis da linguagem, ou seja, do contexto, funcionam tão severa e infalivelmente, que a situação se apresentaria imediatamente diversa, se encontrássemos a mesma sentença num documento histórico, digamos num testemunho legado por alguém sobre esta cavalgada matinal de Napoleão para a trincheira de Schewardino, onde se desenrolavam os feitos bélicos — historicamente legitimados. Também neste último caso, o significado dos verbos descritivos da ação, ou seja, da situação, estaria no primeiro plano da consciência receptora, mas o sentido do "outrora", do então ocorrido, do dia de guerra passado, não se perderia inteiramente. Porque, como enunciação histórica, o relato estaria dentro do tempo: do tempo do sujeito-de-enunciação e com isso do leitor. E se fizermos nestas sentenças, consideradas como descrição romanesca e em seguida como asserção histórica, a prova do presente histórico, ela se manifesta, justamente por sua materialidade histórica e autêntica, particularmente elucidativa do substrato dos tempos narrativos épicos. O presente histórico no enunciado histórico: "Às cinco e meia Napoleão cavalga rumo à aldeia de Schewardino. Já está amanhecendo...", teria um efeito de dramatização e ficcionalização. O romance, porém, não necessita de tal ficcionalização, pois neste já está narrado o agora e aqui de Napoleão nessa manhã, notadamente não por alguma testemunha presente à cavalgada para Schewardino, mas como o agora e aqui de Napoleão em pessoa, produzido pela narração. E apresenta-se aqui um fenômeno, freqüentemente percebido e nunca explicado: sentimos que o pretérito é mais adequado esteti-

---

e era bonito contemplá-los na silenciosa e dourada paisagem de setembro, quando passavam lado a lado no outeiro". Algo passado ou imaginado como passado não é "bonito a contemplar" e tal sentença não pode ocorrer num texto histórico, num enunciado de realidade, onde o "era" funciona como um pretérito autêntico (com exceção de no relatório de uma testemunha ocular). Em forma abreviada, ocorre aqui a mesma situação que no exemplo do *Hochwald.*

82 A LÓGICA DA CRIAÇÃO LITERÁRIA

camente, mais propício que o presente histórico, que — como já pudemos observar no exemplo de *Buddenbrooks* — chama a atenção de maneira demasiadamente insistente sobre o fato de que estamos tratando com uma situação fictícia, perturbando assim a ilusão, a impressão, cuja obtenção é a essência da narração ficcional. Aqui rege uma lei estético-estilística, limitada de modo tão imediato por condições, por assim dizer, inconscientes da lógica literária e lingüística, que devemos, por esta razão, examiná-la melhor.

Aspectos estilísticos

Esta lei apresenta dois aspectos. O primeiro, esteticamente mais formal, baseia-se no fato de que algo objetivamente supérfluo também é supérfluo esteticamente. Por não preencher o presente histórico uma função autêntica na ficção, nem temporal, nem ficcionalizadora, sempre pode ser substituído pelo pretérito, sem prejudicar a experiência ficcional e nenhuma particularidade da experiência do personagem fictício, que um narrador queira talvez exprimir pelo presente [24]. Um fenômeno periódico na literatura narrativa alemã do século XVIII e boa parte do século XIX parece-me confirmar esta observação: a notável mudança dos dois tempos, freqüentemente dentro da mesma sentença. Mesmo admitindo uma influência francesa, tal que o presente histórico corresponderia ou deveria corresponder ao *imparfait* francês, e o imperfeito alemão ao *passé défini,* representando *grosso modo* a descrição de um estado e o desenvolvimento de uma ação [25], parece-me não obstante impossível reconhecer nos versos épicos de *Wieland* ou no *Maler Nolten* de Moerike, uma ordem deliberada. A título ilustrativo apresentamos o seguinte exemplo deste romance:

---

24. Que a experiência de um importante romancista sirva de confirmação à nossa tese: "É completamente indiferente e um assunto meramente técnico se o autor épico escreve no presente, pretérito perfeito ou imperfeito; ele alternará estes modos onde bem entender. O decisivo, que não deve ser considerado de modo secundário, é o seguinte: é incorreto o que se lê freqüentemente, ou seja, que o dramaturgo reproduz uma ação que se passa no presente, e o autor épico uma ação passada. Isto é superficial e absurdo. Para qualquer pessoa que lê uma obra épica, os eventos narrados decorrem agora, no momento da leitura, ele os experimenta agora, quer estejam no presente, pretérito perfeito ou imperfeito, imaginamos e compreendemos as coisas épicas de modo tão atual como as dramáticas" (ALFRED DOEBLIN, "Der Bau des epischen Werkes", em *Neue deutsche Rundschau* 40, 1929, citado segundo F. Martini, Stuttgart, 1954, p. 356).

25. Esta suposição recebe certa confirmação pelo fato comprovado por E. Lerch de que no francês antigo raramente é encontrado o *imperfeito* como tempo da imaginação viva, porque nele a ação representada com vivacidade geralmente se dá no presente. Somente mais tarde foi substituído pelo imperfeito ("Imperfektum als Ausdruck der lebhaften Vorstellung" em: *Zs. f. roman. Philologie,* v. 42, p. 327, 1923).

O GÊNERO FICCIONAL OU MIMÉTICO 83

Ele a segurava delicadamente pelos ombros e, ligeiramente reclinada para trás, ela apoiava nele a cabeça, olhando para ele por debaixo de seu queixo... Gentil e distraída ela olha para cima, gentilmente ele pousa os lábios em sua testa clara. Nada interrompia o silêncio palpitante. Finalmente diz ele alegremente... Constance abanava a cabeça, como se quisesse dizer... Novamente lhe falha a palavra...

O problema estilístico deste fenômeno é objeto do exame cuidadoso de H. Brinkmann do *Wahlverwandtschaften* (Afinidades Eletivas) de Goethe [26]. Mas parece-me que Brinkmann atribui um significado grande demais à freqüente alternância de imperfeito e presente também empregada por Goethe, quando interpreta, nos capítulos centrais de *Wahlverwandtschaften* (II Parte, Caps. 13 e 14), o presente como o portador do sentido demoníaco da ação [27]. Possivelmente pode-se obter melhor resultado na apreciação deste fenômeno pela transferência da diferença cunhada pela nova lingüística entre as perspectivas diacrônica e sincrônica. São justamente os tempos um objeto específico da gramática sincrônica [28], porque são morfemas, ao passo que os verbos em si são semantemas. Não me parece impossível que a lingüística moderna possa admitir, como uma confirmação do seu ponto de vista, a nossa prova da perda do significado temporal sofrida pelos verbos de narração ficcional. Inversamente é, porém, também uma confirmação dos fatos puramente fenomênicos da ficção: ou seja que a "atualização" e com ela o conteúdo do narrado não está baseada nos morfemas, mas sim nos semantemas e no seu respectivo significado. Isto significa em relação ao presente histórico, na ficção épica, que a interpretação de seu significado em textos isolados, ou seja, em exame diacrônico, não pode levar a resultados muito válidos. A interpretação de Brinkmann do presente histórico em certas partes do *Wahlverwandtschaften* como expressão do sentido do acontecimento demoníaco é uma interpretação, portanto, mais subjetivo-incerta do que as provenientes do enredo, da caracterização dos personagens e outros, por ser o morfema temporal relativamente "mudo", ou seja, por não ser portador de significado além do temporal. E por isso me parece exagerado atribuir ao presente, em certas situações, funções de significado mais profundas, pois em outros capítulos do mesmo romance, p. ex., em trechos refe-

26. BRINKMANN, H. *Zur Sprache der Wahlverwandschaften.* Jost Trier, Mannheim, 1954.
27. *Idem*, p. 257. Brinkmann também pensa neste contexto que o presente entraria no texto quando a ação humana falhasse, as coisas se tornassem mais poderosas, o verbo da ação recuasse: a canoa vacila, o remo escapa. Mas imediatamente antes está dito, também no presente: Ela "salta na canoa, agarra o remo e empurra a canoa da riba..." — portanto onde Otília é ativa, o verbo da ação não recua, no sentido acima descrito.
28. HJELMSLEV, L. *Principes de Grammaire Générale.* Copenhague, 1928.

84   A LÓGICA DA CRIAÇÃO LITERÁRIA

rentes a Charlotte [29], ele não dá motivo para isso e, outrossim, por ser encontrada a freqüente alternância de imperfeito e presente em outras obras da literatura da época. Morfemas, como por exemplo sufixos genitivos em adjetivos (*gutes Mutes, guten Mutes*) ou o uso do dativo em certos verbos (*er lehrte mir*) parecem-me depender altamente da moda da linguagem, que não é esclarecedora do conteúdo de determinadas obras. Parece-me que também para o uso goethiano da alternância dos tempos, não apenas no romance mas ainda nos escritos autobiográficos, essa alternância deve ser esclarecida de uma perspectiva sincrônica e não pode ser interpretada a partir de uma visão diacrônica.

Para a explicação do ponto de vista sincrônico importa a comprovação, tentada nas considerações acima, de que o significado temporal e a função dos verbos, que sendo temporais também são existênciais, ou seja, se referem a situações do real e não da ficção, desvanece e desaparece na narração ficcional. Por isso, o efeito de modos de escrever como o da contínua alternância de imperfeito e presente é, mesmo num romance de Goethe, antes perturbador do que esclarecedor. Este efeito perturbador tem a sua explicação sistemático-lógica justamente por ser o presente histórico supérfluo na ficção, por não ter o pretérito função de passado, deixando de perturbar ou realçar o efeito ficcional (e justamente por isso chega a perturbar).

E com isso apresentam-se novos aspectos desta lei estética que regula o efeito mais agradável da forma narrativa pretérita, livre de incursões do presente. Ao sentido original gramatical do pretérito como indicador do passado adere assim a qualidade da facticidade. Do ponto de vista semântico, distingue-se de todos os outros tempos por ser o único tempo que exprime inequivocamente o caráter da facticidade. Excluindo o futuro, que por natureza sempre tem o valor expressivo do possível, do virtual, o pretérito distingue-se precisamente do presente por este seu caráter de facticidade inequívoca. Pois o presente é, como é conhecido, equívoco. Numa série de linguagens pode ser usado no lugar do futuro, mas principalmente pode designar situações atemporais lógicas e ideais. A sentença "a cotovia canta" tanto pode exprimir o canto atual de uma cotovia como a qualidade permanente da faculdade de cantar da cotovia. "A cotovia

---

29. Lemos por exemplo na 1ª parte, Cap. 13 (trazendo apenas uma parte, entre muitas semelhantes, como contraprova às interpretações de Brinkmann): "Em todas estas aflições, o ânimo de Charlotte a ajudava. Ela tinha consciência de seu firme propósito de renunciar a tão bela e nobre inclinação. — Como ela queria ir ao auxílio de ambos. A distância, sentia ela, não bastaria a curar este mal. Ela se propõe levantar o assunto...; mas ela não consegue; a lembrança da sua própria vacilação a impede..."

O GÊNERO FICCIONAL OU MIMÉTICO 85

cantou, cantava" pode exprimir somente um fato passado. Se o pretérito é considerado a forma temporal adequada à literatura narrativa, não o é, como tem sido erroneamente interpretado, por conta da "ilusão do passado" (de um *virtual past* etc.). Tem a sua origem no valor de certo modo "conotativo" da facticidade, que realça discretamente, ou melhor, não perturba a experiência da ilusão de vida, criada pela ficção. Pois este fenômeno não deve ser acentuado demasiadamente no sentido de que o pretérito narrativo se tenha tornado o tempo narrativo ficcional devido ao seu valor de facticidade. Consta antes que ele é agradável como tal, porque conserva este valor, ao passo que perde o seu valor de passado. Embora seja a facticidade a expressão mais saliente de sua inequivocidade semântica, esta inequivocidade em si manifesta-se somente em comparação com o presente não-inequívoco. A ambigüidade do presente é, portanto, a própria razão objetiva do fato de que o seu emprego como tempo narrativo, como presente histórico, não é sem risco. Quase sempre se apresentam em partes, narradas no presente histórico, trechos que devem estar no presente por outros motivos (a saber, *devem* estar e não somente podem estar). Isto se refere à arte narrativa de Goethe tão bem como a um romance desordenado como o *Bernadette* de Werfel, inteiramente narrado no presente. Queremos incluir aqui um pequeno trecho desta obra, que representava uma amostra da confusão lógica que o uso exagerado do presente pode produzir:

É daí que *provém* que os tempos que *neguem* o sentido divino do universo, são espancados até sangrar pela loucura coletiva, embora se julguem em sua presunção muito sensatos e iluminados. O primeiro destes fenômenos simiescos *aparece* à colega de Bernadette, Madeleine Hillot. Madeleine *é* extremamente musical. O divino *prende* todo o ser de quem por ele é agraciado. O demoníaco *quer* facilitar-se e *escolhe* nossos talentos para ingressar... Também com Madeleine *escolhe* o órgão mais dotado, seu ouvido. Certa tarde a moça *está* ajoelhada e reza um rosário...

Os verbos grifados designam os diversos significados que o seu presente tem e que são tão óbvios que não necessitam ser interpretados pormenorizadamente. Mas também no *Wahlverwandtschaften* encontram-se trechos em que ressalta o efeito histórico perturbador do presente, pela ambigüidade do presente:

Otília auxilia-o (ao cirurgião) em tudo: ela trabalha, traz, cuida, embora como vivendo num outro mundo: pois a maior infelicidade assim como a maior felicidade modifica o aspecto de todas as coisas: e somente quando, depois de todas as tentativas realizadas, o bravo homem sacode a cabeça e em seguida responde com um não fraco, ela abandona o quarto de Charlotte...

A LÓGICA DA CRIAÇÃO LITERÁRIA

A crítica ao presente histórico como tempo narrativo ficcional serviu novamente para provar o caráter substrato de ambos os tempos na ficção, bem como as razões pelas quais o pretérito é preferível, como substrato, ao presente. Mas o fato de o pretérito desvanecer-se em substrato, ressaltando justamente por isso a ilusão de vida, produzida pela ficção, tem a sua razão lógica — como queremos frisar novamente — na perda da sua função temporal gramatical, baseada na circunstância de que o conteúdo de uma narrativa é fictício, isto é, não é o campo de experiência do narrador, mas dos personagens fictícios, ou, em outras palavras, eu-*origines* fictícias substituem a eu-*origo* real.

Mas antes de considerarmos as demais situações da ficção épica assim aproximadas e antes de examinarmos também os componentes espaciais do sistema espaço-tempo fictício, devemos lançar um olhar sobre alguns novos fenômenos da literatura narrativa — aparecida depois da primeira edição deste livro — ou seja, aqueles que poderiam colocar em dúvida a validade da nossa análise dos tempos ficcionais. — Trata-se aqui principalmente de formas do presente que não são atingidas pela nossa crítica do presente histórico, precisamente por não serem presentes *históricos*. Já nos foi mostrado pelos nossos exemplos da literatura mais antiga, como pelo texto extraído do *Hochwald* de Stifter, que as formas de presente existentes não são sempre presente histórico. A descrição de natureza do trecho de Stifter revelou-se um presente tabular, baseado na estrutura da enunciação ainda conservada aqui, no sujeito-de-enunciação do autor. De fato, pode ser estabelecida aqui, partindo justamente deste texto, uma relação com uma forma de presente aparecida nos representantes do *nouveau roman*. Romances de A. Robbe-Grillet — *Les gommes, Dans le labyrinthe, La jalousie, La maison de rendez-vous* — são escritos num presente que não é histórico, não podendo ser substituído por isso pelo imperfeito. E também este presente é relacionado com uma estrutura de enunciado, naturalmente muito mais oculta que a do narrador "ingênuo" do século XIX, e que representa como tal um elemento estrutural completamente novo. O sujeito-de-enunciação presente no romance *La jalousie* (1957) não é o do autor; e é apenas depois de algum tempo que o leitor percebe a presença de um sujeito-de-enunciação, que é um ele ou eu não desenvolvido numa figura, contraído em nada mais que um olho: o olho do marido ciumento, que observa o comportamento da esposa e do amigo (em parte através das venezianas (fr. *jalousies*), título de sentido duplo que exprime o estado emocional de ciumento que o obriga a observar as coisas e movimentos do suposto

O GÊNERO FICCIONAL OU MIMÉTICO

casal amoroso). O romance tem, portanto, mais a estrutura de uma forma em eu do que em ele, sem que o eu se apresente como tal, e isso significa — como será exposto no capítulo referente à narração em eu — a estrutura da enunciação. Isso significa — como se verificará melhor no capítulo seguinte — que os personagens descritos não são criados como personagens fictícios, em sua eu-originidade, mas descritos como objetos-de-enunciação. Visto que esta descrição ocorre sucessivamente com a observação que progride de momento em momento, o presente deste romance pode ser definido como tabular. — Em outros romances de Robbe-Grillet, o motivo do presente é mais oculto ainda. Em *Dans le labyrinthe* (1959) é o próprio autor narrador que se restringe ao seu olhar observador, pedindo, numa introdução, ao leitor "enxergue apenas as coisas, gestos, palavras e acontecimentos que lhe são relatados..." e que descrevem confusamente um soldado errando com um embrulho numa cidade deserta. Em *La maison de rendez-vous* (1965) está integrada uma figura em eu, algo mais desenvolvida que em *La jalousie*, mas no fundo desenvolvida até o ponto apenas de aparecer em eu, sem receber contorno pessoal; é um estrangeiro em Hong-Kong que registra as ocorrências e situações partindo "evidentemente" de um bordel de luxo e culminando num caso criminoso, num assassínio, sendo esta mera observação a fonte de repetições de figurações e situações, lembrando ocorrências *déjà-vues*. Seja mencionado aqui que esta técnica de Robbe-Grillet está baseada na negação do "narrador onisciente" e, assim, na restrição à atitude narradora que apreende sensorialmente e descreve o apreendido. O fato de não ser obtido assim um enredo claramente visível, mas sim encoberto, vago e incerto, é o aspecto epistemológico destes romances, evidenciado pela técnica narrativa. Pois todo o apreendido apresenta-se em fragmentos.

Estes romances de Robbe-Grillet — bem como por exemplo o *Hundejahre* de Günter Grass — são exemplos particularmente marcantes do fenômeno da literatura narrativa moderna em que as formas tradicionais da narração em ele e eu são freqüentemente rompidas ou intercaladas de modo a não permitir a estipulação inequívoca da estrutura destes romances. Neste contexto deve-se salientar que pode ocorrer nestas estruturas narrativas modernas um presente que não é o presente histórico. E já se tornou evidente para nós que este fato tem a sua causa num desvio da estrutura da ficção "autêntica", da narração em ele, ou melhor, da narração ficcional, que como tal será descrita em nosso capítulo seguinte. Mas primeiro deve-se completar a análise dos tempos ficcionais e dos advérbios temporais dêiticos com

88 A LÓGICA DA CRIAÇÃO LITERÁRIA

eles relacionados, através da observação dos componentes espaciais do sistema fictício espaço-tempo da ficção épica.

A dêitica espacial

Já tínhamos demonstrado a perda do significado de passado do pretérito épico pelo fenômeno lingüístico evidente de que os os advérbios dêiticos temporais podem ser ligados a ele. Mas numa referência feita (p. 67) discutira-se que não são advérbios como hoje, amanhã ou ontem, que produzem a experiência do agora e aqui do enredo romanesco ou do personagem, que podem até estar completamente ausentes e apesar disso obter-se a experiência do agora e aqui. O agora e aqui fictício da ficção literária pode ser entendido mediante o seu material, até a imaginação, ou seja, a ilusão do tempo corrente, o que de modo algum é dado (como pensava Lessing) meramente pela realização empírica, no tempo, do processo narrativo representado (ou do drama desenrolado). A criação do tempo fictício corrente ou também parado sucede por meios de criação especiais, assim como a criação do espaço. Um destes meios literários é a indicação temporal pelos advérbios dêiticos hoje, ontem, amanhã, na semana passada, etc., que estendem o ponto *origo* do agora à própria coordenada temporal (notadamente até o infinito do passado e do futuro). Correspondem matematicamente, ou seja fisicamente, exatamente às noções indicadoras do espaço, como em frente, em cima, embaixo, à direita, à esquerda, etc., que estendem o aqui da *origo* à coordenada espacial (até a infinidade do universo). São justamente os advérbios dêiticos, isto é, do tempo como do espaço, critérios especialmente adequados para iluminar a natureza da estrutura ficcional, o caráter lógico de sua não-realidade. E o são devido ao seu caráter dêitico; pois é este que, pela sua natureza, não se pode impor realmente na ficção, não pode ser transformado, como qualquer outro material real, em ilusão autêntica. Isso pode ser demonstrado melhor nos advérbios de espaço do que nos de tempo, pois um "mostrar" no espaço é um mostrar autêntico, ao passo que um mostrar no tempo é apenas transferido.

É devido, pois, a isso que os advérbios de espaço são usados com mais vigor que os de tempo para demonstrar o problema da representação plástica, que sem dúvida é um problema central da literatura narrativa. É assim que procede portanto K. Bühler, por exemplo, em sua *Sprachtheorie*. Mas por não ter ele, como também os demais teóricos da linguagem, diferenciado entre as situações de representação

O GÊNERO FICCIONAL OU MIMÉTICO   89

real e ficcional, sua teoria resultou errada em relação às últimas. Isso não sobressai à primeira vista, porque as dêiticas de espaço não procedem de modo tão complicado como as de tempo em relações lingüístico-gramaticais. Não são regidas em seu emprego pelos tempos como estas últimas. E é por isso que falta o índice tão convincente para as situações ficcionais: a combinação das dêiticas temporais com o pretérito somente nela. Palavras como aqui, lá, à esquerda, à direita, oeste, leste, etc., são livres, por assim dizer, do ponto de vista gramatical; não há contexto sintático ou verbal em que não possam existir. Nenhuma relação do gênero "amanhã era Natal" chama a atenção para algum procedimento particular das indicações espaciais, dando apoio a uma prova. A sentença "À direita estava (está) um armário" é gramaticalmente certa em qualquer contexto, num guia turístico como num romance. É justamente esta situação que introduziu Bühler a levantar uma "teoria de transferência" de certo modo generalizada, a fim de demonstrar como ocorre a representação plástica, ou, o que é o mesmo, a narração, a *Deixis am Phantasma* (Dêixis no Fantasma). Estas situações são demonstradas no procedimento da eu-*origo* do emissor (e do receptor), noção que emprestamos, como mencionamos acima, da teoria lingüística de Bühler. Os advérbios "aqui" e "lá" são caracterizados de tal modo que o "aqui" (e agora) exprime uma "transposição de Maomé à montanha", isto é, uma transposição da eu-*origo* ao lugar descrito, ao passo que o "lá" exprime uma permanência de Maomé em seu lugar. Esta teoria de transferência é demonstrada por Bühler pelo exemplo de um personagem romanesco que se encontra em Roma: "O autor tem a escolha de prosseguir a narração com um 'lá' ou um 'aqui'. 'Lá' estava ele andando o dia todo pelo foro, lá... Poderia ser tão bem 'aqui'; qual é a diferença? O 'aqui' implica uma transferência de Maomé à montanha, ao passo que um 'lá' num contexto como este significa que Maomé permanece no seu lugar de observação de onde realiza uma observação a distância" [30].

Este exemplo é altamente adequado para confundir as situações aqui presentes. E isso justamente pelo fato de ser ligada aqui uma situação do real com um momento fictício — o que não seria proibido em si, mas que é inadequado à iluminação do problema em questão. Demonstra também, como já mencionamos, que a diferença entre um enunciado do real e uma informação romanesca não é observada e percebida. Isso nos leva ao mesmo tempo à circunstância que não nos permite, em relação às indicações espaciais, ver esta

30. *Sprachtheorie*, p. 137.

A LÓGICA DA CRIAÇÃO LITERÁRIA

diferença simplesmente pelo teor das sentenças, como é possível nas indicações temporais com o auxílio do pretérito. Quando Bühler se refere à *Deixis am Phantasma,* tem diante de si, com a noção de *Phantasma,* o significado grego mais amplo da imaginação, indiferentemente se da imaginação de ocorrências reais ou de imagens da fantasia. E não é por acaso que demonstra a sua teoria de transferência somente nas indicações espaciais. Por mais unidos que sejam, do ponto de vista epistemológico-físico, o espaço e o tempo, a categoria do espaço distingue-se da do tempo por ser a "forma de opinião do sentido externo" (Kant), isto é, que se pode transformar psicologicamente a toda hora em concreta percepção ou representação do espaço. O espacial pode ser percebido e representado por nós, ao passo que o tempo, a "forma de opinião do sentido interno", não pode ser percebido ou representado, mas somente sabido, isto é, levado à consciência na forma de noção. Não podemos "mostrar" no tempo, como o podemos no espaço, e quando Bühler queria demonstrar o poder ilustrador das palavras indicadoras, limitou-se com prudência às espaciais. Mas nisso ele não percebeu que no próprio domínio da representação espacial há um setor no qual não "mostramos", mas apenas sabemos — embora o conhecimento de que se trata aqui tenha outro sentido que o conhecimento do tempo. No espaço fictício não podemos "mostrar" e a teoria de transferência falha no domínio da ficção.

Isso já se torna evidente quando substituímos, no exemplo de Bühler, o lugar geográfico conhecido de Roma, cenário do enredo romanesco, por um lugar imaginário. Quando Bühler pensa que o leitor se transporta pela palavra "aqui" junto ao herói do romance, ao passo que com a palavra "lá" apenas realiza uma "observação a distância", torna-se logo evidente que, em relação a um lugar imaginário, não tem sentido nem o aqui e nem o lá como relação espacial entre a minha existência real e o lugar fictício em que atua o herói romanesco. Que algo não está certo foi percebido pelo próprio Bühler, quando acrescentou que "a terra lendária, psicologicamente falando, está situada em qualquer lugar que não é declaradamente ligado ao aqui" [31]. Mas ele não apreendeu que isso não depende do cenário mais ou menos imaginário da "lenda", isto é, do mundo fictício da criação literária, mas do sistema de referência fictício que nela impera. Também no romance que se desenrola em Roma, um "aqui" não significa que Maomé, isto é, o autor e leitor, se transporte junto ao herói do romance e, por outro lado, um "lá" não

31. *Idem,* p. 134.

O GÊNERO FICCIONAL OU MIMÉTICO 91

quer dizer que ele realize do seu lugar uma observação a distância, mas um "lá" assim como um "aqui" são referidos simplesmente à figura fictícia, à eu-*origo* fictícia do personagem. romanesco. Isso se torna imediatamente evidente quando se liga um advérbio dêitico temporal com o "lá": "lá estava ele hoje andando o dia todo" soa tão bem como "aqui estava ele hoje. . ."

Ora, o advérbio de lugar "aqui" é tão pouco adequado como o advérbio de tempo "agora" para esclarecer sobre o que sucede com os indicadores de espaço quando constam na ficção. O significado original indicador do "aqui" sofreu desgaste considerável na linguagem usual. Não somente pode ser um "aqui" constituído por um "lá" em toda parte, também num relato histórico do enunciado de realidade, sem que haja modificação do ponto de vista, mas também funciona em todos os possíveis contextos, além dos que se referem apenas a situações espaciais, por exemplo: "aqui devemos parar um instante", ou casos semelhantes. O que sucede com os indicadores de espaço no enunciado de realidade por um lado, e na ficção por outro, pode ser apreendido de maneira mais convincente nos indicadores de espaço mais amplos como à esquerda, à direita, em frente, atrás, a oeste, a leste etc. Inicialmente é possível decerto fazer a pergunta, obedecendo à teoria de transferência de Bühler, se nos sentimos "transportados" para algum cômodo plasticamente descrito de um romance, de maneira a nos orientar junto com os personagens para a esquerda ou direita, para frente e para trás. Bühler demonstra como ocorre tal orientação na imaginação plástica, a saber, pela participação "da idéia tátil corpórea. Koeln-Deutz: à esquerda do Reno — à direita do Reno — numa imaginação viva desta situação, percebo a disposição de meus braços a mostrar o caminho *hic et nunc*. Os fatos da transferência na imaginação... devem obter uma explicação científica partindo de tais observações"[32]. Bühler tem razão quando se trata da imaginação de lugares existentes em alguma parte. Pois, por mais difícil que seja realizar a orientação da imaginação, por exemplo, ao ouvir ou ler uma descrição de lugar com indicações adverbiais — ela é sempre possível em princípio, estando o narrador numa situação mais vantajosa que o receptor por poder orientar a imaginação por uma percepção prévia. Em outras palavras: na imaginação do real "aqui, lá, à direita, à esquerda" etc., sempre é conservado o relacionamento com

32. *Idem*, p. 136.

92   A LÓGICA DA CRIAÇÃO LITERÁRIA

a eu-*origo* real: o discurso movimenta-se dentro do campo demonstrativo da linguagem, possibilitando uma *Deixis am Phantasma*. "O que se dá", prossegue Bühler, "quando Maomé se julga 'transportado' para a montanha, é que a sua idéia tátil corpórea se combina com uma cena óptica imaginária. Por isso ele pode como narrador empregar as palavras indicadoras de posição aqui, ali, lá, à frente, atrás, à direita, à esquerda, tão bem no *Phantasma* como na situação primária observada. E o mesmo diz respeito ao ouvinte" [33]. Que a noção do *Phantasma*, da "cena óptica imaginária" (esta expressão leva mais um mundo ficcional do que um lugar real, mas que no sentido de Bühler é entendido como imaginação no sentido geral) não é congruente com os fenômenos da imaginação e que a orientação através de palavras indicadoras da posição falha na imaginação do fictício, será demonstrado por nós através de uma pequena experiência realizada com um trecho de *Buddenbrooks* de Thomas Mann, a descrição da assim chamada sala de paisagem na casa da Mangstrasse:

> Através de uma porta de vidro, frente às janelas, olhava-se para a penumbra de um salão suportado por colunas, enquanto à esquerda de quem entra estava a alta porta branca de dois batentes. E junto à outra parede... crepitava a lareira.

Esta descrição, embora conste num romance que pela aparição de seus personagens já se identificou como tal, é uma descrição do real e como tal poderia ser interpretada se não se soubesse por acaso que provém de Thomas Mann, que nela retratou sua casa paterna. É um índice puramente lingüístico e até estrutural, que, independente dos personagens, torna esta descrição praticamente "uma informação tirada de um guia turístico". Com as palavras "à esquerda de quem entra" o autor se refere a uma pessoa imaginária, porém não fictícia, seja ele mesmo ou o leitor, ou até qualquer pessoa que possa ser imaginada entrando na sala, de tal forma que a eu-*origo* real do respectivo leitor é convidada a imaginar a sala por intermédio de uma "idéia corpórea tátil". Realizando agora a nossa experiência e substituindo as palavras "de quem entra" pelas "da consulesa Buddenbrook", não mais podemos proceder a esta orientação. A indicação "à esquerda da consulesa Buddenbrook", sentada no sofá ao lado de sua sogra, não é verificável pela idéia corpórea tátil do leitor. Pois agora "à esquerda" é referido à pessoa fictícia da consulesa, de cuja posição na sala não podemos formar a representação do espaço porque — neste *caso* —

---

33. *Idem*, p. 137.

O GÊNERO FICCIONAL OU MIMÉTICO 93

permaneceria puramente fictícia. Thomas Mann, justamente por lhe ser importante uma descrição mais exata possível desta sala para ele real, referiu, inconsciente das leis epistemológicas, estas indicações de relacionamento, como tais reais, a uma eu-*origo* real, abandonando por assim dizer por um momento o espaço ficcional.

Esta experiência mostra que sucede com os indicadores de espaço algo correspondente aos de tempo, quando aparecem na narração ficcional. Também para eles vale que se referem não a uma eu-*origo* real, do autor ou do leitor, mas às eu-*origines* fictícias dos personagens romanescos. Embora não causem modificação gramatical pela alteração de sua referência como os indicadores temporais, demonstram tanto melhor a origem desta alteração da referência, que é válida da mesma forma para ambos. Esta causa consiste em que *as palavras designativas na ficção transferem-se do campo demonstrativo ao campo simbólico da linguagem* — sem serem prejudicadas pelo fato de conservarem ali a impressão gramatical da palavra designativa, tanto quanto o pretérito épico conserva a impressão gramatical do tempo passado. Os advérbios dêiticos, temporais ou espaciais, perdem na ficção a sua função dêitica existencial que possuem no enunciado de realidade, e se transformam em símbolos, nos quais o ponto de vista espacial ou temporal se apaga, restando noções. Quando o jardineiro descreve a localização da choupana de musgo, no *Wahlverwandtschaften*,

Tem-se uma visão excelente: embaixo a aldeia, um pouco à direita a igreja... em frente o castelo e os jardins... e à direita abre-se o vale...

e quando os personagens de Stifter freqüentemente passeiam, "à meia-noite" ou pela manhã, aceitamos estas indicações de lugar e tempo como designações de situações das quais sabemos que pertencem ao espaço, que somente podemos imaginar como tais partindo do nosso próprio aqui real, e não do aqui fictício de personagens fictícios. Com isso, a partir dos advérbios de lugar conseguimos também um esclarecimento para os de tempo. Também as indicações de hoje, amanhã, etc., têm na ficção, pelo seu caráter original designativo, apenas a função de noções simbólicas apagadas, das quais sabemos que designam situações temporais, mas que não podemos experimentar como tempo existencial. Podem faltar na ficção, sem que a ilusão do agora do enredo e dos personagens seja perturbada. A experiência do agora e aqui, que nos é transmitida pela ficção (épica e, como veremos, também dramática e cinematográfica), é a experiência

94 A LÓGICA DA CRIAÇÃO LITERÁRIA

da mimese de pessoas atuando, isto é, de personagens fictícios vivendo por si, que, precisamente por serem fictícios, não estão contidos no tempo e no espaço — mesmo quando a cena estiver montada sobre uma realidade temporal ou espacial. Porque a experiência do real não é determinada somente pela coisa em si, mas também pelo sujeito que a experimenta. E se este é fictício, qualquer realidade geográfica e histórica conhecida é incluída no campo ficcional, é transformada em "ilusão". Nem o autor nem o leitor se devem preocupar se a realidade que lhes é conhecida é dotada de características (e até que ponto), que lhes ultrapassam a imaginação. Esta é a última conseqüência, familiar a todo leitor de romance, tirada das funções que a lógica lingüística realiza quando quer produzir uma experiência ficcional e não real.

A narração ficcional — uma função narrativa (flutuante)

O desaparecimento do sujeito-de-enunciação e o problema do "narrador".

Indicamos e tentamos explicar por ora os fenômenos, ou melhor, traços distintivos, que como tais deixam perceber que a narração ficcional é de outra categoria e estrutura que o enunciado (que devido ao sujeito-de-enunciação real sempre corresponde ao enunciado de realidade, no sentido aqui definido): O emprego de verbos sobre processos internos na terceira pessoa, o discurso vivenciado daí derivado, o desaparecimento do significado de passado do pretérito narrativo com a assim possível (não necessária) ligação com advérbios designativos de tempos dêiticos — particularmente do futuro — sintomas, que como tais não estão isolados, mas que se interdependem. Já estes sintomas também são elementos que deixam perceber a narração ficcional como um fenômeno lingüístico-gramatical especial. Mas não são os únicos; aparecerão novas características da sua natureza, quando for verificada a sua última e decisiva causa.

Já se reconheceu que os sintomas até agora demonstrados se relacionam com a transferência do sistema real tempo-espaço para os personagens fictícios, as eu-*origines* fictícias, e que este procedimento condiciona o desaparecimento de uma eu-*origo* real e por conseguinte de um sujeito-de-enunciação. Referindo-nos à nossa análise da estrutura de enunciado queremos demonstrar isso, para esclarecimentos futuros, numa sentença que, isolada, não revela o contexto de que provém. Seu teor é este: "Então o Sr. Arnoldsen

O GÊNERO FICCIONAL OU MIMÉTICO 95

proferiu à mesa um dos seus brindes espirituosos e inspirados em honra do casal de noivos". Esta sentença, pela sua natureza, pode constar numa carta (ou num relato verbal), que recebo de alguma pessoa que tenha participado da festa. Neste caso a sentença contém as seguintes características, que fazem dela um enunciado: O sujeito-de-enunciação, que escreve a carta, narra o fato ocorrido, o brinde do Sr. Arnoldsen, como experiência pessoal; o verbo está no pretérito, indicando que o ocorrido é anterior à narração, no passado do sujeito-de-enunciação. Como tal é um acontecimento realmente ocorrido, isto é, independente do relato do sujeito assertivo. Esse ocorrido transforma-se em sujeito-de-enunciação somente através da própria asserção, isto é, depois de se tornar objeto-de-enunciação. Nisso está inversamente contido que o sujeito assertivo sabe da realidade dele independente do objeto-de-enunciação (neste caso o acontecimento), indiferentemente de sua possibilidade de verificação. — A sentença sobre o brinde do Sr. Arnoldsen não é, contudo, extraída de uma carta, mas é uma sentença romanesca de *Buddenbrooks* e como tal não é uma sentença proferida por um personagem do romance, mas uma sentença do relato narrado. Como sentença romanesca é verdade que ainda tem a forma de uma proposição declarativa, mas ela não mais representa uma declaração, porque não tem a estrutura da enunciação. Pois agora, se indagarmos pelo sujeito-de-enunciação, não mais receberemos resposta. O pretérito "proferiu" significaria que o acontecimento descrito, o brinde do Sr. Arnoldsen em homenagem aos noivos, ocorreu no passado de quem o narra, ou seja, do autor do romance? Teria ocorrido mesmo? O conteúdo da sentença pode ser submetido a verificação, podendo-se objetar, por exemplo, que o narrador se tenha enganado e que não tenha sido o Sr. Arnoldsen, mas sim o Sr. Bertoldsen quem tenha proferido o brinde, ou que esse brinde não tenha sido tão espirituoso. Tudo isso indica que é o autor o sujeito-de-enunciação desta sentença e que existe aqui uma estrutura sujeito-objeto? Todas as perguntas são respondidas negativamente. A sentença: "Então o Sr. Arnoldsen proferiu..." tem como sentença de romance um outro caráter que como sentença de carta. É parte de uma cena, de uma realidade fictícia existente por si, *que como fictícia é tão independente de um sujeito-de-enunciação como uma realidade "autêntica"*. Isto significa: se uma realidade autêntica é, porque é, então uma realidade fictícia "é" apenas pelo fato de ser narrada (dramática pelo fato de ser produzida com os meios da configuração dramática).

Podemos ver que a ficção épica, o narrado, não é o objeto da narração. A sua essência fictícia, isto é, a sua não-realidade, significa que ela não existe independentemente da narração, mas que *é* por força de ser narrada, isto é, que é um produto da narração. A narração é, como também se pode dizer, uma função, pela qual é produzido o narrado, a função narrativa, que o autor maneja como o pintor maneja pincel e tinta. Isso significa que o autor narrador não é sujeito-de-enunciação, ele não narra sobre pessoas e coisas, mas narra as pessoas e coisas; os personagens romanescos são personagens narrados assim como as figuras de uma pintura são figuras pintadas. *Entre o narrado e a narração não existe uma relação de enunciação, mas uma relação de função.* Esta é a estrutura lógica da ficção épica, que a distingue categorialmente da estrutura lógica do enunciado de realidade. Entre o *eipein* da narração literária e o da enunciação está o limite entre "criação literária e realidade", no qual não existem pontos de passagem de uma categoria a outra, e que é, como o veremos depois, um critério decisivo para a situação da criação literária no sistema lingüístico.

Que este limite corte o sistema lingüístico ao meio, seria no sentido da Gramática e teoria lingüística tradicionais, uma verificação surpreendente e sujeita a objeções, se não tivéssemos explicado este fato pela demonstração dos processos lingüísticos que se desenrolam no campo ficcional narrado. Estes processos ou fenômenos: a mudança do significado do pretérito, a transferência dos advérbios dêiticos do campo indicativo para o campo simbólico da linguagem, a possibilidade do emprego dos verbos de processos internos, são sintomas e como tais também são a conseqüência do relacionamento funcional entre o narrado e a narração, que caracteriza a narração ficcional. Pois estes fenômenos lingüísticos são os sintomas do mundo ficcional, que aqui é criado e em que não existe nem espaço nem tempo reais.

Tendo reconhecido o desaparecimento de uma eu-*origo* real, ou seja, de um sujeito-de-enunciação, como sendo elemento estrutural decisivo deste mundo fictício e, com isso, a origem dos fenômenos mencionados, parece que os fenômenos derivam de duas causas distintas que, embora não sejam contraditórias, não apresentam conexão. O que sucede, entretanto, é que *a ausência da eu-origo real e o caráter funcional da narração ficcional são um e o mesmo fenômeno.* Ambos são apenas aspectos diferentes e até expressões diferentes do fato de a narração ser determinada pela experiência do não-real. Esta experiência é vivenciada no momento em que aparecem as figuras fictícias ou eu-*ori-*

O GÊNERO FICCIONAL OU MIMÉTICO 97

gines, ou na expectativa de seu aparecimento, já que as aguardamos pelo contexto que nos prepara. São elas porém que vêm constituir a obra narrativa como ficção, como mimese. O que, em contrapartida, significa tão-somente que é a narração da criação literária narrativa que as produz. É nela apenas que a narração tem o caráter de uma função e não o de uma enunciação e nos foi possível seguir, geneticamente, no texto do *Jürg Jenatsch* e mais claramente ainda no do *Hochwald,* o fato de que é unicamente o processo de ficcionalização que separa a narração épica, funcional, do enunciado de realidade. Mas este processo é realizável apenas em pessoas humanas (ou em animais ou coisas personificadas, como em fábulas, contos de fada etc.), porque somente o ser humano é uma pessoa, ou seja, não é somente um objeto, mas também um sujeito. A ficcionalização das pessoas narradas significa justamente isso: devem ser descritas não como objetos, mas sim como sujeitos, isto é, como eu-*origines.*

As noções de objeto e sujeito apresentam aqui, porém, um outro significado que na polaridade assertiva. O objeto-de-enunciação nada significa senão o afirmado; o sujeito-de-enunciação significa a própria asserção: são noções da lógica assertiva. Mas quando me refiro a uma pessoa nos termos de um objeto, formo esta noção em oposição à de sujeito no sentido ontológico de um ser que se diz eu: o homem é um eu, um sujeito, é o ser que se diz eu. Este é o antagonismo exato para com a noção de objeto no sentido de coisa. O eu que especificamente diz eu está oposto a um mundo de objetos, ao qual pertencem também, para ele, os outros seres humanos, os outros seres que dizem eu. Estes são conhecidos por ele apenas como objetos e não como sujeitos, porque cada ser que diz "eu" se conhece somente a si mesmo como sujeito; ou então ele os conhece por sujeitos, apenas quando se manifestam por si. Posso tornar compreensível os objetos que dizem eu, ou objetos-pessoas, de um outro modo que os objetos-coisas: posso comunicar-me com eles, na base do seu próprio eu, com um tu [34]. Contudo, se um objeto-pessoa, e é isso que nos diz respeito aqui, é o objeto de uma enunciação, pode-se depor sobre ele somente como objeto — e, a fim de ilustrar isto de imediato, uma sentença que diz "ela se lembrou neste momento das palavras que lhe tinha dito" (Musil) revela-se imediatamente romanesca, sentença de narração ficcional, e não de uma enunciação. É somente numa sentença assim que podem ocorrer verbos de

---

34. Com referência à problemática da expressão em primeira pessoa, ver P. HOFMANN, *Das Verstehen von Sinn und seine Allgemeingültigkeit* (Berlim, 1929) e: *Sinn und Geschichte* (Munique, 1937), aqui esp. Caps. I e VII.

98 A LÓGICA DA CRIAÇÃO LITERÁRIA

processos internos que são, como foi demonstrado, recurso elementar inerente à narração épica, para retratar os seres humanos que pensam, sentem, recordam, no agora e aqui da vida e experiência, em sua eu-originidade, e isso significa na subjetividade de seu estado de sujeito, ou seja, justamente seres humanos na terceira pessoa. A ficção épica é o único lugar lingüístico ou epistemológico onde as pessoas não são tratadas, ou apenas tratadas como objetos, mas também como sujeitos, ou seja, é onde a subjetividade de uma terceira pessoa pode ser representada *como* de uma terceira pessoa. É por isso mesmo, considerado inversamente, que são justamente as pessoas fictícias que tiram à narração da literatura narrativa a estrutura da enunciação, isto é, que estabelecem entre a narração e o narrado uma relação de função. E isto indica, como já foi demonstrado no exemplo extraído de *Buddenbrooks,* que o autor de uma narração literária não é o sujeito assertivo do narrado.

O problema, ou, digamos sem pretensões, o termo *narrador,* deve ser aqui discutido brevemente, termo este que causou alguma confusão, por não ter sido levada em consideração a diferença estrutural entre a enunciação, como relação sujeito-objeto, e a narração ficcional, como função. Decerto, é cômodo terminologicamente servir-se da expressão personificada, na descrição de uma obra narrativa. Pois, de todos os meios da Arte, é a narração que melhor dá ou pode dar a impressão de ser feita por uma "pessoa", que se relaciona não apenas com as pessoas por ele criadas, mas também com o leitor. Apenas aparentemente se evita a personificação do "narrador", quando se coloca um "narrador fictício" para contornar uma identidade biográfica com o autor. Não existe narrador fictício que, imaginado aparentemente, seria compreendido como uma projeção do autor, até como "um personagem criado pelo autor" (F. Stanzel), nem há tal narrador nos casos que aparentam isso pela inclusão de expressões retóricas como eu, nós, nosso herói, etc., o que será por nós discutido melhor em seguida. *Há somente o autor narrativo e sua narração.* E somente quando o autor narrativo realmente "cria" um narrador, ou seja, o narrador em primeira pessoa da narração em primeira pessoa, pode-se considerá-lo um narrador (fictício). O romancista e teórico do romance, Michel Butor, representante do *nouveau roman,* também reserva o termo de narrador ao narrador em primeira pessoa, e chama à narração em terceira pessoa, quase nos surpreendendo, mas confirmando a nossa teoria, um "relatório sem narrador" [35]. Contudo, entende-se tradicionalmente

---

35. M. BUTOR, "Der Gebrauch der Personalpronome im Roman", em *Répertoire* 2, Munique, 1965: "Quando um relato permanece na terceira pessoa

O GÊNERO FICCIONAL OU MIMÉTICO

por narrador um narrador em terceira pessoa. E, quanto a este termo, é conveniente para a descrição do sistema literário o conhecimento de sua rigorosa ordem lingüística, quando não se carrega o termo de narrador com um sentido ambíguo, empregando-o para o épico e para o *eipein,* mas quando se reserva este somente ao primeiro. Deve ser equiparado aos termos de dramaturgo, lírico, e mais ainda, de pintor, escultor, compositor — isto é, como denominação do gênero de arte que o artista representa, mas não do recurso artístico de que se serve.

Referir-se ao "papel do narrador", de fato, tem tão pouco sentido como teria o referir-se ao papel do dramaturgo ou do pintor. Dificilmente tem sido ultrapassado ainda o ponto de vista significativo e teoricamente muito avançado que Kaete Friedemann desenvolveu em seu livro com este título *Rolle des Erzaehlers* (O papel do narrador na épica, 1910) em oposição à "Objektivitaetstheorie" (Teoria da objetividade) de Spielhagen. K. Friedemann definiu corretamente o "narrador" como "meio (intermediário) ligado organicamente à própria obra". Mas, por não ter descoberto naturalmente a natureza funcional deste meio, é evidentemente certo quando ela diz: "Ele é que avalia, sente, vê. Ele simboliza a opinião epistemológica corrente desde Kant de que não compreendemos o mundo como é em si, mas através do veículo de um espírito observador" [36], ou ainda quando se pergunta: "Como chega o autor ao conhecimento da vida espiritual dos personagens?" [37].

Quando, trinta anos depois, J. Petersen ilustra este aspecto de modo a comparar o narrador a um "diretor de teatro", "que se encontra no palco entre os personagens, mostrando-lhes a sua posição, movimento e pronúncia", ao mesmo tempo que "o coloca praticamente no papel do psicólogo, entregando-lhe seus problemas" e precisamente "por lhe caber a descrição dos processos psíquicos" [38] — torna-se mais claro ainda que se trata aqui de *descrições metafóricas ilusórias,* que têm dado lugar na linguagem da Teoria Literária a lugares-comuns como "autoridade", "onisciência do

---

(com exceção dos diálogos, naturalmente), num relato sem narrador, a distância entre os fatos narrados e o momento da sua narração não têm importância" (p. 97). Com isso Butor estabelece, em confirmação favorável da nossa teoria literária, a relação entre a função narrativa ficcional e a qualidade intemporal da ficção, prosseguindo assim: "O tempo em que decorre (o relato) é indiferente quanto ao seu relacionamento com o presente; é um passado completamente separado do hoje, mas que não mais se afasta, é um aoristo mítico, no francês o *passé simple".*

36. FRIEDEMANN, K. *Die Rolle d. Erzaehlers in der Epik.* Leipzig, 1910 (nova edição em 1967), p. 26.

37. *Idem,* p. 77.

38. PETERSEN, J. *Die Wissenschaft von der Dichtung.* Berlim, 1944. pp. 151, 160.

100 A LÓGICA DA CRIAÇÃO LITERÁRIA

narrador" e até à comparação com a onisciência de Deus, razão pela qual provocaram crítica [39].

Está na origem deste ponto de vista muito difundido, e pelo que me é dado ver, quase exclusivo [40], o desconhecimento do caráter da narração ficcional e a sua diferença categorial da enunciação. É desconhecido o fato de que a atitude "avaliadora" do narrador (como épico) não é a mesma que a atitude avaliadora de um historiador, intérprete da literatura ou de um psicólogo face aos seus respectivos setores. A atitude avaliadora do épico é um aspecto do seu meio de representação específico, da narração, do mesmo modo que a sombra ou a luz que o pintor coloca no seu quadro. É um aspecto da função configuradora, que também pode ser encontrada onde não se manifesta como tal, não somente na literatura dramática, mas também — como demonstraremos melhor — na própria épica. A pergunta de como o dramaturgo chega ao conhecimento da vida espiritual de seus personagens poderia ser levantada com o mesmo direito que a referente ao "narrador", mas da mesma forma que a resposta não poderia ser aqui que o faz por meio de um "teste", os representantes da opinião de "narrador" também não poderiam tirar esta conclusão. Isto demonstra tão-só que a pergunta referente ao autor épico também é inadequada, em outras palavras, que não se leva em consideração que ele, tal como o dramaturgo, também é um *mimetes*, isto é, que cria personagens, mas não os avalia, reconhece, julga.

O problema da subjetividade e objetividade da narração

A prova, contudo, de que na narração ficcional não existe sujeito-de-enunciação em ação idêntico ao "narrador", pode ser feita apenas pelo exame dos próprios termos que caracterizam a estrutura da enunciação, que sempre foram empregados não só na descrição da literatura narrativa, mas também na diferenciação dos gêneros. Trata-se dos termos "subjetivo" e "objetivo", que são aplicados aos gêneros literários de modo a confrontar o épico e o dramático, como gêneros objetivos, aos subjetivos líricos, mas com a

---

39. "Quem descreve o mundo nos romances de Balzac? Quem é este narrador onisciente, onipresente, que enxerga todos os lados dos objetos,... que conhece ao mesmo tempo o presente, o passado, o futuro de cada aventura? Apenas pode ser um deus", opina com toda seriedade A. ROBBE-GRILLET (*Nouveau Roman* — "Neuer Roman, Neuer Mensch", em *Akzente*, abril 1962, p. 175).

40. Esta opinião que também aparece em Robbe-Grillet (v. nota 39) não é anulada pela sua recusa e criação de novas técnicas narrativas, como nos narradores modernos em geral.

O GÊNERO FICCIONAL OU MIMÉTICO 101

pequena diferença de que o épico é, pelo "eu épico", mais subjetivo que o dramático, embora não tão subjetivo como o lírico. É assim que a teoria naturalista de Spielhagen e Holz opinava que pela exclusão mais ampla possível do narrador, isto é, pelo emprego maior possível de dialogismo e dramatização do romance, resultaria uma "objetividade" da narração literária que se aproximaria da dramática. E se tal exigência foi recusada, isso se deve, como no caso de Petersen, ao argumento de que o fator narrativo subjetivo não podia ser excluído da literatura narrativa. Queremos aqui transcrever a sua formulação, por ser muito expressiva da opinião tradicional: "A posição intermediária do narrador acarreta um cruzamento contínuo de objetivação do subjetivo e subjetivação do objetivo. A forma narrativa subjetiva procura provocar a impressão de realidade objetiva do narrador através de referências a material objetivo: recordações, testemunhos... A forma narrativa objetiva é subjetivada pela interferência pessoal do autor, pela interpelação do leitor, bem como por parênteses explicativos, instrutivos, contemplativos" [41]. E Jean Paul já dizia assim quando comparava o gênero épico e o dramático: "Muito mais objetiva do que o épico — com a pessoa do autor por detrás da tela de sua pintura — é portanto, o drama, que deve dizer tudo, sem parênteses, numa série épica de momentos líricos" [42].

É principalmente a opinião de que, como diz Petersen, "a forma narrativa objetiva é subjetivada pela interferência pessoal do autor" que introduz a noção do subjetivo, e seu oposto objetivo, na teoria do épico. Mas não é apenas a estrutura da literatura épica em si, mas a do sistema inteiro da criação literária, que está obscurecida pelo emprego inadequado destas noções, pois se trata aqui de noções da própria lógica. Devem ser elas destacadas claramente quanto ao seu significado para que se possa reconhecer que a narração ficcional nunca é "subjetiva", mesmo quando aparenta ser.

Desejamos demonstrar isso em seguida, em três exemplos de maneiras de narrar, estilos de narração, que costumam ser caracterizados nesta terminologia tradicional, de acordo com o seu grau de objetividade ou subjetividade.

Exemplo 1:

Tendo-se descoberto a si mesma por este belo esforço, ergueu-se novamente pela própria mão da profundidade em que o destino

41. J. PETERSEN, p. 152.
42. VORSCHULE der Aesthetik, § 62.

102 A LÓGICA DA CRIAÇÃO LITERÁRIA

a tinha prostrado. O tumulto que a dilacerava acalmava-se ao ar livre, ela beijava amiúde os filhos, esta querida presa, e com grande satisfação lembrava a vitória que conseguira sobre o irmão pela força de sua consciência livre de culpa.

[Kleist, *Die Marquise von O...* (A Marquesa de O...).]

Exemplo 2:

Treibel levantava cedo, ao menos para um conselheiro, e nunca aparecia em seu escritório mais tarde que às oito horas, sempre de botas e esporas, sempre impecavelmente trajado... De costume a esposa aparecia pouco depois, mas hoje ela se atrasava, e porque a correspondência chegada era pouca e os jornais, que já prenunciavam o verão, continham pouco, caiu num estado de ligeira impaciência e atravessou, depois de se levantar do pequeno sofá de couro, as duas grandes salas adjacentes, nas quais se passara a reunião na véspera... A cena era a mesma de ontem, mas em vez da cacatua que ainda faltava, via-se lá fora a Honig, passeando o bolonhês da conselheira numa correia, circundando a piscina.

[Fontane, *Frau Jenny Treibel* (A senhora Jenny Treibel).]

Exemplo 3:

Depois ele ia procurar uma pousada para a noite: no albergue ainda estavam acordados, o estalajadeiro não tinha mais quarto a alugar, mas, extremamente surpreendido e embaraçado pelo hóspede tardio, estava disposto a deixar dormir K. na sala, num colchão de palha.

[Kafka, *Das Schloss* (O castelo).]

Exemplo 4:

Agora todos os mestres se puseram em movimento e sentaram-se nas cadeiras, um Tiziano, Fra Bartolomeo de São Marcos, um Da Vinci, um Kaufmann (provavelmente Angélica Kaufmann) — à frente, ao lado, atrás, frente aos espelhos. Magnífica e livremente e no estilo grandioso e livre pintavam e desenhavam todos — ao nariz no rosto dava-se atenção passageira...

[Jean Paul, *Der Komet* (O cometa).]

Exemplo 5:

Espero que nenhum leitor recusará aceitar as eruditas alusões de Worble... por serem inverossímeis e copiadas de mim. Senão seria necessário lembrar-lhe que este autor mesmo, já no primeiro ano de sua carreira acadêmica em Leipzig, produzira e publicara mil vezes mais parábolas para os seus *Groenlaendischen Prozesse* (Processos groenlandeses), portanto ainda mais cedo. Pois Worble contava, quando nomeado educador do príncipe, um ano e meio menos do que eu, ou seja, dezenove anos e meio...

O GÊNERO FICCIONAL OU MIMÉTICO 103

Pergunto em geral a todo mundo como se poderia agir diferentemente para levar Nicolau pelas cidades? E o que me alegra particularmente é que até Libette, a irmã, concordava com tudo e até precedia em muita coisa...

(Jean Paul, *Der Komet*.)

Os textos 1-3 seriam compreendidos, pela terminologia tradicional, como exemplos de narração objetiva. Aqui não há interferência de um "narrador em primeira pessoa". Nos três exemplos é relatada uma situação concreta: a Marquesa de O..., que se recobra, sai e beija seus filhos; o Conselheiro Treibel e esposa, como chegam em seguida ao escritório; K., como procura pousada no albergue. Todos os três gêneros de narração apontam diretamente, sem rodeios e desvios, para a situação. Mas, se os considerássemos por esta razão objetivos, este termo parecer-nos-ia inadequado. Pois não poderíamos responder sem mais nem menos à pergunta de que um destes modos de narração seja mais objetivo que o outro, isto é, que a respectiva situação esteja descrita de modo mais ou menos objetivo.

Comparemos a seguir os textos de Kleist e Kafka. O trecho da *Marquise von O...* apresenta vocabulário mais emotivo que o do *Schloss* de Kafka. No segundo há somente duas expressões emotivas que descrevem a disposição espiritual do estalajadeiro: extremamente surpreendido e embaraçado. No primeiro temos uma série delas: belo esforço, o tumulto que a dilacerava, a força de sua consciência livre e, por fim, a metáfora pela qual ela se ergue pela própria mão da profundidade em que o destino a tinha prostrado. Seria, porém, descrita aqui a Marquesa de O... de modo menos objetivo que o estalajadeiro de Kafka?

Não queremos dar de imediato a resposta a esta pergunta, mas queremos fazê-lo através de uma pequena experiência, que é necessária para a avaliação exata das situações narrativas aqui presentes. Suponhamos por um momento que se trata, no trecho extraído de Kleist, de um relatório autêntico, feito por alguém sobre a Marquesa de O... Algumas conformações verbais, mas nem todas, também poderiam aparecer em relatório, como a citada há pouco: ergueu-se da profundidade... Percebemos imediatamente, quando fazemos tal suposição, ou seja, mudado o contexto, que se estabelece agora uma relação completamente diferente entre esta expressão e o objeto-de-enunciação, a marquesa, e que é somente agora que faz sentido falar de uma relação e até de um modo de expressão. É estabelecida agora uma relação entre um sujeito-de-enunciação e o próprio objeto,

104 A LÓGICA DA CRIAÇÃO LITERÁRIA

um sujeito enunciante muito interessado, que exprime a sua participação no destino da marquesa com as palavras que acha adequadas a esse fim. E se uma outra pessoa se externasse sobre a mesma coisa, por exemplo, assim: "A marquesa conteve-se e ergueu-se novamente", acharíamos esta maneira de expressão, com toda a razão e no sentido real, mais objetiva que a primeira, menos marcada pela simpatia subjetiva do sujeito-de-enunciação que a primeira. Se recolocarmos, porém, este primeiro trecho novamente dentro do texto romanesco, apaga-se imediatamente o sistema de referência estabelecido no enunciado de realidade. A sentença: "ergueu-se novamente da profundidade em que o destino a tinha prostrado" não mais exprime a simpatia de um sujeito-de-enunciação, nenhum juízo mais ou menos subjetivo (ou como diz K. Friedemann: avaliação). Pois esta situação não é agora um objeto de juízo, mas é fictícia, uma existência e vida que se passa agora e aqui, uma vida fictícia que, como tal, como impressão, se realiza tão independentemente de um sujeito-de-enunciação, um julgador, como a vida real do ser humano também. — E executando a segunda parte de nossa experiência, suponhamos para este fim que a sentença por nós formulada: "A marquesa conteve-se agora e ergueu-se novamente" não seja uma enunciação real, mas também uma sentença extraída de romance. Também neste caso não seria a sentença uma avaliação de um testemunho, mas uma representação da situação momentânea da marquesa. Encontram-se precisamente em Kleist muitas formas de narração neste gênero "objetivo": "O Sr. Frederico fora atirado por esta notícia em extrema preocupação" [*Der Zweikampf* (O duelo)]; "Kohlhaas revolvia justamente... em seu íntimo um novo plano para reduzir Leipzig a cinzas" (*Michael Kohlhaas*).

Ora, percebemos uma diferença existente entre os dois últimos trechos de Kleist e o da *Marquise von O...* Como definir esta diferença? A noção de "gênero de narração objetivo" pode impor-se à vista dos trechos do *Zweikampf* e do *Kohlhaas*, bem como do exemplo de Kafka. Seria, porém, a representação da situação da marquesa mais subjetiva? Formulando esta pergunta, demonstra-se logo que a noção "gênero narrativo objetivo" é tão pouco adequada como a designação subjetiva — pois a primeira teria significado apenas se a última tivesse e vice-versa. A diferença consiste em que a marquesa é retratada aqui mais no seu estado interior, na eu-originidade de sua vida pessoal, expresso por adjetivos e predicados terminativos. Nos outros exemplos não falta a expressão da vida interior realizada "agora e aqui", mas ela é limitada a favor da descrição das

O GÊNERO FICCIONAL OU MIMÉTICO 105

circunstâncias, do acontecimento, do processo externo, encerrada sempre numa palavra que caracteriza o estado espiritual da pessoa dentro do acontecimento: extrema preocupação, em seu seio dilacerado, extremamente surpreendido e embaraçado. Mas, tanto no *Zweikampf* como no *Kohlhaas*, encontram-se trechos onde a representação do estado psíquico prevalece sobre o acontecimento, p. ex.: "A Sra. Littegarde, quando viu entrar a mãe de Frederico..., levantou-se da cadeira com expressão de dignidade que lhe era peculiar e que, pela dor que se estendia por todo o seu ser, era ainda mais comovedora" (*Der Zweikampf*). Ao contrário, encontram-se na *Marquise von O...* trechos que relatam puramente acontecimentos: "O lugar era conquistado em pouco tempo e o comandante... cujas forças se estavam esgotando dirigia-se justamente ao portal, quando o oficial russo dele saía, de rosto rubescente..."

Não são necessários mais exemplos para esclarecer o fato de que na narração ficcional não se trata em nenhum dos casos nem de narração subjetiva, nem de objetiva. Pois não existe aqui entre a narração e o narrado uma relação sujeito-objeto (e conseqüentemente correlação). A diferença, que percebemos, consiste em que os personagens fictícios são uma vez retratados mais como agindo para fora, na corrente dos acontecimentos, e outra, como vivendo uma experiência, voltados para a existência interior. As duas formas de narração se alternam na obra narrativa, do mesmo modo que relatório e diálogo se alternam. O fato de que a representação da existência interior no curso do século XIX se desenvolveu progressivamente agora é fenômeno e fase do desenvolvimento da literatura narrativa. Tanto a extensa dialogação do romance, como a forma do discurso vivenciado até a reprodução não somente do consciente mas também do subconsciente (como em Joyce por exemplo) são formas narrativas que visam a isso mesmo. Ninguém afirmaria, porém, que as associações de Leopold Bloom e Stephan Daedalus em *Ulysses* são narradas mais subjetivamente ou também, no sentido da teoria da dramatização, mais objetivamente do que os romances de Kleist e de Kafka. Em todos os casos é criado um campo ficcional, um mundo fictício de pessoas e ocorrências. E é somente isso o decisivo para o emprego e avaliação do respectivo recurso estilístico da narração, ou seja, se os personagens são vistos mais "de fora" ou "de dentro", ou se são representados mais como objetos, agindo, pensando, sentindo de modo tal, ou mais como sujeitos, que por assim dizer "se representam por si". Entre estes dois modos de narração há muitos intermediários, tanto dentro de uma mesma obra, quanto em relação ao estilo de

106 A LÓGICA DA CRIAÇÃO LITERÁRIA

diversas épocas e autores. O modo da representação pode criar a ilusão de um relatório autêntico "objetivo"; neste caso, a representação dos personagens agentes visa menos à sua experiência subjetiva. Os acontecimentos prevalecem sobre os personagens. E essa possibilidade da literatura narrativa, ou seja, a de poder expressar e reproduzir ocorrências também em forma de relatório, é uma das razões, talvez a principal, pela qual a diferença categórica entre enunciação e narração ficcional tem passado despercebida, e o "narrador" ficcional tem sido personificado nos moldes do narrador, ou relator, histórico, compreendido como sujeito assertivo real, tendo permanecido ocultas as condições lógicas e fenomenológicas da criação literária. Pois, entre a narração ficcional "mais objetiva" possível, isto é, que vise apenas à descrição de uma situação ou fato, e uma narração histórica mais plástica possível, corre o limite intransferível que separa a ficção da realidade. Este limite, por mais tautológico que isto possa soar, é dado e estabelecido exclusivamente pela "ficcionalização" do material, isto é, pela representação dos personagens agindo "agora e aqui" e, necessariamente, vivenciando "agora e aqui", com o que se liga imediatamente a experiência da ficção, do não-real. Isto ocorre, como já foi discutido no capítulo referente aos tempos, precisamente pelas formas de narração, que logicamente não podem constar no enunciado de realidade pelos verbos dos processos internos, monólogo e discurso vivenciado, bem como pelo amplo emprego de tais formas como: diálogo e verbos situacionais que, embora possam aparecer em relatórios autênticos (p. ex., testemunhos), ali são limitadas pela presença da eu-*origo* real, do sujeito assertivo real. Mas a ficcionalização mais escassa possível, com parca representação da eu-originidade dos personagens fictícios, também abandona o domínio do enunciado de realidade, "desrealiza" o narrador, tornando-o função, e estabelece no lugar da relação polar-relativa a funcional entre a narração e o narrado, à qual não mais são aplicáveis as noções subjetivo-objetivo.

No entanto, pode-se levantar, partindo da "teoria da subjetividade", a objeção de que esses pontos não se referem como tais aos modos de narração por nós analisados (1-3), mas somente ao seguinte, por exemplo, de Jean Paul, onde o narrador parece ser palpável pelo emprego de eu, nós e interpelações do leitor etc., ou também a modos de narração intensamente reflexivos. Este é, porém, um dos pontos onde se oferece a oportunidade de referir ao método da análise lógica da Literatura e ao mesmo tempo ao modo pelo qual este pode e deve ser proveitoso à avaliação dos problemas estéticos da Literatura. Como já foi feito acima em relação

O GÊNERO FICCIONAL OU MIMÉTICO 107

aos problemas temporais, podemos também aqui apontar para os métodos da lingüística moderna. A lógica da Criação Literária corresponde à "gramática geral" (como foi desenvolvida por Saussure, Marty, Hjelmslev, Jespersen e outros) pelo fato de procurar descobrir as leis estruturais e formas gerais, que possibilitam a identificação de fenômenos aparentemente díspares como sendo apenas modificações da mesma estrutura. A lógica literária parece-me estar, neste particular, numa situação mais vantajosa do que a lógica da Gramática. As obras literárias apresentam-se como estruturas já manifestas e fechadas. Ao passo que as linguagens são quase ilimitadas, o acervo de obras literárias pode ser classificado em apenas três formas estruturais: épica, dramática e lírica, às quais se submetem todas as obras literárias existentes e imaginadas. E, se reduzirmos estas três formas estruturais a duas até, nisso atua o método do exame da lógica literária geral, que ora se deve afirmar também no exame das formas literárias mais especiais.

Aplicado ao nosso problema, isso significa que mesmo a subjetividade aparente de modos de narração como o de Jean Paul, Sterne, Fielding e outros também não-humorísticos, se desintegra como tal sob o ponto de vista lógico da narração ficcional e deve se deixar descobrir como fenômeno diferente. Se isso não fosse conseguido, seria o indício de que a nossa prova do caráter funcional da narração ficcional não seria válida. Se for conseguido, porém, como o esperamos demonstrar, obteremos um perfil tanto mais nítido do caráter funcional da narração épica e da sua natureza particular.

Partimos primeiro do nosso exemplo 5, um trecho de *Der Komet*, de Jean Paul. Este texto é, portanto, de acordo com a terminologia tradicional, um exemplo típico de um estilo narrativo subjetivo, porque o "narrador em primeira pessoa" e até o autor em primeira pessoa interferem na narrativa "subjetivando o objetivo". Comparemos então o exemplo 5 com o exemplo 4, trecho do mesmo romance. Escolhemos de propósito um trecho da mesma obra, onde não há interferência do narrador em primeira pessoa (a forma narrativa seria, portanto, "objetiva") e um outro, onde ocorre interferência intensa. Façamos novamente uma pequena experiência: incluamos também no texto 4 uma pequena interferência do eu, p. ex.: "Agora todos os mestres se puseram em movimento e sentaram-se nas cadeiras, um Tiziano, Fra Bartolomeo de São Marcos, um Da Vinci — o leitor pode ou não lembrar-se aqui de seus ilustres homônimos — um Kaufmann (provavelmente Angélica Kaufmann, quem de nós deixaria de se lembrar ao ouvir este nome da

108 A LÓGICA DA CRIAÇÃO LITERÁRIA

linda artista de Roma?)..." Será que esta cena descrita se apresenta menos objetiva com as intromissões, interpelações dirigidas ao leitor? Se o texto de Fontane (ex. 2) dissesse: "Treibel levantava cedo, ao menos para um conselho (pois os conselheiros que tenho a honra de conhecer geralmente não levantam cedo), e nunca aparecia em seu escritório mais tarde que às oito horas... De costume a esposa aparecia pouco depois, mas hoje ela estava atrasada" — seria a cena modificada? Que esse não é o caso, como o percebemos imediatamente, demonstra que não se obtém um texto mais subjetivo pelas interferências do eu num texto em terceira pessoa. Pois estas não colocam as ocorrências e personagens em relação a este eu; ocorrências e personagens nada têm a ver com ele e não são transferidos para o seu campo de experiência. São e permanecem tão fictícios como o seriam sem as interferências do eu, ou seja, são com elas tão pouco o objeto de uma enunciação como sem elas mas são, com ou sem interferências do eu, o produto, a função da narração. Quando Jean Paul, no exemplo 5, informa que Worble, quando nomeado instrutor do príncipe, tinha um ano e meio a mais que ele, Jean Paul, na ocasião da publicação de seus *Groenlaendischen Prozesse,* deixamos de estabelecer, assim como o autor, uma relação entre ele e a figura romanesca de Worble. Do mesmo modo deixamos de relacionar o procedimento da irmã Libette, que "penetrava em tudo e até precedia em muita coisa" ao prazer que o narrador na forma de eu — "o que me alegra particularmente" — externa a esse respeito. Isto significa: estes personagens não são descritos de modo mais "subjetivo" do que o estalajadeiro de Kafka, a Marquesa de O... e o conselheiro de Treibel. Pois a noção subjetiva tem sentido apenas onde se trata de uma situação vivenciada, isto é, real. Seria a opinião de Jean Paul sobre seus personagens Worble e Libette mais subjetiva do que a de Fontane, Kafka, Kleist sobre os seus? Seria a opinião de Jean Paul neste trecho de seu romance mais subjetiva do que nos trechos narrados sem interferências em "eu"? Se, por exemplo, Libette, que penetrava em tudo, fosse uma pessoa real e o relato sobre ela um relatório autêntico, a expressão "O que me alegra particularmente" teria o sentido de um ponto de vista avaliador, referente a um fato objetivo como tal, *i.e.,* existindo independentemente do sujeito-de-enunciação, podendo ser por ele avaliado justamente por este motivo. E com isso aproximamo-nos muito do significado e função de um estilo narrativo supostamente tão subjetivo como o de Jean Paul.

Não é uma observação nova que este estilo seja o jogo de "uma ironia romântica". A interferência do autor na

O GÊNERO FICCIONAL OU MIMÉTICO 109

sua narrativa, ou o aparecimento em cena do autor, encenador e um público fingido no drama (romântico), sempre tem sido interpretada como uma ruptura da ilusão. Não se percebeu claramente que ela perturba a ilusão da ficção, mas, ao contrário, a realça. E a razão para isso pode ser deixada bem clara quando se esclarece logicamente a diferença entre uma experiência fictícia e uma real, entre narração ficcional e enunciado de realidade. Isto se deixa demonstrar melhor na ficção épica do que na dramática, porque a podemos expor claramente no problema da narração em comparação com a enunciação. A ocorrência da forma narrativa em primeira pessoa na ficção pura, a ficção em terceira pessoa, produz a impressão momentânea de os personagens fictícios serem personagens reais. A função narrativa produtora é interrompida ocasionalmente por uma forma enunciativa, o campo ficcional se torna assim o campo de experiência de um sujeito-de-enunciação, de uma eu-*origo* real, que — neste momento — não é ficcional, mas narra historicamente. Isto significa, porém, um jogo que se faz com a função narrativa e conseqüentemente também com a ficção. A ficção, por um momento, se faz passar por enunciado do real, sem que dela, no entanto, nos afastemos. Pois, em casos como estes, o leitor sabe, apesar das aparências, que lê romance, e sua ilusão da ficção não é perturbada pelos caprichos em primeira pessoa por mais impetuosos que sejam, mas, pelo contrário, ele os tem diante de si, sorridente — assim como o narrador, quando aparece como autor, está sorridente e cônscio deste papel. Neste jogo com a narração histórica e ficcional — pois uma implica a outra — o estilo humorístico, embora não tenha fundamento filosófico, tem, contudo, uma possibilidade de expressão estilística das mais refinadas. Também o acesso à estrutura poético-estética de um romance humorístico deste gênero é vedado, quando se leva a sério a "subjetividade" da intromissão pelo eu, compreendendo-a como a exteriorização de um sujeito enunciador real, como subjetivação do objetivo. Ela é, dentro do texto ficcional, um ornamento, um arabesco, jogo da função narrativa consigo mesma [43], não tem significado "existencial", *i.e.*, não se refere a um eu autêntico, mesmo se o "narrador" se comporta como tal. As interferências do eu no romance em terceira pessoa, *i.e.*, na ficção pura, transformam-no tão pouco num romance em primeira pessoa como, por exemplo (o que demonstrare-

43. Vide W. PREISENDANZ, *Humor als dichterische Einbildungskraft*, Munique, 1963, cuja alegação de que eu tenha reduzido a técnica narrativa humorística de Jean Paul exclusivamente (p. 13), ao seu sentido humorístico, é aqui emendada com a justificativa de que este não pode ter sido o caso (independentemente do teor da minha exposição), pois me servi desta técnica narrativa apenas como material demonstrativo do problema da subjetividade da narração visado naquele capítulo.

110 A LÓGICA DA CRIAÇÃO LITERÁRIA

mos abaixo), a inclusão de uma poesia o transformaria em "lírico". Pois, ao passo que a narração em primeira pessoa não está submetida como forma literária às leis lógicas da ficção, estas são na ficção tão poderosas que nunca podem ser "seriamente" revogadas, mas apenas "em brincadeira" — o que significa: de modo algum. A não-realidade uma vez constituída pelos personagens fictícios não se pode abrir, em nenhum ponto de sua esfera, à realidade, *i.e.*, não pode receber dentro de si uma eu-*origo* real, tornar-se o seu campo de experiência autêntico.

Aqui é possível fazer uma objeção, indicando para provar nosso próprio exemplo de *Hochwald* de Stifter, alegando que existem tais combinações de narração histórica e ficcional. E torna-se necessário voltarmos a este exemplo porque nele se torna particularmente clara a forma em eu "ilegítima" de um estilo humorístico do gênero de Jean Paul e, com ela, a estrutura inabalável da ficção.

Percebemos logo que a interferência do eu em Jean Paul não anula a estrutura da ficção, o que, contudo, acontece com Stifter, nos dois trechos acima analisados. Nos dois casos o autor apresenta-se e se põe assim em relação com o seu romance. Onde está a diferença? Com Stifter a interferência do eu é feita fora da ficção romanesca. Quando, na longa introdução no presente e novamente, de forma mais breve, no início do segundo capítulo, descreve o cenário como um lugar por ele conhecido, ainda não iniciou a narrativa, ou no segundo capítulo, onde a ação do romance, a narração ficcional, já se desenrola, ela é de novo interrompida. Isto significa, portanto: a eu-*origo* real que aqui se apresenta não se relaciona com os personagens romanescos, razão pela qual é uma eu-*origo* autêntica, real, do autor. O efeito estético desta narrativa é por assim dizer uma perturbação involuntária da ilusão que não contém uma finalidade artística, mas que apenas resulta do desejo, de certo modo ingênuo do autor, por uma exatidão histórico-geográfica. Aqui não se reforça a consciência da ficção, como na perturbação da ilusão humorística pela ironia romântica, mas esta se mantém, por assim dizer, indiferente com relação à perturbação histórica, e tanto ela quanto o leitor não atribuem importância ao fato de que o cenário do romance seja conhecido ou não pelo autor. Perturbações ficcionais parecidas e involuntárias encontram-se também em Balzac, para quem escrever romance era "história" e que acreditava, por uma técnica de montagem despreocupada, expor a sua *histoire contemporaine* através dos romances da *Comédie humaine*. Aluda-se também aqui às discussões estratégicas e filosóficas,

O GÊNERO FICCIONAL OU MIMÉTICO 111

indiferentes ao enredo do romance que Tolstói insere em *Guerra e Paz*. Destarte são os três romancistas ilustres representantes do seu século "histórico" que nos fornecem — não por acaso — tais exemplos de combinação "ingênua" de narração histórica e ficcional. Para o teórico da Literatura tais exemplos são elucidativos por demonstrarem que estes dois gêneros de narrativa, apesar de constarem da mesma obra ficcional, são distintos como água e vinho e não se deixam de modo algum reunir numa unidade artística. E especialmente não, quando isso ocorre sem crítica, de modo ingênuo e de certa forma inconsciente, sem obediência às leis que governam a narração ficcional categoricamente diferentes da histórica, *i.e*, enunciadora. O exemplo de Stifter demonstra que, pela inserção ingênua de enunciados de realidade, o campo ficcional não pode relacionar-se no mesmo plano com o campo de experiência real, e por quê. É sintomático que o enunciado de realidade não se relaciona aqui com os personagens fictícios, permanecendo assim a ficção imperturbável, ou melhor, perturbada somente a ponto de ser interrompida.

Já vimos que no exemplo de Jean Paul se trata de um outro tipo de interferência do eu, também sem perturbação da ficção. Aqui se estabelece, diferentemente do texto de Stifter, uma relação da eu-*origo* real com os personagens fictícios, mas o fato de estes não se relacionarem com ela no mesmo plano deve-se à maneira não-ingênua, mas conscientemente humorística, como isso ocorre [44].

No *Komet* trata-se, também, pela sua matéria, de um romance marcadamente humorístico e até cômico. E se conseguirmos demonstrar que a função narrativa está brincando aqui consigo mesma e com a própria ficção, por intermédio da intromissão do eu, pode-se fazer a objeção de que tais intromissões não ocorrem apenas nos romances cômicos de Jean Paul, mas também, e com abundância, em seus romances sérios e sentimentais, e que, portanto, a nossa conclusão tirada do texto do *Komet,* ou seja, de um jogo ficcional da função narrativa, é restrita demais e insuficiente, para rejeitar como errônea a subjetividade deste modo de narração. Mas, se formos ver agora qual a função que têm as intromissões do eu num romance como o *Titan,* descobriremos que o romance cômico-humorístico, no sentido mais restrito, representa apenas um caso especial de um modo narrativo, que podemos designar de humorístico num sentido mais amplo, porque inclui o problema da narração

---

44. Que a intromissão do eu nesta maneira acentuada não seja sempre de sentido humorístico foi demonstrado por mim num artigo na revista *Euphorion* referente a um exemplo do *Les Faux Monnayeurs* de A. GIDE (v. p. 52).

112 A LÓGICA DA CRIAÇÃO LITERÁRIA

ficcional como problema mesmo, independentemente do conteúdo do romance. É lícito nos determos mais um pouco neste modo do romance humorístico, que, criado por Cervantes, se desenvolveu no século XVIII, o século da filosofia crítica, porque este fenômeno, importante para a História da Literatura, explicita as condições sistemáticas em questão. Pois a estrutura lógica da criação literária não é uma abstração dos fenômenos da Literatura, mas pode ser apreendida apenas neles mesmos. A estrutura do romance histórico é explorada por um lado pela diferenciação entre o enunciado de realidade e a narração ficcional e, inversamente, fornece material cognitivo preciso para esta diferenciação e, conseqüentemente, para a descrição exata da narração ficcional, da ficção épica em si.

O *Titan* de Jean Paul é tão pouco romance humorístico, no sentido mais restrito, como o *History of Tom Jones* de Henry Fielding. Ambas as obras, não comparáveis quanto ao estilo e conteúdo, têm a qualidade em comum de conter inserções que tratam da própria narração do romance. Em Fielding, isso é executado por um lado de modo mais sistemático e, por outro, de modo mais simples do que em Jean Paul, razão por que partiremos dele. Fielding tinha a consciência de ser um inovador no campo do romance, "the founder of a new province of writing", pela compreensão da natureza particular da narrativa ficcional, que a sujeitava a outras leis que as dos demais tipos de narração, "so I am at liberty to make what laws I please therein" (II, 1). Ele se ocupa do problema (que tenta resolver) de que, de um lado o romance deve produzir a imagem da realidade, *a history* e não *a romance* ou *novel* (razão pela qual dá ao romance o título de *History of Tom Jones*), mas que, por outro, pode representar uma realidade fictícia, para a qual o romancista mesmo deve fazer as leis — a saber, pela razão de que a realidade narrada não é, por força da narração, a realidade real, — e que, no fundo, nem pode "representá-la". Fielding encontrou este problema num fenômeno, que aliás está interessando somente hoje em dia aos teóricos do romance, ou seja, o da representação do tempo. Um dos seus problemas básicos é a relação entre o tempo fictício e o real ou histórico. E ele o tenta exprimir pela indicação do tempo nos títulos dos respectivos capítulos: "containing the time of the year, containing about three weeks, two days, twelve hours" etc. Ele via aqui um problema, precisamente porque percebia, ao narrar a sua história, que o tempo não se deixava narrar, que a consciência temporal desaparecia na ficção, porque esta não se limita a indicar e datar os eventos como a narração histórica, mas

O GÊNERO FICCIONAL OU MIMÉTICO

113

desperta a ilusão de uma vida, que se realiza como a vida real, sem reflexão sobre o tempo em que decorre. Ele notou isto, sem chegar a uma conclusão clara sobre as razões lógico-estruturais deste fenômeno, contidas na narração ficcional, quando diz: "when my extraordinary scene presents itself, we shall spare no pains nor paper to open it at large to our readers, but if whole years pass without proceeding anything worthy his notice... we shall leave such periods of time totally unobserved" (II, 1). Não percebia que com esta sentença cancelava o tempo romanesco que queria indicar através das inscrições nos capítulos, e que nem o autor nem o leitor prestam atenção ao tempo em que se desenrola o acontecimento e a experiência, porque o "tempo da narração" não é o "tempo narrado". O tempo não é narrado totalmente, mas sim o evento, a vida — tornando-se assim supérfluas as inscrições indicadoras do tempo em seu romance como em qualquer outro. Para Fielding, o problema não era a representação do tempo como uma categoria (problema que surgiu apenas numa etapa moderna do desenvolvimento do romance), mas como um critério e uma espécie de "cruz" para o caráter ficcional da realidade romanesca, observação esta extraordinariamente sagaz para a época (1745), que apesar de todo o seu pragmatismo técnico visa a ganhar conhecimentos sobre o lugar particular da ficção dentro do sistema do pensamento e da linguagem. E é precisamente sob este ponto de vista que se devem julgar as considerações teóricas inseridas, com que inicia todos os dezoito livros do *Tom Jones*. A sua teoria do romance contém discussões sobre a diferença e semelhança existentes entre *history* e romance etc., e, por inserir, consciente e criticamente, a teoria no próprio romance, transforma-o, sem prejuízo do seu conteúdo, num assunto humorístico. O fato de que a atitude básica do *Tom Jones* seja humorística não se deve nem às considerações teóricas, nem à própria história. Ambos deixam de ser, por si, humorísticos propriamente ditos. Mas o tom humorístico é obtido porque se mantém continuamente presente, pelas discussões teóricas, que o romance não é realidade, mas ilusão, aparência, ficção, uma vida não como vida, mas — como disse mais tarde Novalis — como livro. Embora a realidade ilusória contada pelo romance deixe de ser cômica, ela aparece à luz do humorismo justamente por resultar de um "artifício" (um *poiein*), de um jogo de seu criador, que com ela pode brincar, que a pode anular e criar novamente, por não ter, por assim dizer, de se levar a sério. Destarte esperam-se encontrar instruções sobre a distribuição entre os capítulos somente em romances humorísticos, *i. e.*, indicações de que aquilo que é contado é apenas o conteúdo de um livro, razão por que não está carregado com o peso, a severidade, a cruel arbitrariedade da vida real. Sempre se repete: "As we have seen in the chapter before" ou "this being the most tragical event in our whole history we have to treat it in a special chapter" e outras expressões parecidas. Aqui se vê claramente que esta intromissão do narrador é definida erroneamente, se é designada de estilo subjetivo. Não se trata de um interesse subjetivo do narrador em si, em sua qualidade de narrador ou autor, mas, pelo contrário, trata-se de uma atitude particularmente "objetiva" do autor frente a sua obra, da consciência do jogo livre que pode ser feito com a realidade imaterial, estilizada, fictícia do romance, com suas divisões em capítulos, abreviações voluntárias, condensações e dilatações.

Partindo destes problemas de ordem estética de Fielding, torna-se possível reconhecer que é esse humorismo estético superior que marca também os romances de Jean Paul que não são expressamente humorísticos. Também no *Titan* — bem como no *Komet* ou *Wuz* — o narrador "brinca" consigo mesmo e com seu produto, pondo em evidência que esse mundo existe graças a ele, graças ao fato de ser contado. "Penso que o canto, que cortei do mapa de Whiston desse cometa, é bastante amplo para os homens. Quero ainda estipular, antes de prosseguir, que de vez em quando chamarei Don Gaspard de cavalheiro, sem pendurar o tosão de ouro" [*Titan* 1. *Jobelperiode* (Período Jobel)]. E assim não faltam no *Titan,* nem no *Hesperus* ou na *Unsichtbaren Loge* (Loja invisível) as discussões ditadas pelo estilo humorístico da época sobre a origem, impressão e destino do respectivo romance, por exemplo, o amplo "Programa de apresentação do Titã" (9º Ciclo no fim do Período Jobel) ou as diversas explicações das denominações do livro e dos capítulos.

Não se trata aqui de uma análise pormenorizada do estilo humorístico dos ingleses e de Jean Paul, mas empregamos este gênero narrativo tão marcante daquela época, porque deixa perceber muito claramente a natureza da função narrativa épica, e não foi por mero acaso que esse gênero fosse compreendido, interpretado e avaliado esteticamente, mesmo por esses seus representantes, como singularidade da narração ficcional em oposição à história (como foi aqui esboçado). As brincadeiras que Jean Paul faz com seus personagens — nas obras humorísticas bem como nas sérias, sendo indeterminado o limite entre elas na totalidade da sua obra —, têm sua causa mais ou menos consciente ao lembrar-se o autor, meio divertido sempre, do particular "ato de criação"

O GÊNERO FICCIONAL OU MIMÉTICO 115

do romancista, que não narra *sobre* as pessoas, mas *as* narra, as produz pela narração na "subjetividade" de sua existência, procedimento este que tem seu lugar lógico somente na literatura narrativa e cuja lei estabelece. É justamente onde o autor não se submete inteiramente à lei da narração, *i.e.*, não fica inteiramente absorvido pelo narrado, mas mantém-se consciente desta lei, que o humorismo épico tem a sua fonte, ou, mais cautelosamente, uma de suas fontes, humorismo que deveria ser reportado, mais do que o tem sido feito, à "lógica da ficção". As brincadeiras ficcionais podem ser realizadas, porém, apenas no romance humorístico com naturalidade, pois a narração não-humorística anularia o seu produto, a ficção, e a si mesma, se ela se levasse a sério, *i. e.*, se fosse consciente da sua ficticidade ou a tornasse consciente. É por isso mesmo que o humorismo épico facilita muito a percepção da narração ficcional, que sobressai em sua singularidade, justamente onde é tratada "criticamente" e não "ingenuamente" — no sentido de Kant.

Um estilo humorístico deste gênero torna-nos explícito que não cabe designar por subjetiva uma situação, apesar de todas as intromissões do eu. Sem dúvida, percebemos os arabescos de Jean Paul, esta brincadeira da função narrativa consigo mesma, como uma "digressão do assunto" (como ele mesmo o tem expresso), ou seja, como prolixos. Mas também outros gêneros narrativos, que não estejam brincando consigo, podem ser experimentados como prolixos, de acordo com nosso gosto, podendo eventualmente ser maçantes.

Deve-se aludir aqui à narração altamente *reflexiva,* que de modo mais ou menos imediato interpreta o enredo e os personagens: explica-os, interpreta, inicia associações, parecendo às vezes perder-se em divagações. Mas justamente, quando considerarmos melhor também este tipo de narração, torna-se-nos mais nítida ainda a natureza da narração ficcional em sua diferença categórica da enunciação. Trata-se aqui de não deixar iludir pela impressão, o que acontece facilmente quando se avança até os elementos estruturais. Novamente é lícito apresentar alguns exemplos:

Exemplo 1:

Os pensamentos de Wilhelm voltavam-se logo para a sua situação pessoal e ele se sentia um pouco preocupado. Não há situação mais perigosa para o ser humano que uma grande transformação de seu estado por força das circunstâncias externas, sem que haja um preparo necessário do seu modo de pensar e sentir. Dá-se, então, uma época sem época, resultando uma contradição tanto maior quanto menos percebe que ainda não está preparado para a situação.

116 A LÓGICA DA CRIAÇÃO LITERÁRIA

Wilhelm via-se livre num momento em que ainda não podia chegar a um acordo consigo mesmo. Seus sentimentos eram nobres, suas intenções honestas...

[Goethe, *Wilhelm Meisters Lehrjahre* (Os anos de aprendizado de Wilhelm Meister), 5º Livro, Cap. 1.]

Exemplo 2:

A maioria dos homens, mesmo os melhores, são limitados; todos prezam certas qualidades em si e nos outros; favorecem apenas estas e somente estas querem ver desenvolvidas.

(*Idem*, 8º Livro, Cap. 5.)

Exemplo 3:

Se Ulrich tivesse de dizer como ele era na realidade, ficaria embaraçado... Era forte? Não o sabia, podia estar enganado a este respeito. Mas com certeza fora sempre um homem que confiava na sua força. Também agora não duvidava de que a diferença entre ter as suas próprias experiências e qualidades e delas manter-se alheio era apenas uma diferença de atitudes... Simplesmente encarado, é possível proceder em relação às coisas que acontecem ou que se fazem de modo mais generalizado ou mais pessoal. Um golpe pode causar além de dor um sentimento de ofensa, com que aumenta insuportavelmente; mas também pode ser aceito esportivamente, como um obstáculo... E precisamente este fenômeno de que um evento recebe seu significado..., apenas pela sua posição numa cadeia de ações conseqüentes, é demonstrado pelo homem que o considera não como um mero acontecimento pessoal, mas como um desafio à sua força moral...

[Robert Musil, *Der Mann ohne Eigenschaften* (O homem sem qualidades), I, Cap. 39.]

Estes três textos, que poderiam ser acrescidos de outros à vontade, têm a qualidade em comum de serem "prolixos" de modo reflexivo. Será que se perdem em divagações? Será que "desviam do assunto como digressões" e seríamos tentados a exclamar "volte ao assunto"? Formulando assim a pergunta, percebemos que ela é errada. Novamente é iluminada a situação através de comparações com um enunciado de realidade. É somente em relação a ela que o convite de voltar ao assunto teria significado. Pois o assunto lá é sempre existente independentemente do relatório, e como tal "não é influenciável" pelo relatório e pelo relator. Consideremos que a primeira sentença do exemplo do *Wilhelm Meister* "Os pensamentos de Wilhelm voltavam-se logo para a sua situação pessoal" seja um enunciado de realidade numa situação em que alguém narra a um terceiro determinada fase da vida de Wilhelm, um conhecido seu.

O GÊNERO FICCIONAL OU MIMÉTICO   117

Que seus pensamentos se ocupavam com a sua própria situação ele sabe através de uma comunicação de Wilhelm. Neste caso as sentenças seguintes representariam reflexões do relator, que se relacionariam apenas a ele mesmo, a sua maneira subjetiva de observar seres e coisas, que não teriam nada a ver com a pessoa e assunto aqui presentes, e o ouvinte poderia exclamar: "Pois não me interessa o que você pensa em geral sobre modificações repentinas que podem ocorrer na vida de um homem. Volte ao assunto. O que aconteceu a Wilhelm e como chegou a arrumar a sua situação?!" Pois uma pessoa real, Wilhelm, que se encontrava em determinada fase de sua vida numa situação tal e agia de tal modo, não é descrita melhor e mais profundamente mediante considerações filosóficas e psicológicas por mais profundas que sejam. (Também quando se procura compreender e explicar o procedimento de uma pessoa através de interpretações psicológicas de seu caráter, de suas circunstâncias sociais etc., tais interpretações sempre são opinião subjetiva do relator e nada têm a ver com a pessoa, com o objeto-de-enunciação.) Sentimos imediatamente que a situação é diferente quando se trata do personagem romanesco Wilhelm Meister. Não caímos na tentação de exclamar "Não divague, volte ao assunto", frente a uma consideração como "Não há situação mais perigosa para o ser humano..." Pois antes deveríamos chegar a um acordo sobre o que é aqui de fato "o assunto". Como já pudemos verificar através de nosso método comparativo entre a estrutura ficcional e a enunciação, numa série de situações: as circunstâncias da ficção furtam-se à "determinação". Assim como não é possível indicar as circunstâncias temporais e locais na ficção, por se tratarem apenas de noções e não de tempo e espaço reais, também não se pode determinar inequivocamente o assunto. No romance *Wilhelm Meister* não podemos separar a pessoa Wilhelm Meister da narração dessa pessoa. Pois não é pessoa *sobre* a qual se narra. Aqui a consideração de que ele logo se voltava à sua situação pessoal e se sentia preocupado não é uma reflexão subjetiva nem uma digressão do relator, que nada tem a ver com Wilhelm. Mas ela serve para configurar o personagem Wilhelm do mesmo modo que as informações sobre o seu agir, falar e pensar. Na sentença "Os pensamentos de Wilhelm voltavam-se logo para a sua situação pessoal" ou na sentença de situação mais concreta do mesmo romance "O conde ofereceu a mão à condessa e a conduziu para baixo" (3º Livro, Cap. 2) não podemos distinguir o' "narrador" daquilo que ele narra, e da mesma forma não se pode estabelecer tal limite numa sentença reflexiva. O que

118 A LÓGICA DA CRIAÇÃO LITERÁRIA

ocorre aqui, do ponto de vista lógico, tornar-se-á mais evidente quando compararmos o exemplo 1 com o exemplo 3, o trecho do romance contemporâneo de Musil, *Der Mann ohne Eigenschaften*.

Este trecho é de natureza similar à do trecho de *Wilhelm Meister*. Também aqui a narração passa da consideração direta de Ulrich à consideração de circunstâncias e problemas gerais, por exemplo, a partir daqui: "Simplesmente encarado, é possível proceder em relação às coisas que acontecem ou que se fazem de modo mais generalizado ou mais pessoal". Notamos certa diferença entre o texto mais antigo e o moderno. Consiste esta diferença em que, no último, as reflexões de ordem geral parecem relacionar-se com a pessoa de Ulrich de modo mais estreito e íntimo do que as do Wilhelm Meister. Embora não seja feita referência aos pensamentos da pessoa descrita, nas sentenças posteriores do trecho de Musil como no de Goethe, eles parecem estar no primeiro caso mais estreitamente ligados à pessoa de Ulrich, do que os segundos à pessoa de Wilhelm Meister. Mas esta diferença não é devida ao princípio, e sim ao estilo. Revela imediatamente que o romance de Musil é mais moderno que o de Goethe. Já sabemos que os recursos da descrição ficcionalizadora sutilizaram-se no século XIX, e que a representação da existência interior empregava sempre mais os meios de subjetivação direta dos personagens, ou seja, a eu-originidade fictícia das pessoas fictícias alcançava maior rapidez, culminando com os recursos ousados de um Joyce. Contudo, embora a sentença — "Os pensamentos de Wilhelm voltavam-se logo para a sua situação pessoal e ele se sentia um pouco preocupado" — tenha antes o estilo de uma enunciação no sentido próprio do que a sentença: "Se Ulrich tivesse de dizer como ele era na realidade, ficaria embaraçado... Era forte?", a diferença é apenas gradual. É devido unicamente ao estilo da narração o fato de que não podemos introduzir a segunda sentença num enunciado de realidade, como também não podemos introduzir a primeira. O estilo da narração ficcional evidencia-se nela à primeira vista. Mas apesar disso a sentença do *Wilhelm Meister* é da mesma natureza estrutural. Também ela apresenta, num exame melhor, os sintomas da narração ficcional, que não são possíveis num enunciado de realidade, como "ele se sentia um pouco preocupado" (num enunciado o verbo "sentia-se" seria substituído por "estava"). O verbo de processo interno mostra Wilhelm no agora e aqui da sua vida emocional, embora com menor vigor do que na forma romanesca moderna. Ou seja: este perso-

O GÊNERO FICCIONAL OU MIMÉTICO

119

nagem apresenta-se menos subjetivado do que Ulrich. Por isso aparecem as demais considerações do texto de Goethe mais destacadas do personagem do que em Musil, "mais objetivas" por assim dizer, sendo o personagem retratado num estilo mais objetivo. Mas não devemos confundir esta designação de uma diferença de estilos com o significado próprio das noções objetivo e subjetivo. A subjetividade e a objetividade não se referem ao autor que, embora seja, num enunciado de realidade, idêntico ao narrador, não o de narração ficcional (tampouco como o pintor o é com seu pincel). Estas noções referem-se na ficção, como foi demonstrado acima, apenas ao aspecto em que são apresentados os personagens, e a diferença que se nota é do estilo narrativo. Destarte não se pode convidar o narrador, nem do texto de Goethe, nem do de Musil, a "manter-se no assunto". Ambas as formas de considerações reflexivas são formações interpretativas, explicativas, e não enunciados, distinguidas quanto ao seu grau e não quanto à categoria [45]. E a pergunta referente ao "assunto" de um romance não pode ser respondida, porque ela não pode ser feita. Pois precisamente o exemplo de Musil, que a este respeito também ilumina o de Goethe, demonstra claramente que não é "uma situação objetiva", como no enunciado de realidade, uma ação, um evento, que são o assunto, o "conteúdo" do romance, que poderiam ser destacados da sua representação. Razão pela qual não podemos no fundo reproduzir o "conteúdo" de um romance. Quando o fazemos ou pensamos fazê-lo, apenas procuramos indicar alguns pontos de referência, pelos quais o evocamos melhor, e há casos em que o "conteúdo" de um romance, por mais longo que seja, é reproduzido numa sentença.

O que sucede com as "digressões" na narração ficcional, e em última análise com a própria, pode ser esclarecido por um outro lado mediante uma comparação do exemplo 1 com o 2. Também este provém do *Wilhelm Meister,* mas as aspas denotam um diálogo: considerações de Jarno em conversa com Wilhelm. São da mesma natureza geral que as do exemplo 1, mas sendo "pronunciadas" por um dos personagens fictícios, não a tacharíamos de prolixas nem de

---

45. Em seu livro *Fiktion und Reflexion: Überlegungen zu Musil und Beckett* (Frankfurt sobre-o-Meno, 1967), Ulf Schramm deduziu de tais passagens importantes conseqüências para o caráter do romance de Musil marcado pelo "pensamento do possível". O que, a partir de nosso ponto de vista, é compreendido como um fenômeno extremo da função narrativa flutuante é descrito por Schramm como "uma zona transitória, onde permanece indefinido se é o pensamento que se estende à ficção, ou vice-versa", com a conclusão de que "ambos os meios... perdem a sua certeza... e nada mais podem transmitir de modo seguro" (p. 160).

120 A LÓGICA DA CRIAÇÃO LITERÁRIA

digressivas. Pois encontramo-nos no sistema do romance dialogado, que é uma das peças centrais do sistema do campo ficcional. Estas considerações parecem ser desde o início assunto do personagem e não do narrador (no sentido de autor). Também este fenômeno é, embora indiretamente, prova concludente de que a narração feita pelo narrador também é assunto somente dos personagens fictícios. Para demonstrá-lo, é especialmente adequado o estilo goethiano. As conversações dos personagens não apresentam na essência estilo diferente do narrativo. Facilmente podemos trocar as considerações dos dois exemplos, transformando o exemplo 2 num relato narrado e encaixar o exemplo 1 "Não há situação mais perigosa para um ser humano" num diálogo. Isso se deixa fazer aqui facilmente, porque o estilo dialogado do *Wilhelm Meister* é pouco individualizador; todavia aqui também se trata de diferenças de intensidade e não de gênero. Aqui o limite entre a substância narrativa e a substância do diálogo é fracamente delineado, o que demonstra precisamente que a função da narração não é outra senão a da formação de diálogo bem como, naturalmente, do monólogo e do discurso vivenciado. A exigência de que o "narrador" possivelmente desaparecesse, e que o romance se dissolvesse num sistema de diálogo [46], era teoricamente possível apenas porque também a função narrativa, ou melhor, a função narrativa relatora, é somente um dos meios de formação de toda a estrutura da configuração ficcional — razão por que se pode fundir também com um outro meio de configuração. Este caso se apresenta nitidamente, em especial no discurso vivenciado.

Tendo sido o discurso vivenciado (ver pp. 58 e ss.), em relação com os problemas do tempo, decisivo sobre as relações da eu-originidade fictícia, e tendo fornecido a prova concludente de que a narração ficcional é obtida através dos verbos de processos internos, ele agora nos serve, e naturalmente não por acaso, mas em estreita relação com estas circunstâncias, para a descoberta da própria função narrativa. Já se observou que a forma do discurso vivenciado não se deixa sempre distinguir claramente da "voz do narrador", *i.e.*, que não se deixa sempre indicar o limite onde este, por assim dizer, cessa de falar e dá a palavra aos perso-

---

46. Não foi apenas Spielhagen que colocou esta exigência, mas já o próprio Aristóteles, que elogia Homero pelo motivo de narrar o menos possível "ele mesmo", *i. e.*, o narrador, introduzindo, na medida do possível, um personagem homem ou mulher. Segundo Spielhagen, esta exigência foi motivada por Ortega y Gasset ("Gedanken über der Roman" em: *Die Aufgabe unserer Zeit*, Stuttgart, 1930) e Henry Green ("Verstaendigung" em *Die Neue Rundschau*, 1951). — Com referência a Spielhagen, ver o excelente trabalho crítico de W. HELLMANN, *Objektivitaet, Subjektivitaet und Erzaehlkunst*. Em relação à teoria do romance de Spielhagen (em: *Wesen und Wirklichkeit*, H. Plessner, Goettingen, 1957).

O GÊNERO FICCIONAL OU MIMÉTICO

nagens [47]. Os exames realizados sobre a ocorrência desta forma na literatura medieval tiveram de ser levados neste limite, porque nela o discurso vivenciado [48] ainda não se achava desenvolvido numa técnica consciente, mas de certo modo escapava ao narrador. Mas este lhe podia escapar somente porque também o narrador épico medieval é uma função narrativa ficcional. Assim E. Lerch também chamou a atenção para o fato de que, na reprodução dos pensamentos conscientes ou inconscientes dos personagens romanescos, a voz interpretativa do narrador se harmoniza quase unissonamente com o todo, devido ao pensar os pensamentos dos personagens com suas palavras de narrador [49]. De fato, não é suficiente caracterizar o discurso vivenciado dizendo que é um meio de reproduzir os pensamentos mudos, a corrente de consciência dos personagens [50] do ponto de vista deles. Certamente existem formas em que a impressão dominante produzida é esta:

> The way she said "Here is my Elizabeth!" — that annoyes him. Why not "here's Elizabeth" simply? It was insincere. And Elizabeth didn't like it either. For he understood young people; he liked them. There was always something cold in Clarissa, he thought...

> (Virginia Woolf, *Mrs. Dalloway*.)

Porém, a camada ocupada pelo discurso vivenciado freqüentemente é muito mais larga, podendo ser tão ampla a ponto de constituir toda a função narrativa, e é difícil então decidir onde fixar o limite que separa o "interno", os processos psíquicos que se desenrolam nesta forma de representação, de um externo, ou seja, de uma interpretação objetivadora. Nosso exemplo de Musil demonstra claramente este fenômeno. As considerações gerais que não tratam, como no texto acima, de uma pessoa conhecida do personagem romanesco, são ao mesmo tempo as de Ulrich e do narrador, ou autor. Mas elas são as do narrador somente porque pertencem a Ulrich, *i.e.*, servem para criar a sua situação interna e externa. Mais um critério para o fato de que estamos lidando apenas com a narração e não com o narrador.

Importa tornar claro que o discurso vivenciado é enfatizado aqui como a essência da narração ficcional enquanto

---

47. LERCH, E. "Die stilistische Bedeutung des Imperfekts der Rede" (*GRM* VI, 1914, p. 470).

48. GÜNTHER, W. *Probleme der Rededarstellung*. Marburg, 1928.

49. LERCH, v. acima, nota 44. D. Cohn diferencia claramente a forma isônica da séria (v. acima, p. VII).

50. HUMPHREY, R. *Stream of Consciousness in the Modern Novel*. Berkeley, 1954.

122 A LÓGICA DA CRIAÇÃO LITERÁRIA

função e não enquanto enunciado, porque ele é a conseqüência máxima que esta narração pode tirar de si mesma, conseqüência a que o enunciado de realidade em sua essência nunca poderá chegar. De uma forma como a do trecho de Musil, comparável ao trecho do *Wilhelm Meister* do ponto de vista estrutural e de conteúdo, depreende-se que também estas considerações não dizem respeito a um observador ou narrador independente do acontecimento fictício, mas que, embora formalmente menos ligadas ao personagem romanesco, servem justamente à sua configuração. Também Wilhelm, na mesma medida que Ulrich e Peter Walsh (*Mrs. Dalloway*), não é a "coisa" da qual a narrativa possa se desviar (a narrativa se desviaria, se ele fosse realmente a coisa, isto é, uma pessoa real e se a narrativa, ao invés de fictícia, fosse histórica). O fato de que essa última hipótese não possa de jeito nenhum ser levantada no caso de Ulrich e Peter Walsh deve-se à convenção apriorística de ficcionalizar mais esses estilos narrativos, mas não existe aqui nenhuma diferença de princípio e de estrutura.

Isso se esclarece mais ainda, se lançarmos mais um olhar comparativo ao texto de Kleist. Pode-se depreender que a ampla forma reflexiva nada significa, em última análise, além de uma ampliação da própria função narrativa diferenciável daquela destes textos apenas quanto ao estilo, e não quanto à categoria. Quando Kleist diz: "e com grande satisfação lembrava a vitória que conseguira sobre o irmão pela força da sua consciência livre de culpa", devemos aguçar ainda mais o ouvido para perceber que também aqui a narração e o narrado se fundem, sendo impossível fixar o limite que separaria os processos psíquicos realizados praticamente à parte (a vida fictícia da marquesa) da voz interpretativa do narrador. E tal limite não pode ser demarcado porque não existe. As interpretações dos processos psíquicos *são* os processos psíquicos; uma outra palavra de interpretação — como já o mostramos acima sob outro aspecto — produziria outros processos psíquicos. Pois existem apenas por força de serem narrados. A narração é o evento, o evento é a narração. E isso vale tanto para a narração de processos externos como internos.

Para melhor esclarecimento recorremos novamente ao texto de Fontane (v. p. 101) que, quanto à descrição de uma situação externa, se distingue do trecho de Kafka por minuciosidade maior e também apresenta traços mais fortes de ficcionalização. Na representação de situações externas, principalmente em textos mais modernos, percebem-se tais traços, afora os verbos situacionais freqüentemente empre-

O GÊNERO FICCIONAL OU MIMÉTICO

123

gados em toda obra épica pelo emprego de advérbios dêiticos, como "o cenário era como ontem" e também pela descrição detalhada da ação, falta de ação, dos movimentos, em breve do "cenário" movimentado. Nestas descrições não se pode demonstrar tão bem a fusão, a identidade entre a narração e o narrado, porque de antemão não experimentamos outra coisa a não ser esta identidade, *i.e.*, não podemos distinguir os fatores interpretativos dos descritivos. Isso é precisamente conseqüência natur l do fato de que o que está narrado aqui é fictício. Adjetivos como trajes "impecáveis", jornais "sem conteúdo" etc., são qualidades vinculadas às coisas descritas, de modo que não se destacam em particular como interpretativas (o que seria o caso, com intensidade maior ou menor, nos enunciados de realidade, onde estas noções seriam expostas a opiniões contrárias, sendo que o jornal "sem conteúdo" poderia ser julgado por outrem como "rico em conteúdo"). Mas este pequeno trecho, não obstante, contém um elemento pelo qual percebemos também aqui o processo desta fusão e que, não casualmente, revela muito do estilo particular de Fontane. A sentença "mas em vez da cacatua que ainda faltava, via-se lá fora a Honig, passeando o bolonhês da conselheira numa correia, circundando a piscina", involuntariamente nos leva a sorrir. Percebemo-la como humorística. Mas é um outro gênero humorístico, diferente do de Jean Paul. Não é produto de um jogo lúdico da função narrativa consigo mesma e com a ficção. A sentença de Fontane é totalmente "objetiva": a cacatua ainda não estava ali, a Honig passeava com o bolonhês. É uma palavrinha, uma pequena locução que nos faz sorrir, a locução "em vez de" é a maneira eı. que se relaciona a governanta com a cacatua. Enquanto a sentença "em vez da cacatua via-se o bolonhês" não nos induziria a sorrir, esta maneira de equiparar uma pessoa com um animal produz efeito cômico-humorístico. O humorismo aqui é, c ntudo, clandestino, pois se refere ao ponto de vista burguês da conselheira Treibel, para quem animal doméstico e governanta doméstica se encontravam no mesmo plano de servidores, estando até a governanta a serviço do cachorrinho bolonhês. O humorismo interpretativo é reduzido aqui a uma pequena preposição e funde-se indissoluvelmente com a descrição.

O sistema do diálogo

Nossa tentativa de definir a diferença entre a narração ficcional, como sendo uma estrutura funcional, e o enunciado

124 A LÓGICA DA CRIAÇÃO LITERÁRIA

de realidade, como estrutura de relacionamento, ou sujeito-objeto, levou-nos, com o emprego do discurso vivenciado, aos elementos constitutivos da narração. Que um desses elementos seja o diálogo, que constitui um dos componentes centrais da substância narrativa, independe de constatação. Mas é igualmente óbvio que esta constatação não é suficiente. Por se apresentar o diálogo como um recurso narrativo relativamente simples, ele requer uma análise mais exata.

O diálogo parece, à primeira vista, destacar-se a tal ponto da narração propriamente dita, do relato descritivo ou reflexivo, que a nossa afirmação de uma fusão desses últimos com outras formas de configuração narrativa, principalmente com o discurso vivenciado, não parece ter validade generalizada. Não obstante pode ser demonstrado que esta descrição de certo modo tradicional de nossa experiência de leitura, e da estrutura do romance, não corresponde ao verdadeiro fenômeno. Se avaliarmos nossa experiência de leitura, vamos perceber que não tomamos consciência de nenhuma diferença marcante entre a substância narrativa, ou a substância do relato, e a substância do diálogo, ambas enfocadas no romance.

Não que se deixe de notar na leitura a diferença entre relato e diálogo. O fenômeno é de outro gênero, baseado no fato de que *a função narrativa aparece de maneira especialmente flutuante.* Já o observamos no modo como essa função se apresenta no discurso vivenciado, onde quase se dilui no personagem, como que absorvida por este, de tal modo que não se pode mais distinguir se o personagem se representa "autonomamente", ou se é representado. Mas este critério é muito marcante. Marca a narração ficcional em todo o seu decurso, porque produz a todo momento uma "essência" mais ou menos carregada de significação. Volteia ludicamente essa essência, produzindo os personagens e seu mundo, de mais perto ou de mais longe, dissolvendo-se neles, libertando-se de novo a seguir, mas sem "perdê-los de vista" e pode por isso, sem introjetá-los nem penetrá-los, abdicando a si próprio, distribuir-se aqui e ali. Isso acontece no diálogo e no monólogo de modo ainda mais absoluto que no discurso vivenciado. Quase não há necessidade de mencionar que estas três formas são aparentadas, exprimindo nas mais diversas dosagens e nuanças a particularidade da narração ficcional. São também a prova mais válida de que esta narração não é narração do passado, mas evoca sempre a ilusão da presença... O diálogo, assim como o discurso vivenciado, tem seu berço autóctone apenas na narração em

O GÊNERO FICCIONAL OU MIMÉTICO   125

terceira pessoa, na ficção pura. Pois é somente nela que
a narração pode flutuar de modo a fazer confluir "relato"
e sistema de diálogo na unidade da função narrativa. E
isso só pode acontecer porque mesmo a narração já é
ficcional, estando a qualquer momento apta a transformar-
-se nos próprios personagens fictícios.

Se examinarmos, contudo, mais a fundo, a função do
diálogo, veremos que ele é em si uma confirmação do caráter funcional "impessoal" da narração épica, isto é, apenas uma das formas que esta pode adotar. Isso se revela
no fato de que o diálogo não se limita a reproduzir os
personagens em sua existência e natureza, mas que ele também assume em alto grau a função puramente descritiva da
narração. Num romance somos orientados não somente
através dos relatos, mas também pelas discussões sobre as
situações externas, eventos e outras pessoas. E isso se
refere tão intensivamente ao pai da épica ocidental, a Homero, que Aristóteles o elogiou a esse respeito. Se Goethe,
que queria enxergar nos romances epistolares de Richardson
um indício de dramatização da literatura épica, não tivesse
deixado passar despercebido este fenômeno em Homero,
possivelmente teria modificado a sua definição do rapsodo.
Pois se o narrador, como preza Aristóteles, fala o menos
possível "por si" (*auton... dei... legein*), apresentando,
logo após uma breve introdução, um homem ou uma mulher
que vão falar (*Poética,* Cap. 24) — será que ele é realmente
aquele que "expõe o inteiramente passado, um sábio que,
em calma reflexão, contempla o ocorrido"? (Goethe, dezembro de 1797). É justamente Homero que refuta pessoalmente esta definição de narrador *qua* narrador, definição
que se sustentou, numa forma mais ou menos alterada, até
a Teoria Literária de nossos dias. Na épica homérica, o
material da narração é quase totalmente distribuído entre
discurso e réplica, narração em primeira pessoa e monólogo.
Se esses discursos não são uma representação psicológico-
-existencial de processos psíquicos, como na épica moderna,
isso é devido à natureza da épica antiga, onde os eventos não
são criados em função dos personagens (sintomática ou simbolicamente), mas, ao contrário, onde eles têm a função de
serem os portadores de eventos, os elos de uma situação
dinâmica universal. Mas não é isso que conta neste contexto. O que importa aqui é a noção transmitida pelo fundador da épica ocidental, segundo a qual a distribuição do
material temático entre os personagens que falam e o "narrador" é justamente o que rouba a este último o caráter
que lhe foi erroneamente atribuído, graças justamente a
uma interpretação errônea do termo.

126 A LÓGICA DA CRIAÇÃO LITERÁRIA

Quando o próprio Goethe se contradiz um pouco adiante, afirmando: "O rapsodo como ser superior não deveria aparecer em pessoa em sua composição poética; o melhor seria se lesse atrás de uma cortina, de modo que se ouvissem apenas as vozes, abstraídas de toda personalidade, das musas em geral", sente-se precisamente, expresso em nossa terminologia, que "o rapsodo não é um sujeito-de-enunciação e que aquilo que se passa dentro da narração não tem nada a ver com o narrador, o rapsodo, de modo que "percebemos apenas a voz da musa em geral", "o espírito da narração", como diz o épico moderno Thomas Mann. De fato, já na forma narrativa homérica, podemos perceber com toda nitidez que a narração ficcional é uma função, que pode assumir uma ou outra forma, independentemente da lógica e gramática da linguagem que regula o enunciado de um sujeito sobre um objeto, ou seja, uma situação real. Pois esta lógica impede que eventos narrados sejam levados ao nosso conhecimento através de diálogos entre terceiros ou até de monólogos. Quem, nas epopéias homéricas, fala dirigindo-se a "sua alma sublime" é tão pouco o objeto de um enunciado sobre o fato de que fala, como o é o personagem que fala num drama, embora o discurso seja introduzido pela indicação de que ele fala. Que esta indicação possa faltar, não em Homero, mas freqüentemente nos romances modernos, já demonstra, expresso com algum exagero, que na narração ficcional não é a narração que importa. Isso significa que a narração é uma função de configuração, uma função mimética, que, pode-se dizer, é empregada ao lado de outras funções, como diálogo, monólogo e discurso vivenciado, ou melhor, que ela adota *flutuando* ora uma forma, ora outra.

Mostraremos em alguns exemplos a maneira como estas formas se confundem na tessitura de uma ficção narrativa, de modo que com a sua leitura não atentamos para a diferenciação entre o relato e o diálogo:

Exemplo 1:

"Lindo, muito poético" disse finalmente Sorti, "mas representar" — "não há tipógrafos", desatou Ruprecht. — "Excesso de mudança de cena" opinou um outro. "Nenhuma saída brilhante. Mas o que tem a ver, com mil diabos, essa coisa com a minha poesia?", perguntou Otto em sua inocência poética. "Veremos, meu caro", retrucou serenamente Sorti, "veremos aos poucos com maior experiência teatral". Agora os três se enterraram no caderno e cada um começava a resmungar a seu modo. O diálogo era fantástico demais, deveria ser elaborado de novo, moderado, tornado mais natural. O herói, porém, parecia ser muito simples, a dama apaixonada demais.

O GÊNERO FICCIONAL OU MIMÉTICO 127

Aí Otto não mais se conteve, esta figura feminina lhe era a mais cara, ele tinha se apaixonado por ela, pouco a pouco ao escrevê-la, como acontecia às vezes aos jovens poetas. "Dei o mais lindo", gritou, "o mais íntimo, mais verdadeiro e melhor que sabia e não mudo nada, nenhuma letra em toda a peça". Com isso jogou o manuscrito com raiva na mesa e saiu depressa para o jardim e parecia-lhe a certa distância ouvir o riso dos atores.

[Eichendorff, *Dichter und ihre Gesellen* (Poetas e companheiros).]

Exemplo 2:

O albergue era parecido por fora com aquele em que morava K. Não havia na aldeia nenhuma diferença maior, mas as pequenas percebiam-se logo, a escada dianteira não tinha corrimão, havia uma linda lanterna acima da porta. Quando entraram, uma bandeira flutuava acima de suas cabeças, era uma bandeira com as cores do condado. No vestíbulo encontraram-se com o estalajadeiro, que evidentemente se encontrava numa ronda de controle; com os olhos pequenos, perscrutadores ou sonolentos, lançou um olhar a K., ao passar por ele, e disse: "O Sr. Agrimensor deve ir somente até o bar". "Naturalmente", disse Olga que imediatamente se encarregou de K., "ele me acompanha apenas". Mas K., ingrato, livrou-se de Olga e levou o estalajadeiro de lado. Olga esperava entretanto pacientemente no fim do corredor. "Gostaria de pernoitar aqui" disse K. "Isso é infelizmente impossível" disse o estalajadeiro. "O senhor parece não saber ainda. A casa é destinada exclusivamente aos senhores do castelo..."

(Kafka, *Das Schloss*.)

Exemplo 3:

Quando Duschka, pelo meio-dia do dia seguinte, bateu à porta de Jekaterina Iwanowna, perguntando pelo diácono, estava tão séria e parecia tão fatigada, que dava na vista; e ficou mais séria ainda quando soube que o diácono partira de manhã cedo — para o campo — e que voltaria apenas no fim da tarde. À noite sairia novamente. "No fim da tarde quando?", perguntou Duschka em parte a si mesma, em parte a Jekaterina Iwanowna, e então decidiu tentar novamente às sete horas.

Quando voltou à casa novamente, à tarde antes da aula, percebeu da rua que Ilja estava na janela de seu quarto. E assim que fechara a porta do quarto, ele bateu e entrou. Ela o achou mais pálido que de costume e o cumprimento dele era apressado. "Você o viu?", perguntou ele. "Não", ele tinha partido — para o campo... Ela percebera que ele a tratava por você... "Eu parto hoje", disse ele. Ela o olhou assustada.

[Edzard Schaper, *Der letzte Advent* (O último advento).]

Estes textos, que não podiam ser muito breves, a fim de ilustrar o fenômeno em questão com a devida vivacidade, foram escolhidos ao acaso. Todos sabem que eles são pa-

128 A LÓGICA DA CRIAÇÃO LITERÁRIA

radigmáticos de toda literatura narrativa, por mais diferentes que sejam seu estilo, conteúdo e até seu nível literário. Cada um destes três textos apresenta um outro estilo na combinação de relato e diálogo. Mas os três concordam em que a matéria (do respectivo trecho de romance) é comunicada em parte por relatos e em parte por diálogos. Poderíamos dar-nos ao trabalho de representar isso "estatisticamente", digamos em duas colunas. Mas isso não é necessário. Vê-se imediatamente que em cada um destes textos, e sempre de modo diverso, existe, do ponto de vista conteúdo e estilo, uma relação tão estreita entre a parte de relato e a de diálogo, que elas se fundem — podemos assim dizer — no sentido exato da psicologia da *Gestalt, numa* única forma estética. Não obstante, percebemos nas três formas de textos, diferenças na maneira e na intensidade desta fusão. Temos a impressão de que no texto de Kafka a parte do relato e a do diálogo não se entrelaçam tão fluentemente como no texto de Eichendorff e de Schaper. Este fato tem também a sua causa que, contudo, não prejudica o fenômeno.

No trecho extraído do *Castelo* de Kafka trata-se da representação de objetos, ou seja, do albergue caracterizado pelo corrimão, lanterna e bandeira do condado. O que é dito pelos personagens K., Olga e o estalajadeiro, não se refere à aparência da casa, mas à condição especial: K. não pode pernoitar ali, porque o lugar é reservado aos cavalheiros do castelo. Mas apesar deste limite entre o conteúdo da descrição e da conversação, este conteúdo nos parece um complexo único e coerente. Na conversação desenvolve-se a descrição do albergue inquietante, de certo modo "no seu interior", o que já está preparado no relato pela revelação oculta de que "não havia diferença maior, mas que as pequenas percebiam-se logo".

Ao passo que aqui o relato e a conversa se fundem com muita arte na formação de uma esfera externa inquietante e impenetrável, os textos 1 e 3 oferecem exemplos de unidade da forma relato e conversação mais simples, porque mais tradicionais. Distam um século um do outro, razão pela qual são convincentes desta qualidade pertencente por natureza à narração ficcional. Também no trecho extraído do *Dichter und ihre Gesellen* de Eichendorff, a matéria é subdividida entre narração e diálogo. Mas esta distribuição se faz aqui de modo mais fluente. A situação aqui é de caráter emocional, os personagens, os atores e Otto, participam todos internamente, cada um a seu modo, do assunto em questão, a peça de estréia de Otto, que está

O GÊNERO FICCIONAL OU MIMÉTICO 129

submetida à apreciação dos atores. O vocabulário do relato se refere à experiência da coisa e não, como em Kafka, à coisa em si: "Otto em sua inocência poética, serenamente, resmungar, desatou" etc. Mas, antes de tudo, já se acha expresso no relato o ponto de vista frente à coisa, como o conteúdo de conversações inexplícitas: "o diálogo era fantástico demais, a dama apaixonada demais", ou como o estado de espírito do jovem poeta: "esta figura feminina lhe era a mais cara..." O que é dito, pensado, sentido — conversação e relato portanto — entrelaça-se indistintamente, formando *uma* cena emocionalmente motivada.

O trecho extraído do *Der letzte Advent* de Schaper tem certa afinidade, mas é diferentemente constituído. É uma descrição tão simples e natural de um evento, que é difícil separarmos os seus componentes distribuídos entre relato e discurso e sua compreensão por Duschka. Isso é dificultado ainda pelo fato de que uma parte do evento é narrada através de discurso indireto, *i.e., relatado* como conversa, de modo que o discurso direto não se distingue muito do relato, sendo que este por sua vez mantém o acento de um discurso, sem ser absorvido inteiramente pelo discurso vivenciado, deixando, entretanto, antes uma impressão do espírito inquieto e preocupado de Duschka do que sobre o evento em si.

A forma de *discurso indireto,* que no exemplo de Schaper é tão eficaz na fusão de relato e diálogo, ocupa aqui um lugar adequado para o exame de sua função na narração ficcional. Distingue-se do discurso vivenciado pelo fato de que pode reproduzir não somente o conteúdo do que foi pensado, mas também daquilo que foi dito, expresso. E diferencia-se deste principalmente pela sua forma, pela menção do verbo introdutório. Enquanto o discurso vivenciado é exclusivamente uma forma de apresentação da narração ficcional, o discurso indireto aparece como uma forma freqüente de enunciado informacional e é até a única forma legítima da reprodução de enunciados de terceiros. Embora estes dois modos de comunicação categoricamente diferentes se aproximem muito nesta forma, o limite que os separa não é anulado, porém permanece nítido. É necessário, naturalmente, prestar muita atenção para percebê-lo. O que nos auxilia a esse respeito não é outra coisa senão o próprio discurso direto, que tem seu único lugar natural e legítimo na narração ficcional. Quando reproduzimos no enunciado de realidade a afirmação de um terceiro em forma indireta: ele disse que todos os ingressos estariam vendidos, ou em forma dupla: ele disse que ouviu que todos os

A LÓGICA DA CRIAÇÃO LITERÁRIA

130

ingressos estariam vendidos, ou mesmo na reprodução de uma discussão entre várias pessoas: ele disse que a situação seria tal, ela opinou, porém, que a situação seria outra — não tentaremos de modo algum alternar esta reprodução com o discurso direto. Pois sempre nos introduzimos como os relatores dos enunciados referidos. Fazemo-lo pela indicação de verbos introdutórios, além disso, na língua alemã, pelo uso do conjuntivo. Ambos significam: estou apenas repetindo o que alguém disse, não me responsabilizando, portanto, pelo dito. Percebe-se sempre no discurso indireto a atitude do relator para com o referido acentuada mais ou menos, conforme a situação, podendo esta visar mais ao sujeito ou ao conteúdo da afirmação. De qualquer maneira, o discurso indireto no enunciado de realidade apresenta (no mínimo) uma estratificação tripla, consistindo do sujeito-de-enunciação primária, do sujeito-de-enunciação secundária e do seu objeto. Esta estratificação, *i.e.*, a presença do sujeito-de-enunciação primária, da eu-*origo* real, apresenta-se com maior nitidez no discurso indireto verbal (freqüentemente emocional) do que no escrito, principalmente em representações muito objetivas. Mas ela se apresenta também ali. Incluímos aqui dois exemplos que devem ilustrar a diferença do discurso indireto no enunciado de realidade e na ficção. A historiadora e romancista Ricarda Huch oferece-nos para isso material comparativo adequado, que nos serve também para um esclarecimento melhor do exemplo 3 e, em sentido mais geral, da função flutuante da narração ficcional.

No estudo puramente histórico de Ricarda Huch *Wallenstein* está dito:

Wallenstein cometeria a maior bobagem do mundo ao atacar também os católicos, disse o Conselheiro Schoenberg; se oprimisse apenas os evangélicos, teria ele um jogo fácil; e ele demonstrou com isso quão pouca compreensão tinha por Wallenstein.

Com este trecho confrontemos agora o início de sua obra, *Der grosse Krieg in Deutschland* (A grande guerra na Alemanha), um dos mais belos exemplos de história "poética", que não pode ser usado como documento histórico devido à ficcionalização dos eventos — ficcionalização esta diferente da "romanesca" em geral, mas que está, como tal, além do limite que divide a ficção do enunciado de realidade. Percebemo-lo pela forma do discurso indireto, que nesta obra constitui o recurso lingüístico essencial para a obtenção desta ficcionalização altamente artística. Isso já se revela no início da obra, típico para a maneira de narração da obra toda:

O GÊNERO FICCIONAL OU MIMÉTICO   131

No ano 1585 foi celebrado no castelo de Düsseldorf o matrimônio do jovem Conde Jan Wilhelm com Jakobe de Baden tão pomposa e majestosamente como era de se esperar da ilustre e rica família. Depois de decorridas as festividades, despediu-se o Kurfürst de Colônia, Ernst von Wittelsbach... da noiva, que era sua sobrinha e lhe disse que partiria mais tranqüilo do que chegara; pois se teria preocupado muito com a felicidade de seu casamento que lhe aconselhara com a intenção de torná-la feliz...

Jakobe sorriu com os olhos e a boca, meio benevolente meio trocista e retrucou: "O ambiente não me parece tão magnífico nem a família tão delicada como Vossa Senhoria... Meu sogro... é um velho tonto..." "Pois é", disse o Kurfürst algo embaraçado, ele desconhecia o estado do velho conde... mas... ela tinha que admitir que Jan Wilhelm lhe servia muito bem. Dizendo isso, ele lhe acariciava as faces enrubescidas... "Com o esposo estaria satisfeita", disse ela.

Em que consiste a diferença bem perceptível entre este discurso indireto e o do estudo sobre *Wallenstein?* Não apresentam estratificação alguma. Não há aqui sujeito-de-enunciação primária, relatando as afirmações de terceiros. Os personagens falam diretamente. E isso se deve ao fato de que o verbo "dizer", que constitui a tripla estratificação do discurso indireto do enunciado de realidade, perde o seu significado no contexto ficcional. Na *Grossen Krieg* não é comunicado, como no texto de *Wallenstein,* que alguém diz algo (sendo o dito submetido a julgamento), mas os personagens dizem "agora e aqui" o que têm a dizer, *i.e.,* são personagens fictícios (embora sejam "históricos"). O discurso indireto aqui não é mais discurso indireto autêntico, da mesma forma que o "narrador" não é sujeito-de-enunciação, não depende mais do que a fala direta do verbo introdutório, porque o verbo "dizer" não é aqui um verbo de introdução, mas um verbo situacional, do mesmo modo que os verbos "sorria", "acariciava". Por esta razão a forma de discurso indireto (aparente) pode se alterar aqui, como no texto de Schaper, com o discurso direto, sem nenhuma dificuldade. A preferência considerável pela forma indireta sobre a direta é, na *Grossen Krieg,* um recurso estilístico para possibilitar a percepção dos eventos históricos como históricos, no fundo dos personagens vivos da ficção, que agem e vivenciam, eventos históricos estes que são comprovados pela história, mas ao mesmo tempo são transformados numa realização aqui e agora. Mas é tão poderosa a transformação de uma realidade em ficção, por mais parcimoniosa que seja, que o conteúdo significativo das formas lingüísticas muda e obedece à lei oriunda exclusivamente do fato de que os personagens não são descritos como objeto, mas como sujeitos fictícios do agora e aqui de sua eu-originidade. O limite entre o relatório histórico e a nar-

132 A LÓGICA DA CRIAÇÃO LITERÁRIA

ração ficcional apresenta-se assim como uma separação categórica. Na ficção, anula-se qualquer sistema de relação entre a narração e o narrado. Diálogo e monólogo, discurso indireto ou vivenciado confunde-se com o relato, constituindo uma forma única de função flutuante que produz a ficção, assumindo alternadamente essas formas. Todas as formas apresentadas por esta função (a da narração ficcional), e nas quais, como já vimos, ela se distingue categoricamente do enunciado de realidade, são definidas pelo fato de que a função narrativa não descreve um objeto, podendo compreendê-lo, interpretá-lo, julgá-lo ou avaliá-lo, mas que cria um mundo tal em que produzir e interpretar é um único ato criador, e em que o romance narrado é a narração e a narração, o narrado.

Esta fórmula, em que sintetizamos os resultados de nossa análise prévia (e a crítica ao ponto de vista do "papel do narrador"), poderia ser sujeita a uma objeção, quando se aceita a prova de uma relação funcional entre a narração e o narrado: a objeção partindo da experiência da leitura. Pois embora se trate do ponto de vista da epistemologia e da teoria lingüística de uma relação funcional, não caberia, contudo, à nossa experiência de leitura a possibilidade de distinguir entre um narrador e aquilo que narra? Será que a nossa experiência de um romance não se distingue daquela de um drama, quer tenhamos lido este último ou visto no palco? E com isso influiria sobre a nossa experiência, como elemento mais ou menos consciente, a diferença da dimensão destas duas formas. — Abordemos, portanto, este problema de leitura e vejamos se é formulado e respondido corretamente. Não nos contentamos com uma impressão indeterminada, mas perguntamos pela maneira como se descreve e interpreta um romance de um lado e um drama de outro. Esta pergunta é respondida melhor partindo da situação do drama. Interpretamos a ação, os caracteres, a mensagem, dependendo das palavras que o autor coloca na boca de seus personagens. Mas não é esta também a maneira de proceder quando interpretamos uma ficção? Por acaso fazemos distinção entre aquilo que o autor diz através dos personagens e aquilo que é dito através do narrador? Por exemplo, diríamos: Agora o narrador diz que Duschka bateu à porta de Jekaterina Iwanowna pelo meio-dia, depois a própria Duschka diz: "Quando no fim da tarde?" (Pois este é o primeiro discurso direto que se apresenta no texto referido.) Não, porque referiríamos assim: Duschka bate à porta de Jekaterina, ela está com ar sério, etc. O relato e o discurso se confundem no mundo configurado pela obra ficcional, da mesma forma que as

O GÊNERO FICCIONAL OU MIMÉTICO 133

diversas formas que a função narrativa pode assumir também se confundem na forma global, como as cores de uma pintura se fundem no objeto representado por esta. Pois, também os diálogos feitos pelos personagens são narração, assim como o discurso indireto em que estes diálogos podem ser reproduzidos.

Mas será que não se pode separar — esta seria mais uma objeção — as partes reflexivas de um romance, as considerações do autor que não pertencem à ficção, isto é, distinguir assim a narração do narrado? Já mostramos no exemplo de *Wilhelm Meister* que tais reflexões que se deixam destacar por não serem parte integrante da ficção, não são diferentes dos numerosos "adágios" que provêm dos dramas clássicos. Mesmo se se tornaram tão "correntes que muitas vezes nos vemos na necessidade de procurar o texto original do qual provêm, a causa desse fato não é o autor, que os atribuiu uma vez a Tell e outra vez a Wallenstein. E o autor que diz em relação ao seu Wilhelm: "Não há perigo maior para o ser humano do que a mudança radical do seu espírito devido a circunstâncias externas", não é um narrador mais "crítico e iluminado" (K. Friedemann) do que o dramaturgo que diz através de seu Wallenstein: "A juventude é rápida com a palavra, que é de manejo tão difícil como o gume da faca".

Partindo da experiência da leitura, é possível levantar mais uma objeção. Mesmo sendo difícil distribuir as partes especificamente reflexivas entre o relato e o diálogo — não haveria, principalmente na literatura moderna, casos em que os personagens sejam caracterizados tão fortemente pela sua maneira de falar e pensar, que esta se ligue imediatamente a eles em nossas interpretações? Citando, p. ex., alguns trechos das discussões entre Settembrini e Naphta, da *Zauberberg* (Montanha mágica) de Thomas Mann, sabemos imediatamente quais as palavras ou pensamentos pertencentes a um e outro, e também que foram ditas por um destes personagens e não pelo autor da narração. Isto vale para toda narração ficcional que individualiza fortemente os seus personagens. Também este fenômeno é mais uma prova do caráter funcional da narração. Justamente em vista de tal "personificação" do conteúdo, apaga-se a impressão de que estes personagens e o que dizem são produzidos por uma função narrativa. Esta experiência perceptiva do leitor é tanto mais sintomática por ser constituída a maior parte das discussões entre Settembrini, Naphta e Hans Castorp, no capítulo "Operationes spirituales", em forma de discurso indireto, que, como já demonstramos, não é na ficção a re-

134 A LÓGICA DA CRIAÇÃO LITERÁRIA

produção da fala de terceiros, mas que forma sujeitos-de-enunciação, como o diálogo, que por esta razão pode ser alternado com este. Um trecho deste capítulo da *Zauberberg* é indicado para esclarecer este lado da experiência de leitura:

A filantropia do Sr. Widersacher, disse ele, visava libertar a vida dos seus aspectos difíceis e severos; visava à castração da vida, também com o determinismo de sua assim chamada ciência. Mas a verdade era que a noção de culpa não era apenas abolida pelo determinismo, mas que o seu peso e horror era aumentado ainda.
Isso não era mau. Esperaria ele que a infeliz vítima da sociedade se sentisse seriamente culpada...
Certamente. O criminoso é compenetrado da sua culpa como de si mesmo... O ser humano é tal como queria ser... Pode morrer, se expiou o prazer mais profundo.
O prazer mais profundo?
O mais profundo.
Apertavam-se os lábios. Hans Castorp tossicou. O Sr. Ferge suspirou. Settembrini observou:
Vê-se, há um modo de generalizar que individualiza o objeto. O senhor teria vontade de matar?

Com maior nitidez ainda do que no exemplo da *Grossen Krieg* de Ricarda Huch — e justamente pelo caráter reflexivo destes discursos — a forma indireta comprova o caráter funcional impessoal da narração, independentemente da forma que assume. Indistintamente, e já durante a leitura, correm flutuantes estas formas: relatório, discurso direto, indireto etc., confundindo-se. Confundem-se na totalidade da narração como do narrado, pois a narração é o narrado, o narrado é a narração. A diferença é meramente estilística e não estrutural, quando um dos elementos narrativos prevalece numa obra narrativa, emprestando-lhe um caráter histórico ou individual ou também nacional. No romance em terceira pessoa dos séculos XVIII e XIX a substância básica da narração geralmente é o relatório, destacando-se deste o diálogo e o monólogo com maior nitidez. Em Hemingway ou Salinger, por exemplo, a substância básica é o diálogo (porém de uma outra maneira que os romances dialogados de Diderot *Jacques le Fataliste* e *Le neveu de Rameau*, que não pertencem à categoria do romance, da ficção épica, pois, estruturalmente semelhantes aos diálogos filosóficos de Platão a Hemsterhuys, os diálogos que aqui discutem diversos assuntos ou relatam anedotas não têm uma função ficcional, isto é, criadora de personagens fictícios). Há narrações, como p. ex., a de E. Nossack *Unmoegliche Beweisaufnahme* (Uma prova impossível), que consistem predominantemente do discurso indireto, ao pas-

O GÊNERO FICCIONAL OU MIMÉTICO   135

so que o discurso vivenciado, o *monologue intérieur indirect*
domina o romance de Nathalie Sarraute. Mas em toda parte trata-se do grau de dosagem dos elementos da narração
flutuante, cujo número não ultrapassa meia dúzia. E é
óbvio que a predominância de um elemento ou outro tem o
seu significado para o sentido e a maneira da respectiva
narração [51].

Sintetizando agora nossos estudos sobre a narração ficcional, podemos afirmar que a narração (do autor ou narrador, ou seja, narradora) não constitui um *personagem* adicional, que existisse mais nà criação narrativa que na dramática, mas uma *forma* adicional da função mimética, que
o narrador épico tem à sua disposição [52], mais que o dramático. Esta função pode ser reduzida a zero, originando
apesar disso uma ficção, ou seja, a dramática ou cinematográfica. Isso significa que a função narrativa épica é substituída por outras funções, como veremos em seguida.

Com estas considerações se esclarece novamente a fronteira que existe entre o exame lógico e o estético da criação
literária e que deve ser particularmente observada, quando
se trata da definição da relação da ficção dramática com a
épica.

A FICÇÃO DRAMÁTICA

A relação da ficção dramática com a ficção épica

Na fronteira que separa a lógica literária da estética
literária podem surgir *intermezzos* bélicos especialmente
quando a primeira tiver a pretensão de incluir a literatura

51. Representa por assim dizer uma confirmação involuntária do caráter
flutuante da função narrativa e sua unidade teórica, o trabalho penetrante e
rico em observações sutis de F. Stanzel, já mencionado: "Die typischen
Erzählsituationen im Roman". Por ser feita aqui uma distinção nítida entre os
romances "do autor" (onde o narrador se faz notar, relatando e comentando)
e "do personagem" (onde a perspectiva se desloca para as figuras, como no
diálogo, discurso vivenciado etc.), não pode o autor deixar de considerar que
ambas as situações aparecem em todo romance, embora em dosagens diversas,
dependentes do estilo da época ou do autor. "Assim como no romance em
primeira pessoa, admite o autor oportunamente, "manifesta-se também no romance do personagem a tendência a inserir elementos do autor na situação
narrativa do personagem (p. 93) e "inversamente pode-se observar à leitura de
romance do autor uma verdadeira presença do narrado no sentido de uma
situação narrativa pessoal. Isto ocorre por exemplo em longas cenas dialoga-
das..." (p. 94). Ver também p. 48. Estes são fatos que não devem ser
aceitos simplesmente como fatos, mas como sintomas da natureza complicada do
"narrador-autor", mais complicada do que geralmente se admite.
52. Quando W. KAYSER conserva o termo narrador no sentido de "figura
fictícia" integrada na totalidade da obra literária (*Entstehung und Krise des
modernen Romans*, Stuttgart, 1954, p. 17), sente-se que a situação é outra
na narração ficcional e no enunciado de realidade. Mas a terminologia ainda é
inadequada, pois não está esclarecida a relação da narração para com seu
manipulador, o autor narrativo. É ele que narra, porém não narra *sobre* seus
personagens, mas narra *os* personagens.

136 A LÓGICA DA CRIAÇÃO LITERÁRIA

dramática no mesmo gênero que a literatura narrativa. As diferenças de estrutura, maneira artística e de conteúdo existentes entre as duas formas ficcionais parecem tão grandes à estética da Literatura que lhe é impossível aceitar os argumentos sóbrios e meramente técnicos que a lógica da Literatura tem a oferecer. Esta se refere, por exemplo, ao fato de que freqüentemente o material épico, ou seja, já ficcionalizado, tem motivado a criação dramática, citando exemplos como as histórias de Fausto, dos Nibelungen, o *Tristan* de Wagner, o *Boris Godunow* de Mussorgsky (baseado na epopéia de Puschkin), os *Contos de Hoffmann* de Offenbach e outros. (Ocorre também o caso menos freqüente, porém sintomático, em que o autor de uma obra épica a transforma numa dramática, como procedeu Paer Lagerkvist com o seu romance *O carrasco*.) Tais referências e sintomas não serão considerados pela Estética, porque ela se opõe a qualquer subestimação neles implícita da estrutura narrativa da criação literária, a qualquer subordinação da particularidade estrutural e estilística da narração à sua função ficcionalizadora. Ela receará, em relação ao drama, que a sua arquitetura sensível deixe de ser suficientemente levada em conta, se forem apagadas as diferenças entre a literatura épica e a dramática por ora estabelecida do ponto de vista gênero, por uma classificação por mais lógica que seja.

Não obstante, um exame das várias comparações, do ponto de vista conteúdo e forma, feitas pela poética entre a épica e o drama, revela que ela age, inconscientemente, nos moldes de *um* gênero. Nisso pode-se considerar como critério traiçoeiro o fato de que as comparações entre drama e epopéia antiga levaram a resultados contraditórios aos critérios de comparação entre drama e romance e, por sua vez, uma comparação entre *epos* e romance não se diferenciava essencialmente daquela entre drama e *epos*. Se por exemplo Goethe e Hegel atribuíram ao *epos* o predomínio do evento, do acontecimento sobre a "interiorização do ser humano", o "caráter interno" [53], e ao drama o oposto, já um teórico da literatura moderna, W. Kayser, chegou, na comparação com o romance, a resultados invertidos, atribuin-

---

53. GOETHE: "O poema épico apresenta... o homem em ação externa: batalhas, viagens, todo tipo de empreendimento que exige certa amplitude sensorial, enquanto que a tragédia apresenta o homem voltado para si mesmo" (23-12-1797). HEGEL: "Na ação tudo é reduzido ao caráter interno...; nos acontecimentos, entretanto, o lado externo também recebe o seu direito sem reservas... Neste sentido já se disse antes que é tarefa da poesia épica representar o desenrolar de uma ação e por isso mesmo conferir também... às circunstâncias externas... o mesmo direito que na ação como tal o interno reivindica exclusivamente para si" (*Vorlesungen über die Aesthetik*. III, p. 357).

O GÊNERO FICCIONAL OU MIMÉTICO

do o predomínio do evento ao drama e o da "figura", ou seja, da existência pessoal, ao "mundo pessoal do romance"[54]. Mas também na comparação do romance com o *epos* antigo chegou-se a resultados semelhantes[55] enquanto o romance e o *epos* foram comparados apenas em relação à sua maneira de representar o mundo, novamente sobre outros pontos de vista e com conclusões opostas[56]. A possibilidade bem como a contradição destas comparações esclarece-se pela afinidade da literatura dramática e épica como mimese de seres atuantes, cuja relação com seu "mundo" não é condicionada pela estrutura das formas miméticas, mas pelo desenvolvimento histórico da situação mundial e com a referente opinião sobre o homem e o mundo. E Goethe, que atribuíra somente ao drama a "interiorização do ser humano", teve de admitir com referência à sua própria "epopéia" *Hermann e Dorotéia* que "esta se distancia por esta razão da epopéia, aproximando-se do drama" (23.12.1797). Tal julgamento, que omite inteiramente a estrutura estética, a forma de apresentação, é bastante sintomático e indica involuntariamente a ordem em que se baseia o sistema literário.

A diferenciação entre criação literária dramática e narrativa segundo as formas de apresentação poderia levar a resultados mais exatos. Mas estes podem ser obtidos apenas se a diferença das formas de apresentação, narração e dialogação, não for a característica da diferença entre estes gêneros. E é justamente o que ocorre que se mostra claramente nas tentativas da Teoria da Literatura de combinar numa relação estrutural os três gêneros paralelos e distintos, o épico, o dramático e o lírico. Foram confrontados, sob os pontos de vista mais diversos, uma vez o épico e o lírico com o dramático, outra vez o dramático e o lírico com o épico, e naturalmente também o épico e o dramático com o lírico. A primeira classificação é tentada por J. Petersen, que define o *epos* como o relato monológico de um enredo, a lírica como a representação monológica de um estado, e o drama como a representação dialógica de um enredo[57]. A noção do monólogo aqui é mais decisiva que a do relato e da

54. KAISER, W. *Das sprachliche Kunstwerk*. Berna, 1948, p. 369.
55. A excelente teoria do romance de CHR. FR. VON BLANCKENBURG (*Versuch über den Roman*, 1774; nova edição, 1965) já reconhece, orientado pelo Agathon de Wieland, "o ser do homem", seu "estado interno" (p. 18) como tema do romance, em oposição às "ações e eventos, o agir do cidadão" (p. 17), descritos pela poesia épica.
56. Ainda em 1938 TH. SPOERRI, p. ex., defende em seu livro: *Formwerdung des Menschen* (Berlim, 1938), um ponto de vista semelhante ao de Hegel e Vischer, opondo o "mundo cotidiano", tema do romance (p. 60), da "epopéia da realidade organizada em forma de prosa", como o chamou Hegel (*Vorlesungen über die Aesthetik*. III, p. 395), ao mundo da epopéia cunhado pelo mito.
57. PETERSEN, p. 105.

138 A LÓGICA DA CRIAÇÃO LITERÁRIA

representação, porque está baseada na opinião de que o "eu épico" é da mesma natureza que o lírico (opinião errônea, que omite o fato de que o relato épico representa, ao passo que o lírico não representa, como o demonstraremos mais tarde). As aproximações do gênero dramático e lírico em confronto com o épico foram realizadas sob o ponto de vista da "atualidade": "O conteúdo de um poema lírico ou de um drama é inteiramente presente, não somente contemplado, mas experimentado pelo poeta ou por mim". E. Winkler, que cita esta expressão de Lipps, acrescenta a isso naturalmente que existe uma diferença considerável entre o lírico e o dramático. Estabelecendo, porém, esta diferença como uma "do gênero da experiência emotiva" — a emoção lírica é estática, situacional, a dramática é dinâmica [58] — não obstante, ele reúne o gênero lírico e o dramático, o que não parece ter fundamento fenomenológico.

O parentesco do gênero épico com o dramático, pelo seu caráter mimético-funcional, como já o mencionamos, tem sido apontado pela Teoria da Literatura apenas a contragosto, pois as qualidades estético-técnicas destas duas formas poderiam assim ser um pouco encobertas. Porém, o fato de que para a criação épica a propensão à mimese é a primária e não a narração, como atitude e situação conscientes, é a opinião estrutural de Aristóteles, que tem recebido pouca atenção por parte da Crítica Literária. O épico não se propõe narrar em função da narração, mas narrar *algo* em função do narrado. É lícito citar aqui a opinião comprovadora de M. Kommerell: "Um romance possui a sua existência interna antes da linguagem. Antes de ser expresso por palavras, já existem os seres humanos, as suas relações, o acaso que os reúne, os espaços com as referentes atuações e imagens, o enredo e suas pausas..." [59] O processo da concepção de uma obra narrativa descrito desta forma vale sem dúvida também para a de uma obra dramática e, sem reduzir o valor estilístico particular da função narrativa, não se deve omitir que o autor narrativo é primariamente um *mimetes* determinando o "que" da narração antes do "como". Há autores que externaram esta opinião aristotélica. Assim Alfred Doeblin "não viu diferença alguma entre drama e romance... A finalidade de ambos é a atualização imediata" [60]. Mesmo quando um épico como Thomas Mann estabelece as diferenças da criação de personagens entre o dramático e o épico, a favor do último *Versuch über das*

58. WINKLER, E. *Das dichterische Kunstwerk*, Heidelberg, 1924.
59. M. Kommerell, Jean Paul, Frankfurt, 1933, p. 30.
60. Citado segundo F. MARTINI, *Das Wagnis der Sprache*, Stuttgart, 1954, p. 354.

O GÊNERO FICCIONAL OU MIMÉTICO

Theater (Experiência sobre o teatro), torna-se consciente o procedimento mimético do narrador, embora com outros recursos e condições que os do dramaturgo.

Do ponto de vista da classificação dos gêneros literários, não importa o respectivo estilo ou a potência da função narrativa em princípio, que representa a existência externa e interna dos personagens de maneira diferente, mais ampla do que o drama, mas trata-se primariamente apenas da função ficcional específica de função narrativa como tal. Pois a posição lógico-lingüística do drama no sistema da criação literária resulta unicamente da ausência da função narrativa, do fato estrutural de que os personagens são formados dialogicamente [61]. As qualidades estéticas, especificamente dramáticas do drama, resultam deste fato do mesmo modo que as da literatura épica resultam da função narrativa. Resulta deste fato a qualidade constitutiva de o drama ser encenável. Pois, independentemente da origem do drama, a limitação à produção dialógica de personagens traz consigo a sua possibilidade mímica: os personagens representados apenas pela sua fala, criam-se a si mesmos por ela. Parece-me que é este o ponto de vista, não somente lógico, mas também fenomenal predominante, sob o qual é experimentada a literatura dramática, lida ou encenada, e não o ponto de vista da "ação", freqüentemente salientado e pretendido mais para o drama do que para o romance. Pois "ação" é uma noção muito relativa, que precisamente pela sua relatividade condiz com ambas as formas miméticas, sem que a forma do drama responda por uma ação "dramática" e a do *epos* por uma ação "épica". Tem-se ressaltado com freqüência o caráter dramático das *Novelas* de Kleist, as possibilidades épicas existentes no *Tasso* de Goethe, onde, em relação à figura da princesa, Hugo von Hofmannsthal lamentou que ela fosse personagem dramática e não épica [62]. Esta situação é, sem dúvida, uma das razões

61. Se queremos ser exatos, devemos admitir que da função narrativa flutuante resta apenas o diálogo como recurso configurativo da ficção dramática. Pois na ficção épica, como foi mostrado acima, o diálogo é uma forma da função narrativa. Mas tal determinação apagaria terminologicamente a diferença entre a forma épica e dramática da literatura ficcional e além disso não seria indicada por ser o diálogo dramático de outra espécie estrutural e estilística que o épico, tendo justamente como o único recurso configurador funções diferentes. Esta diferença é salientada por W. Kayser quando observa que o diálogo épico "é narrado e não representado" e que o recitador de um diálogo épico não deve tentar "evocar" a ilusão de figuras completamente diferentes" (*Das sprachliche Kunstwerk*, p. 182).
Ver também B. v. Wiese: "O diálogo exerce no drama determinadas funções, que dependem estreitamente do problema do desenrolar da ação. ("Gedanken zum Drama als Gespraech und Handlung", em *Der Deutschunterricht*, 1952, v. 2, p. 29) — "O drama é uma mimese do diálogo", diz N. Frye (*Analyse der Literaturkritik*, Stuttgart, 1964, p. 269).
62. Hofmannsthal. "Unterhaltung über den 'Tasso' von Goethe". Edição completa. *Prosa* II, Frankfurt, 1951, p. 212.

140 A LÓGICA DA CRIAÇÃO LITERÁRIA

por que a Teoria da Literatura mais recente não quis mais classificar em "gênero" as categorias do dramático, épico (bem como os relacionados trágico, cômico e humorístico) (E. Staiger). Por outro lado, uma ação não muito dramática de um drama, no sentido estético ou simplesmente emotivo, é limitada pela forma lógica do drama — o sistema dialógico — de tal modo que os personagens que conseqüentemente se representam por si mesmos têm a possibilidade de uma representação mímico-cênica [63]. Isso significa: a possibilidade de passar do modo da imaginação ao modo da percepção. O que significa por sua vez que eles podem passar do domínio infinito da imaginação ao espaço limitado da realidade, cujas condições físicas compartem com o público do teatro. É, em última análise, este espaço real que requer a concentração de uma ação, que é o núcleo estrutural de uma ação dramática. A maneira pela qual esta se submete às leis do palco, ou seja, da percepção, no estilo variável das épocas, ou as anula, estas pesquisas pertencem à estética da Literatura, que por seu lado não necessita respeitar a situação básica da teoria lingüística, da qual nasce a ação dramática: o diálogo, os personagens que se representam por si.

O lugar do drama

Chegamos ao ponto em que podemos descrever mais exatamente o lugar do drama no sistema da criação literária. Lançando um olhar retrospectivo ao início das nossas considerações, verifica-se primeiro que o drama é muito mais improdutivo do ponto de vista da lógica lingüística do que a literatura épica bem como a lírica. Como obra de arte verbal não oferece nenhum ponto de referência para nela distinguir as leis da linguagem que produz literatura das leis da linguagem que não produz literatura. Pois, no sentido lógico, sendo talhado da substância épica, é a ela que pertence. E justamente o seu recurso de criação, a forma verbal, conservada pelo drama entre as diversas formas miméticas, ou seja, o discurso direto, não apresenta, como tal, critérios para a Teoria da Literatura. Ou o faz apenas na forma da função narrativa flutuante, que se caracteriza como narração ficcional também pelo diálogo. O drama tem o seu lugar no sistema da criação literária dentro do grupo do sistema lingüístico geral que forma a literatura mimética,

---

63. Assim, pensava Otto Ludwig, "resultariam pontos de vista proveitosos se se derivasse toda a arte dramática do problema de dar um substrato à arte teatral" (*Ges. Schriften*. V, p. 115).

O GÊNERO FICCIONAL OU MIMÉTICO

fora do limite traçado pela função narrativa ficcional. Face ao drama, Hegel ao menos poderia ter chegado à opinião de que ali a Arte se dissolveria, passando para a prosa do pensamento científico. Pois, o drama é aquela obra de arte lingüística em que a palavra já não é livre, mas está condicionada. Tornou-se forma, como a pedra de que é feita a estátua. Em outras palavras, não é a forma que está no meio da palavra, como na ficção épica, mas, inversamente, é a palavra que está no meio da forma — o que por sua vez é apenas mais uma fórmula para o fenômeno de que a função narrativa foi reduzida a zero. "Quanto à forma", diz Hegel com referência à tragédia (valendo aqui pelo drama), "a linguagem cessa, pelo seu ingresso no conteúdo, de ser narrativa, assim como o conteúdo deixa de ser um representado" [64]. O fenômeno de que a posição lógica da ficção dramática não se deixa orientar, como a da épica, pelas próprias funções da linguagem, é motivado pela fórmula dramática de que a palavra está no meio da forma. O enunciado de realidade como instrumento de comparação torna-se ineficaz e irrelevante, porque a função narrativa ficcional desapareceu. No lugar do enunciado de realidade entra *a própria realidade* como fator de orientação na lógica e fenomenologia da ficção dramática. Isso sucede de um modo altamente confuso e complicado, que há tempo está trazendo confusão para a teoria do drama, mas que por outro lado revela claramente, em confronto com a ficção épica, o caráter ficcional mais compacto e intensivo da ficção dramática.

A fórmula dramática de que a palavra é o "meio" do personagem indica que não é pela palavra em si, mas primariamente pelo problema do personagem que se deve determinar o lugar do drama. Com isso é, porém, entendido que a lógica do drama não pode passar sem o ponto de vista epistemológico — em que é decidido que o problema da realidade em si, como já foi aludido, é de certa relevância para o esclarecimento da estrutura dramática.

A forma dramática, conforme expresso antes, é constituída de tal maneira que não apenas existe no modo da apresentação, como a épica, mas que é designada e destinada a passar ao modo da percepção (do palco), *i.e.*, a mesma realidade fisicamente determinada que a do espectador. Isso significa, contudo, que é planejada sob o ponto de vista duplo da criação literária e da realidade (física) e é marcada pelos fenômenos que esta circunstância, ou seja, a

---

64. Hegel, *Phaenomenologie des Geistes.* Leipzig, Ed. Lasson, 1921, p. 471.

142 A LÓGICA DA CRIAÇÃO LITERÁRIA

realização física da ficção, acarreta [65]. O aspecto que disso resulta de modo algum se apresenta apenas quando assistimos ao drama no palco. Mas é decisivo para a lógica do drama que este se situe nos dois modos assim que esteja escrito.

A noção de que a palavra é o "meio" do personagem contém dois aspectos mutuamente dependentes, embora inversamente opostos. Significa que *a palavra se torna personagem e o personagem se torna palavra*. Estas duas fórmulas revelam o choque peculiar do plano ficcional e do real, que é a condição da existência poética e da criação do mundo formal dramático.

A fórmula pela qual a palavra se torna personagem é a expressão da objetividade, da reificabilidade dos personagens dramáticos, que se constitui pelo desaparecimento da função narrativa, e a distribuição da matéria representada entre personagens que se representam e expressam livremente. Com isso eles ganham o aspecto, que é também o das pessoas reais no espaço da realidade física, dos "outros", das pessoas que existem além de mim, que eu vejo, ouço e com quem falo. Para mim são objetos, coisas, embora se refiram a si mesmos com "eu", e nunca posso ganhar deles uma imagem completa. Posso saber sobre eles somente o que eles me revelam seja por palavras, seja por ações (sendo que as últimas podem eventualmente alterar a imagem transmitida por palavras). Mas a imagem do mundo experimentado objetivamente sempre se me apresenta fragmentária — o que é uma das qualidades essenciais da experiência do real. A forma dramática, a obra dramática também participa do caráter fragmentário da realidade como forma de experiência, embora de maneira especial, modificada. Representa de certo modo a idéia platônica pura da realidade vivenciada em fragmentos — e a situação do espectador frente aos atores no palco é propriamente o sintoma deste fato. Pois, frente à realidade viva, a experiência do fragmentário é compreendida em sua complementação permanente que pode ser integrada em alto grau, porém nunca absolutamente. Posso "chegar a conhecer" o outro, meu próximo, do mesmo modo que posso aumentar meu conhecimento do meio fragmentário que se me apresenta, quando nele me movimento. Meu conhecimento não é ligado apenas àquilo que é revelado em qualquer forma pelo outro que enfrento objetivamente; a minha intuição e interpretação

---

65. Ver meu ensaio anterior Zum Strukturproblem der epischen und dramatischen Dichtung (*DVjs*, XXV, v. 1, 1951), importando aqui apenas o que concerne à determinação do lugar lógico-literário do drama.

O GÊNERO FICCIONAL OU MIMÉTICO 143

psicológica também contribuem sem limitação em princípio, por ser o objeto em si uma totalidade infinita, inesgotável e em desenvolvimento. — Ora, o personagem literário certamente também oferece sempre novas possibilidades de interpretação, sendo que a história da Literatura e a crítica da Literatura refletem uma imagem variável pelo tempo. Resulta daí o fato de que os intérpretes práticos de uma obra dramática, encenador e atores, podem e costumam encarnar diferentemente a mesma figura dramática, podendo ser o Hamlet do ator "A" diferente do ator "B". Apesar disso, percebe-se claramente que a interpretação da vida, do ser humano vivo, difere daquela da criação literária, do personagem criado. O que muda aqui não é o objeto da interpretação em si, mas o intérprete. A forma criada pela literatura não é alterada; a possibilidade de sua interpretação chega ao limite caracterizado pelo fato de não serem os personagens que formam as palavras, mas as palavras que formam os personagens, de serem "constituídos por frases" [66] e não as frases por eles. Isso vale não somente para o personagem dramático, mas também para o personagem épico — e, considerado dentro do âmbito da literatura ficcional, é justamente ele mesmo que não desmente este seu "modo de ser". Isso é efeito do personagem dramático, que absorveu as "frases" que o constituem e por isso mesmo é "encarnado" com os meios da realidade física, podendo representar a ilusão da vida, a "semelhança da vida" [67].

Partindo desta situação é que se esclarece também o problema teórico-lingüístico das figuras dramáticas. Sendo criadas pelo diálogo puro, são exclusivamente constituídas como sujeitos-de-enunciação. Não obstante, elas são, e a ficção dramática também, distintas do sistema assertivo da linguagem, o que poderia parecer paradoxal. Mas este paradoxo é resolvido quando se evoca a prova de que todo enunciado é enunciado de realidade por força de um sujeito-de-enunciação "autêntico", ou seja, real. O enunciado de um sujeito-de-enunciação fictício é um enunciado de realidade fictício. Isso seria uma verificação tautológica se não fosse pela falta do critério que constitui o enunciado de realidade: a polaridade sujeito-objeto. Não podemos dizer de uma pessoa fictícia, que é "constituída por frases", que ela esteja externando um enunciado subjetivo ou objetivo, e não podemos verificar o seu enunciado. Aqui entra em relevo novamente a diferença categórica entre uma conexão

---

66. MÜLLER, G. Über die Seinsweise von Dichtung. *DVjs*, XVII, v. 1, p 144, 1943.

67. M. DESSOIR, *Beitraege zur Kunstwissenschaft*, Stuttgart, 1929, p. 137; v também F. JUNGHANS, *Zeit im Drama*, Berlim, 1931, p. 37.

144 A LÓGICA DA CRIAÇÃO LITERÁRIA

funcional e uma relacional. A fala dos personagens fictícios não é outra coisa senão elementos de sua configuração, de sua natureza tal e não outra; é válido para a ficção dramática como para a épica que, no seu âmbito, a polaridade sujeito-objeto deixa de imperar assim como o tempo e o espaço, *i.e.*, os componentes da realidade mesma, embora a figura dramática, como já foi dito, possa representar, com maior intensidade do que a épica, a ilusão da realidade, da vida.

A estrutura do personagem dramático revela-se melhor ainda quando analisamos o segundo aspecto da fórmula dramática, *que o personagem se torna palavra*. É apenas vendo deste ângulo que aparece a duplicidade de sua forma existencial, mostrando-se inteiramente em seu caráter fragmentário, que o distingue por um lado da realidade, por ser ficção, e por outro do personagem épico, por ser ficção dramática. Neste ponto de sua fenomenologia revela-se de um modo quase paradoxal que é justamente o drama, que pode assumir a impressão de realidade, que deixa perceber o caráter de ficção da literatura ficcional de uma forma mais intensiva, de certo modo mais elementar, do que a literatura épica — e isso justamente devido à sua "semelhança com a vida".

A fórmula de que o personagem se torna palavra primeiramente aproxima-se da figura dramática da realidade, no mesmo sentido em que também na realidade uma pessoa se dá a conhecer a outra. Este é o fenômeno que experimentamos como leitor e espectador, de um lado, pelo efeito dos personagens dramáticos sobre nós e a nossa interpretação deles, bem como, de outro, pela contemplação dos personagens do drama que interagem, isto é, do seu enredo imanente. Neste ponto da estrutura do drama, de certo modo demasiadamente "semelhante à realidade", intervêm as técnicas antigas ou novas que expandem, como o coro, o monólogo até os pensamentos externados, com os quais, p. ex., Eugene O'Neill, em *Strange Intermezzo* rompe ousadamente a barreira imposta ao dramaturgo [68]. Tanto as técnicas de expansão como as estruturas internas dos diversos dramas são elucidativas neste contexto, porque aludem ao caráter dualístico do drama, ou expresso com pretensão maior, à discrepância em que se encontra por ter de

---

68. Mais detalhadamente no meu ensaio "Zum Strukturproblem..." Ver também UNA ELLIS-FERMOR, *The Frontiers of Drama*, Londres, 1945. As técnicas de ampliação são discutidas naturalmente em qualquer teoria do drama, mas não são relevantes para o ponto de vista do lugar lógico-literário. Citemos também da experiência de um dramaturgo moderno: "O homem do drama é um homem que fala, esta é a sua limitação", diz F. Dürrenmatt, defendendo de certo modo o monólogo hoje em dia mais ou menos desprezado (*Theaterprobleme*, Zurique, 1955, pp. 33, 35).

O GÊNERO FICCIONAL OU MIMÉTICO 145

representar, como criação literária, uma realidade mais ampla, sendo ao mesmo tempo referido à realidade perceptível. As citações de dois grandes poetas modernos introduzem-nos à problemática da realidade que aqui se entreabre.

Hugo von Hofmannsthal fundamenta a sua crítica à atitude da princesa no *Tasso* de Goethe com a opinião de que ela não podia apresentar-se como figura dramática, através do silêncio. "Acredito que ela devia ser uma mulher voltada para dentro... uma figura como a dama do convento nas confissões de um esteta, ou como Ottilie no *Wahlverwandtschaften*. Mas, para tal transparência, provavelmente não há lugar no drama, pois aqui as figuras sempre se mostram pela fala e não pela existência calada e pela reflexão silenciosa do mundo em seu interior transparente, razão por que ele (Goethe) se viu obrigado a estragar a figura mais linda, fazendo-a falar sobre si mesma e declamar, quando o seu caráter teria exigido o silêncio" [69]. Em um ensaio anterior "Sobre os personagens no romance e no drama" (1902) escrito na forma de uma conversação entre Balzac e o orientalista Hammer-Purgstall, ele atribuiu a Balzac a definição de personagem dramático como uma "redução do personagem real". "O que me encanta no real é a sua amplidão [70]." Estas duas expressões esclarecem, sob diversos ângulos, a natureza fragmentária da configuração dramática dos personagens. Hofmannsthal atribui a Balzac, que pensava reproduzir de certa forma pela amplidão e quantidade de seus romances, a amplidão da realidade de sua nação, a negação da "realidade" da forma dramática e de seu mundo. Também a crítica à figura da princesa Leonora baseia-se no fato de que a realidade verdadeira de tal mulher não se poderia revelar na forma dramática, pois não pode ser representada na profundeza calma de sua natureza, "em seu interior diáfano", sozinha consigo mesma, calada, mas, pelo contrário, falando, o que não lhe cabe na realidade, apenas como "uma alotropia do caráter verdadeiro correspondente", como está dito num outro trecho do ensaio sobre Balzac [71]. Isso também foi expresso com palavras semelhantes por Thomas Mann em seus "Estudos sobre o teatro" (1908). A situação do espectador frente ao mundo teatral "abreviado" torna-se-lhe sintomática para a "arte silhuetada" do drama. "Onde existe cena dramática", pergunta ele, "que ultrapasse uma cena de um romance moderno pela precisão da visão, pela atualidade intensiva, pela

69. V. adiante, p. 194.
70. *Idem*, p. 30.
71. *Idem*, p. 28 e s.

146 A LÓGICA DA CRIAÇÃO LITERÁRIA

realidade... O romance é mais exato, mais completo, mais informado, mais consciencioso, mais profundo que o drama em tudo que diz respeito ao homem físico e psíquico, e, contrariando a opinião de que o drama é a obra literária propriamente plástica, confesso que a considero antes uma arte silhuetada e somente o homem narrado é completo, inteiro, real e plástico. Somos espectadores de uma peça teatral, somos muito mais um mundo narrado" [72].

A problemática da realidade que está contida nestas expressões de Hofmannsthal e Thomas Mann é muito mais complicada do que aparecia mesmo a estes teóricos da Literatura que, pela sua criatividade, eram altamente iniciados e informados. Comparam a "realidade", que no drama se pode representar, com aquela que a literatura narrativa pode produzir, dando vantagem à última e equiparando-a à realidade própria, perfeita. Examinando melhor, nota-se que a situação do espectador frente ao palco — onde, como diz Schiller, "ele está ligado estreitamente ao presente sensível" (26.12.1797 a Goethe) — corresponde muito mais ao caráter fragmentário da realidade vivenciável, no sentido desenvolvido acima, e o personagem e, como tal, o mundo dramático lhe é mais aproximável que o épico. O modo em que se nos apresentam o personagem épico e o mundo épico ultrapassa consideravelmente aquilo que se pode apresentar na realidade física e histórica. Podemos experimentar o homem em seu "interior diáfano" num único lugar "epistemológico", ou seja, na criação literária narrativa, — como "produto" da função narrativa criadora, cuja natureza criadora e não informadora encontra a sua prova mais vigorosa neste fenômeno. Onde essa função desaparece, na literatura dramática, é ela substituída justamente pela função limitada à criação de figuras, caracterizada pelas fórmulas inversas de que a palavra se torna personagem e o personagem, palavra. Estas fórmulas descrevem, como queremos salientar novamente, apenas a ficção dramática criada como tal. Elas a descrevem precisamente no aspecto fragmentário que a assemelha mais à experiência da realidade — física e histórica — do que a épica, mas que por esta razão também a torna, como "mimese" desta realidade, mais visível que aquela. E é a mimese dramática que, pela sua estrutura epistemológica e logicamente dualista, revela mais palpavelmente do que a épica o problema teórico da mimese, que tinha encoberto inteiramente a sua interpretação, como imitação: que a mimese da realidade não é a

---

72. MANN, Th. *Reden und Aufsaetze* I, Frankfurt sobre-o-Meno, 1965, p. 79.

O GÊNERO FICCIONAL OU MIMÉTICO 147

própria realidade, mas que esta é apenas o material da obra literária, que pode assumir todos os graus de elaboração e transformação — em geral simbólicos — até o desaparecimento de toda realidade vivenciável. Os problemas que aqui penetram na teoria da literatura ficcional não mais pertencem como tais à sua lógica. Mas têm a sua origem justamente naquele lugar do sistema da criação literária onde a relação da mimese da realidade com a realidade em si aparece melhor do que em qualquer outro, requerendo esclarecimento no lugar da ficção dramática que pode realizar inteiramente o seu modo de ser não somente como representado, igual ao épico, mas também como perceptível fisicamente. Isso significa, contudo, que o drama se volta, não somente como composição literária, mas também como peça teatral ou espetáculo, ao ponto de vista da mimese assim compreendida, a fim de que a problemática tão discutida do teatro possa ser reduzida aos seus elementos fundamentais.

A realidade do palco e o problema do presente

De fato não pode ser esclarecido inteiramente o problema da ficção dramática sem levar em consideração a fenomenologia do palco. O ponto de vista da mimese, ao qual este também pertence, pode ser considerado a solução da problemática da "realidade" há muito discutida, representada pelo palco, com isso também da problemática do tempo, como a forma em que a problemática da realidade do palco tem encontrado a sua expressão essencial desde o apogeu da teoria das três unidades no Renascimento.

Este é um ponto, porém, onde se deve lançar novamente um olhar comparativo sobre a literatura narrativa, considerando a discussão do tempo pela teoria da literatura moderna. Em relação à narração, a problemática do tempo é ainda mais atual do que em relação à literatura dramática, onde ela de certo modo pode ser vista com razão como exageradamente abordada. Mas, mesmo se este for o caso, é mister, entretanto, para a definição exata do lugar lógico do drama, acentuar-se que é apenas a problemática temporal dramática, em seu sentido próprio, que é legítima, e não a épica. À primeira vista paradoxalmente, embora na literatura narrativa apenas o tempo, como problema da criação e do conteúdo, possa ser temático. Este paradoxo aparente depende do fato de que o tempo como forma da realidade física, ou como ela mesma, não entra na estrutura

148 A LÓGICA DA CRIAÇÃO LITERARIA

da composição épica. A ficção que o cria, permanece no modo da imaginação e não requer para' sua realização o modo da percepção. Como ficção ela também está isenta, como já o demonstramos, daquela forma de tempo que vive no modo da imaginação, mas que é válida apenas para o pensamento histórico: a do passado. Ultimamente, com base na teoria de G. Müller [73], tem sido usado o tempo como fator de realidade física, ou seja, como "tempo de narração", isto é, como medida de duração e de tempo, válida para a produção e existência física de uma obra narrativa como livro e também como parâmetro para o mundo fictício e para a ação descritos, tendo-se tirado conclusões sobre estrutura e conteúdo de determinadas obras narrativas, partindo da relação "tempo de narração e tempo narrado", — isso se baseia numa interpretação errônea da forma existencial bem como do problema temporal da literatura épica. Não se emprega o tempo de narração apenas para relatar o desenvolvimento temporal do enredo épico, mas também para reproduzir o objetivo e o refletido (de modo mais ou menos "prolixo") como, num exemplo muito simples, a descrição "cabelo louro" requer menos tempo de narração que a expressão "brilhante cabelo louro". O tempo na composição narrativa é apenas elemento fictício de um mundo épico fictício, um elemento material como, por exemplo, o espaço nela descrito. O elemento do tempo geralmente é dado juntamente com o curso do enredo, com acento maior ou menor, tornando-se problema da estrutura ou do conteúdo somente quando se torna temático como tal, como é o caso na épica moderna, em *Ulysses* de Joyce, em *Montanha mágica* (Zauberberg) de Thomas Mann, em *Mrs. Dalloway* de Virginia Woolf. O mesmo valeria para o drama se este existisse somente como livro na realidade física. Também *Wallenstein,* que ocupa na edição *Salkular* de Schiller um volume inteiro, tem um "tempo de narração" mais longo do que *Die Raeuber* (Os bandidos), cujo enredo visivelmente se estende a um tempo fictício mais longo do que a trilogia de Wallenstein.

Mas o "tempo de narração" do drama deve ser transformado em "tempo de encenação", a obra dramática deve passar do modo da imaginação ao modo da percepção sensorial e sujeitar-se assim às condições da realidade tempo--espacial. Este é a nascente das discussões sobre o tempo no drama, a origem da tomada de consciência já remota do tempo como fator de arte dramática, como um problema,

---

73. G. MÜLLER, Über das Zeitgerüst des Erzaehlens (*DVjs.* XXIV, 1951) e "Erzaehlzeit und erzaehlte Zeit" (Tübingen, 1948, P. Kluckhohn e F. Schneider).

O GÊNERO FICCIONAL OU MIMÉTICO 149

cuja solução cabe mais à técnica de encenação do que à composição literária, é mais um problema dramatúrgico do que dramático[74]. Não é por acaso que se tornou atual apenas na época em que como D. Frey mostrava (o drama era recebido pelo espectador como uma obra teatral objetiva e principalmente experimentada plasticamente)[75] como uma outra realidade estética (ou fictícia), separada da sua: na Renascença e — em pleno desenvolvimeno, somente — no Barroco. A problemática das unidades clássicas — embora fosse sempre referida ao trecho problemático de Aristóteles sobre a revolução solar — é baseada sobre o fato do palco, ou seja, o problema da relação entre a realidade espaço-temporal da "platéia" com a realidade, se bem que fictícia, mas também "autêntica" do palco, que fora experimentado e tratado no curso do desenvolvimento da história do teatro, separadamente, mas também como pertencente à sala de espetáculos[76].

É lícito evocar aqui brevemente a discussão clássica, pois é justamente nos erros de raciocínio que ela encerrava que se revela a forma mimética, não apenas da composição dramática, mas também da realidade do palco. Tratava-se, como se sabe, da adaptação da duração fictícia do enredo à duração real da sua representação, que comportava duas horas para os dramas em cinco atos do classicismo francês. Corneille, por exemplo, em seu *Discours sur les trois unités* estabelece como forma ideal a coincidência destes dois tempos; a condição disso, aliás expressa com pouca clareza, era que o espectador transferisse a realidade e a atualidade da sua presença no teatro aos atores e à ação que se desenvolvia à sua frente. Mas é justamente na diferença destes tempos, admitida como possível, como "provável", na argumentação de Corneille, que aparece seu erro epistemológico.

Se a ação não pode ser reduzida a duas horas, "si nous ne pouvons pas la renfermer dans ces deux heures, prenons en quatre, six, dix; mais ne passons pas de beaucoup les vingt-quatre heures de peur de tomber le dérèglement, et

---

74. Isto já foi observado por Trissino, da Renascença, em seu trabalho *Le sei divisioni della Poetica* em relação à determinação do tempo aristotélica, ou seja, que ela é deduzida antes "da la representazione del senso che da l'arte". (Cit. seg. D. Frey, *Gotik und Renaissance*, Augsburgo, 1929, p. 200).

75. Tanto no drama antigo como no ministério medieval, como diz Frey, os assistentes participavam da ação, na Antigüidade, representados pelo coro. e na Idade Média, participando da procissão. Disto depende naturalmente que "o espaço e tempo do espectador era equiparado de modo imediato ao espaço e tempo fictícios do processo dramático" (*Idem*, p. 213), sem problema da unidade temporal e espacial.

76. Ver D. Frey, "Zuschauer und Bühne", em *Kunstwissenschaftliche Grundfragen*, Viena, 1946).

150 A LÓGICA DA CRIAÇÃO LITERÁRIA

de réduire tellement le portrait en petit qu'il n'ait plus ses dimensions proportionnées et ne soit qu'imperfection" [77].

Não foi notado aqui que mesmo uma diferença relativamente pequena entre o tempo da ação e o da representação abriga em si a diferença categorial existente entre o tempo fictício e o real, não importando que a diferença entre estes tempos seja de horas, dias, semanas, ou até de anos [78] e esta diferença persistindo mesmo onde há uma aparente coincidência exata dos dois tempos, pois a duração da peça é verificável apenas pelo relógio e irrelevante, sendo tão indiferente para o espectador como a duração da leitura de um romance para o leitor [79]. Pois também vale para o drama encenado, e não apenas para o lido, o mesmo que para a ficção narrada, ou seja, que aquele que o percebe, isto é, o espectador com a sua eu-*origo não* está presente no mundo fictício, imaginário, que se desenrola à sua frente, quer a seus olhos interiores, fantasiantes, quer a seus olhos sensoriais. A forma física, perceptível, do teatro, facilmente pode encobrir o fato de que o palco é, assim como um cenário narrado, um espaço imaginário, fictício. E se dissemos acima, na introdução da problemática, que a figura e o mundo dramático penetram, pela sua encenação, na realidade física do espectador, temos de modificar agora esta formulação no sentido de que a realidade física do palco, a rigor, não é a mesma que a do espectador ou do próprio ator.

A problemática aqui contida não foi resolvida com a teoria da unidade clássica, no fundo da qual, também por motivos de técnica teatral, ela se encontra ainda não elaborada. Apesar do progresso da técnica teatral, que desenvolveu recursos, por exemplo, efeitos de iluminação, palco giratório, para ilustrar o decurso do tempo imaginário da ação, e que esteve eliminando aos poucos o problema do tempo da ação, a teoria clássica está menos ultrapassada do que se pensa. Ela conservou-se na poética dramática moderna, na forma da teoria de que o tempo do drama é

---

77. CORNEILLE, P. *Oeuvres complètes*. Paris, 1963 (Ed. du Seuil, p. 844).

78. Este erro lógico já foi observado por A. W. Schlegel, que diz com referência às regras das unidades de Corneille: "Pois a única razão da regra parece ser a observação de uma probabilidade necessária à ilusão de que o tempo representado e o real são o mesmo. Dando-se uma vez uma distância entre ambos de duas a trinta horas, pode-se com o mesmo direito ir além disso. A noção da ilusão tem causado na teoria da arte grandes erros" (*Vorl. über dramatische Kunst und Literatur*. Stuttgart, 1967, edit E. Lohner, v. II, p. 22).

79. Ver também JUNGHANS, *Zeit im Drama*, pp. 16 e ss., 51 e ss. Neste livro ó problema do tempo dramático foi discutido a fundo (diferenciando-se entre extensão, domínio e duração do tempo), e obtendo-se de certo modo uma confirmação do problema tratado aqui exclusivamente do ponto de vista epistemológico.

O GÊNERO FICCIONAL OU MIMÉTICO 151

o presente [80]. A teoria do presente corresponde à do passado referente à épica e com mais razão ainda, embora por outros motivos, do que o previsto por esta teoria. De fato, o palco teatral não corresponde a outra coisa que ao pretérito da narração. Não é a forma dramática do diálogo como tal, mas é o fenômeno da peça encenada que é a razão do ponto de vista de que "o enredo é apresentado no presénte"[81] "que o drama representa um enredo fechado em si... no presente imediato" [82], "takes place in a perpetual present time. On the stage it is always now" [83], (— escolhendo ao acaso entre uma quantidade de definições do mesmo teor). Estas definições copiam com tanta fidelidade a impressão da experiência do espectador que quase não necessitariam de formulação expressa. Mas elas se revelam problemáticas, e até errôneas, quando se examina se esta definição do presente dramático realmente se apresenta como uma experiência temporal de outro gênero que a da ação narrada. Quando no segundo ato de *Rosmersholm* de Ibsen, Rebeca West diz a Rosmer: "Ontem à noite, quando partia Ulrik Brendel — dei-lhe duas a três linhas para Mortensgard", o espectador viveu este ontem alguns momentos antes (no seu tempo), no primeiro ato, quando Brendel deixara o palco com Rebeca; e se ela lhe deu "então" no desenrolar da ação (oculta) dramática (mas não por exemplo nos bastidores) uma carta para Mortensgard, nós o ficamos sabendo apenas pelas suas palavras. Este ontem, embora observável, mas fictício, não é experimentado por nós de maneira diversa do ontem imaginado em nosso texto de Fontane: "O cenário era como ontem", que também experimentamos há alguns minutos em nosso tempo próprio, se bem que neste caso no tempo da leitura e não no tempo do espetáculo. Inversamente, experimentamos o cenário "de hoje" da sala de Treibel, a cena em si, como o conselheiro entra na sala, senta-se no sofá, abre o jornal, — de modo tão "presente" quanto aquela de Rebeca West e Rosmer. Não somente no palco, como pensa Thornton Wilder, mas também no romance, na epopéia, é sempre "agora" — com

80. Alguns teóricos, que reservaram o presente para a lírica, reivindicaram o futuro para o drama, por ex., Jean Paul: "o drama representa a ação, que se estende para e contra o futuro..." (*Vorschule der Aesthetik*, § 75) e ultimamente, S. Langer: "As literature creates a virtual past, drama creates a virtual future" (*Feeling and Form*, p. 306). É com razão que Wellek e Warren ironizam um pouco (*The Theory of Literature*, Nova York, 1949, p. 237 e s.) esta e outras metafísicas da Teoria da Literatura, ou seja, a definição dos gêneros principais através dos tempos, mas não contribuem para a solução do problema.

81. Goethe a Schiller, 2-12-1797.

82. HEGEL. *Vorlesunges über die Aesthetik*. III, p. 479.

83. WILDER, Th. *The Intent of the Artist*. p. 83 (cit. por Langer, p. 307).

152 A LÓGICA DA CRIAÇÃO LITERÁRIA

a diferença de que no primeiro o percebemos, e, no segundo caso, o imaginamos. E é apenas através de um exame comparativo assim que se revela o que sucede com o agora (e aqui) do mundo dramático representado cenicamente. Procede com ele da mesma forma que com o agora e aqui da ficção épica, ambos destituídos do sentido temporal de presente. O enredo dramático acontece agora e aqui, mesmo na falta de indicações que relacionem um passado ou futuro fictícios com um presente fictício. É o agora e aqui da eu-*origo* fictícia à qual se refere a ação da ficção dramática tão bem quanto a da ficção épica. Mesmo se este fato está encoberto pela percepção sensorial da realidade do palco e dos atores, esta realidade perceptível pelos sentidos é destituída de função como realidade, assim como o valor de passado gramatical do pretérito narrativo, sendo o presente aparente do palco tão pouco válido como modo temporal como o é o pretérito ficcional. Assim como este esvanece como morfema, permanecendo relevante para a criação do mundo fictício apenas o significado do verbo, também o palco é somente tábuas — como diz um antigo e sábio ditado — que significam o mundo — e que podem ser manejadas, embora com um outro "meio", como o faz o narrador ficcional, contrariando todas as leis gramaticais, com o pretérito. Se as teorias do presente confundiram o presente real e a realidade do palco com a presença fictícia da composição dramática, cometeram um erro igual à confusão do ator com o personagem que representa. O palco e os atores naturalmente pertencem, assim como o espectador, à realidade; eles se modificam e passam. Quarta-feira, dia 6 de maio de 1767 foi presente para a senhora Hensel, que naquela data desempenhou o papel de Miss Sara Sampson no palco do Teatro Nacional de Hamburgo, e para o crítico Lessing, que estava na platéia [*Hamburgische Dramaturgie* (Dramaturgia Hamburguesa) 13º v.]. Mas o quarto de Mellefont no albergue, onde entra Sara, a própria Sara e os demais personagens não existem numa presença mais real do que se existissem na forma de personagens romanescos. Analisando melhor nossa experiência no teatro, observamos que ali sabemos tão bem como uma situação de leitura que o aqui e agora do palco e nosso agora e aqui da sala de espetáculos não é idêntico ao agora e aqui fictício da ação dramática. Vivendo a ação que se desenrola, esquecemos o palco como simples palco, assim como esquecemos a forma pretérita dos verbos narrativos e, mais expressamente, a própria narração. Quando Goethe definiu a diferença entre as formas dramáticas e épicas através do mimo e rapsodo, ele o fez porque, pensando na epopéia homérica, imaginava o poeta

O GÊNERO FICCIONAL OU MIMÉTICO

épico como sendo o conferente (personificando assim a narração com o narrador) [84]. Mas não se trata aqui da apresentação da epopéia, do rapsodo (ele desapareceu com a imprensa, mas a forma da epopéia manteve-se), mas trata-se do *eipeiü*, como a função da qual se serve. Comparável ao *mimetes* épico é somente o *mimetes* dramático, ao autor épico, o autor dramático. Mas comparável à narração, a função mimética do *mimetes* épico é o mimo, o que não significa outra coisa senão que o próprio palco, a função mimética, ou melhor, uma parte da função mimética do dramaturgo.

O palco, juntamente com os atores, é apenas uma parte da função mimética do dramaturgo, cuja obra é lingüística assim como a obra épica. O palco, porém, é a função parcial não-literária da qual a obra em diálogos pode (mas não deve necessariamente) servir-se. Ela substitui na totalidade da obra dramática representada cenicamente aquela parte da função narrativa, que está eliminada da estrutura do drama que apenas cria figuras. Ela toma o lugar desta parte da função mimética, não no verdadeiro sentido literário, mas como uma função substituta, que como todo substituto é de outro material que o substituído. Palco e atores são material ou meio diferente do da função narrativa épica, não pertencem como esta última à própria criação literária, como sua substância, não são criados e desenvolvidos pelo autor e até se esquivam à sua competência. É por isso que esta função substituta pôde tornar-se uma arte independente, arte do cenógrafo e do ator, que a ficção puramente poética pôde impregnar-se da realidade física do palco, e que o jogo dos diversos tempos e dos vários presentes, que perturba as teorias, pôde também aparecer.

É aqui que se encontram os motivos puramente lógico-literários dos diversos esforços e métodos da arte cênica em tornar esquecida a realidade do palco em favor do mundo fictício que elas "significam". Pois, deve-se à maneira particular pela qual a representação cênica deve substituir a função narrativa épica, deve-se às condições físicas desta representação, que a ficção dramática tenha a tendência e as possibilidades de assumir a aparência de uma realidade, análoga à do espectador.

Estas possibilidades foram avaliadas e empregadas diferentemente pelo teatro das diversas épocas, de acordo com seu ponto de vista, capacidade técnica, tendências da moda e do gosto. A cenografia especificamente decorativa, o

---

84. Já foi mencionado que o próprio Goethe atenuava esta personificação demasiadamente pronunciada do narrador (p. 126).

154 A LÓGICA DA CRIAÇÃO LITERÁRIA

palco ilusionista, que iniciou com bastidores, perspectiva, máquinas de trovão etc. no teatro barroco da corte, visando a uma imitação sempre mais exata da realidade, pode ser considerada um sintoma da intenção de dar à ficção a aparência, a ilusão de realidade perceptível. A concepção artística básica, que geralmente ainda hoje vigora, visa ao esquecimento da presença meramente fictícia em favor do real, o tablado que representa a realidade — razão por que devem ser disfarçadas, assim como os atores. Os esforços do encenador moderno baseiam-se epistemologicamente no processo invertido: o de reduzir o mais possível a realidade ilusória do palco, tornando-o "pouco aparente" com o intuito de esquecê-lo em favor do mundo fictício da peça, evitando a confusão da sua "presença" com a presença do palco. É intenção desta arte cênica liberar a composição dramática, tanto quanto possível, dos sintomas típicos de sua representação cênica, *i.e.*, perturbar e limitar o menos possível a simbolização, que é a essência de toda arte, pela sensualização [85].

É bastante singular que a extrema conseqüência da eliminação da realidade do palco da estrutura da obra literária tenha sido realizada somente com o auxílio da técnica. A peça radiofônica poderia ser considerada a única forma que realiza o segundo aspecto da fórmula dramática de que o personagem se transforma em palavra e somente em palavra. A problemática da peça radiofônica, contudo, consiste em que a representação cênica e sua percepção se reduz à percepção auditiva. Isto faz com que as figuras da obra sejam reduzidas, apesar disso, em seu modo de ser poético e peculiar. A audição ocupa um lugar intermediário singular entre a visão e a leitura de um drama. Enquanto a perceptibilidade sensorial completa deixa a imaginação desligada, e a leitura consegue comutá-la a todo volume, a percepção auditiva liga-a a meia intensidade. A audição distingue-se da leitura do drama porque os personagens experimentam pelos atores radiofônicos uma realização por assim dizer

---

85. São possíveis comparações retrospectivas entre o palco abstrato moderno e o pequeno palco despojado de Shakespeare. Uma citação do elisabetano, Philip Sidney: "Agora aparecem três damas colhendo flores e devemos imaginar o palco como jardim; e no mesmo lugar aprendemos sobre um naufrágio e a culpa é nossa se não chegamos a ver o recife..." (*The Defence of Poesie*, 1595, ed. E. Fluegel 1889, p. 102, cit. segundo D. FREY, *Gotik, op.! cit.*, p. 194) esclarece o problema do palco que meramente "representa" e do que cria a ilusão da realidade. Sidney, que já adota o modo renascentista pictórico-objetivo, "acha divertida a tradição medieval do palco shakespeariano" em pleno século XVI. Mas esta tinha por hábito compreender apenas o significado, o símbolo da peça e, por exemplo, deixar de considerar os atores embora presentes, entendidos como não presentes, e compreender as decorações simultâneas apenas em seu sentido simbólico (ver FREY, *Gotik*, p. 192). É de maneira muito semelhante que procede o palco abstrato de Erwin Piscator por exemplo.

O GÊNERO FICCIONAL OU MIMÉTICO

155

interna, sendo porém distinguidos pelo ouvinte apenas pela diversidade das vozes. É um processo irritante, e muitos preferem a leitura do drama. Isso porque a imaginação completa os personagens que apenas falam. Aí a imaginação mais ou menos viva trabalha em princípio do mesmo modo que na leitura de um romance. A sensualização parcial, porém, oferecida pela peça radiofônica, inibe completamente a imaginação autônoma. A palavra não se transforma mais em personagem nem sequer pela imaginação, mas permanece palavra e voz. Sim, justamente por ter-se transformado em palavra audível, ela despoja a palavra puramente literária, cunhada apenas pelo sentido e não por alguma concepção estranha, da sua função criadora de personagens.

Aqui não se trata de uma avaliação estética da peça radiofônica, do palco ilusionista e abstrato, dos diversos gêneros e experiências da representação cênica. Tentamos sua breve caracterização apenas para tornar visível o comportamento variado da função substituta que o palco representa na estrutura dramática total, e com isso da função da perceptibilidade. Pois a tão discutida problemática do tempo tem a sua origem na representação cênica do drama, mas foi tratada erroneamente como problema tanto da criação literária como do palco. Apesar da sua realidade física e perceptibilidade sensorial, também o palco é mimese, assim como o mundo épico existente na imaginação — certamente uma mimese substituta, que não existe como parte da criação literária, mas apenas lhe presta serviços. A problemática paradoxal do palco e de seu relacionamento com a composição dramática consiste justamente em que influi por outro lado sobre a estrutura do drama, pois como mimese apenas perceptível requer figuras capazes de se representarem por si, de passarem do mundo imaginário da poesia ao mundo perceptível do palco.

Os problemas que resultam deste exame epistemológico dos dois gêneros ficcionais tornam possível, e até necessário, um exame do seu terceiro gênero, embora não inteiramente legítimo, o do filme.

A FICÇÃO CINEMATOGRÁFICA

À primeira vista parece que não cabe à lógica da criação literária considerar também o cinema. A fotografia, ou seja, a técnica à qual o cinema deve a sua existência, aparentemente não ocupa um lugar legítimo no âmbito das obras de

156 A LÓGICA DA CRIAÇÃO LITERÁRIA

arte lingüísticas, sendo que justamente o problema da lógica da criação literária, baseada na estrutura lingüística da Literatura, parece ser destituído de validez para o cinema. Mas da mesma forma como a lógica do drama se esclarece e realiza inteiramente apenas pela focalização de sua estrutura como peça de teatro e, conseqüentemente, da fenomenologia do palco, também o fator técnico do cinema não prejudica a sua existência como forma ficcional e literária; e será demonstrado que esta apresenta determinada estrutura lógica, não apesar do fator técnico-fotográfico, mas precisamente por sua causa. O fator fotográfico naturalmente também é a razão de ser a lógica do cinema mais complexa que a do drama e da narração; devido a esse fator técnico, ela não é inteiramente autóctone, mas constituída apenas em relação às duas outras formas ficcionais "autenticamente" literárias.

A problemática complexa e a fenomenologia do cinema são resolvidas mais facilmente partindo-se da situação do espectador. Esta se diferencia de uma forma particular daquela do espectador de teatro, por um lado, e daquela do leitor de romance, pelo outro, podendo-se atribuir inicialmente esta observação ao fato de que o espectador de filme, diferentemente do espectador de teatro e do leitor de romance, não sabe com toda clareza o que está fazendo e vivenciando quando assiste a um filme. Estará diante de um romance ou de uma peça teatral? De uma ação narrada ou apresentada dramaticamente? A resposta não é fácil, e é somente através de uma comparação cuidadosa da situação do espectador de cinema com a do espectador teatral ou do leitor de romance que se perfila a estrutura da ficção cinematográfica.

Primeiramente a situação do espectador de cinema lembra aquela do espectador de teatro. É a de um espectador e não a de um leitor. Vemos e ouvimos, apreendemos o filme através dos sentidos, e não da imaginação como acontece com o romance. Apesar disso, no cinema não somos espectadores da mesma maneira que no teatro. Vemos — e é a visão que importa primeiramente — outra coisa que no teatro. O que vemos no teatro desenrola-se no palco. Este é um recinto natural, isto é, tridimensional, uma extensão da sala de espetáculos, e o que nos impede de subir ao palco são as convenções e não as condições físicas. A tela cinematográfica, porém, é uma superfície bidimensional e o que nela vemos não tem nada a ver com as condições espaço-temporais de nossa própria existência física, tão pouco como uma pintura. Mas experimentamos

O GÊNERO FICCIONAL OU MIMÉTICO   157

algo singular é paradoxal que é justamente o filme bidimensional que nos transmite uma experiência espacial mais natural que o palco tridimensional. Pode-se até dizer que o bidimensional, o filme, transmite uma experiência espacial tridimensional, ao passo que o palco tridimensional oferece experiência bidimensional, ou de qualquer modo fragmentária.

Neste ponto de nossa análise torna-se necessário examinar melhor as condições estruturais técnicas do filme, ou seja, a fotografia. Esta se relaciona evidentemente com o filme, assim como a narração com o romance, e a formação dialógica com o drama. Nos três casos é a respectiva obra, a épica, a dramática e a cinematográfica, o produto dessas suas técnicas artísticas. Assim que esteja estabelecida esta comparação, notamos ou sentimos que ela não é inteiramente correta. Primeiramente, a fotografia se diferencia como tal das duas outras técnicas literárias. Mas mesmo esta verificação não é inteiramente correta. Não é inteiramente certo destacar a técnica fotográfica em relação ao filme da técnica literária. A literária, *i.e.*, a técnica épica e dramática, na verdade, é a palavra, a linguagem, e a técnica fotográfica como tal não é lingüística, e sim plástica. Não obstante, o cinema não pertence, como a fotografia, ao domínio das Artes Plásticas, mas sim ao literário. A fotografia como arte pode ser comparada à pintura e o tem sido feito (independentemente de avaliação positiva ou negativa). O filme, porém, não pode ser comparado à pintura e sim às artes literárias da épica e da dramaturgia. Indagando pela razão disso, encontramos novamente um fenômeno paradoxal, cuja origem é de natureza técnica. Não é pela imagem fotográfica como tal que o filme é comparável à literatura, mas é a imagem fotográfica móvel que possibilitou isso. Mas o que tem a ver a própria imagem fotográfica dinâmica com a literatura? Ao fazer esta pergunta, nossa atenção não deve limitar-se meramente ao meio da criação da narrativa e do drama, ou seja, à linguagem, mas deve alcançar também aquilo que é produzido por seu intermédio: vida humana, personagens em ação. E note-se: a arte plástica técnica da fotografia, que podia ser comparada apenas à pintura quando era capaz de fotografar apenas seres e objetos imóveis, penetrou no domínio da arte literária, quando se tornou capaz de fotografar seres e coisas móveis. Pois, com isso apoderou-se, se bem que apenas em imitação, de um dos segredos da vida em geral, que é o do movimento, tornando-se capaz de criar a ficção da vida humana, assim como as artes literárias.

Com isso ainda não houve resposta à pergunta sobre o que experimentamos como espectadores de cinema. Estamos

158 A LÓGICA DA CRIAÇÃO LITERÁRIA

assistindo a um filme, mas esta resposta não tem o mesmo sentido inequívoco que a afirmação: lemos um romance, vemos ou lemos um drama. Nem o romance nem o drama necessitam, na qualidade de formas literárias, de um esclarecimento por outras formas literárias. Um romance é um romance, um drama é um drama, e imediatamente sabemos por que. Mas quando vemos um filme, podemos perguntar se é romance ou drama, *i.e.*, necessitamos, para a iluminação de sua estrutura literária, de outras formas literárias, a saber: do romance e do drama. Uma análise mais minuciosa da situação do espectador é esclarecedora. Vemos e ouvimos. Agora surge o fato singular de que, além de espectadores, encontramo-nos também na situação do leitor de romance — se acentuarmos o conceito de romance e não o de leitor. Pois nem tudo que se vê num filme, pode ser visto no palco; mas num romance pode-se encontrá-lo. Quando, por exemplo, o sol lentamente desce no horizonte, quando um avião levanta vôo e desaparecece no céu, quando casais atravessam dançando vastos salões, quando flocos de neve remoinham, pousando em galhos e grades — então podemos ver algo, mas algo que foi narrado. A imagem móvel tem uma função narrativa; substitui a palavra da função narrativa épica. Esta é a razão pela qual podemos ver no cinema ambientes sem personagens, enquanto que o palco não pode ser mostrado sem personagens. Porque o palco não tem função independente dentro da peça que nele se desenrola. Não pertence à peça, não é parte da obra dramática. O que vemos num filme pertence sem exceção a este, como o que lemos num romance lhe pertence. A imagem móvel, que exerce uma função narrativa, aproxima o filme mais da ficção épica que da dramática. Vemos aqui algo narrado, um romance.

Seria esta definição inteiramente correta? Será que não vemos, ao assistir a um filme, talvez até em primeiro lugar, uma peça teatral, um drama? Talvez um drama ampliado, aumentado pelo fator plástico da imagem móvel? Pois também vemos justamente aquilo que não experimentamos ao ler um romance, mas apenas quando assistimos a uma peça teatral: atores que falam e agem, personagens dramáticos. Desde a existência do cinema falado, tem-se salientado especialmente este aspecto, o aspecto dramático do filme, tendo a arte cinematográfica empregado parte considerável da literatura dramática: *Hamlet, Júlio César, Sonho de uma noite de verão* de Shakespeare, *Srta. Júlia* de Strindberg, e muitas outras obras. No cinema falado a imagem narrativa realmente parece funcionar como um palco ampliado, corrigindo da melhor maneira possível a sua limitação

O GÊNERO FICCIONAL OU MIMÉTICO 159

fragmentária e seu efeito de bastidores e substituindo o efeito espacial pouco natural por um efeito natural, por intermédio da imagem móvel. Mas é justamente aqui que está oculto o próprio problema teórico do cinema. Aqui se apresenta um fenômeno singular, sendo que o relacionamento dos elementos épico e dramático, que se fundem na estrutura do filme, revelar-se-á como o que há de mais complicado no domínio das formas literárias.

Consideremos novamente o elemento estrutural dramático do filme. Aqui, a fim de evitar mal-entendidos, deve-se frisar que se entende por estrutura dramática apenas a forma puramente dialógica do drama, que é a última causa da sua representabilidade. Comparemos primeiramente a forma dramática do filme com a forma dramática da peça teatral. Com isso apresenta-se um fenômeno, que se deixa demonstrar especialmente bem nas filmagens referidas de obras dramáticas existentes, ou seja, *Hamlet, Júlio César, Srta. Júlia* etc. Estas peças são inteiramente diferentes no filme e no palco, mesmo quando o texto destes dramas é inalterado no filme. Um sintoma deste fenômeno, a ser logo descrito, é o fato de que o palco em nada influi sobre a existência literária (e valor literário) destas obras. Elas existem independentemente de sua apresentação e da qualidade da encenação, sendo indiferente se são encenadas no teatro de Shakespeare, no Reinhardt ou no Piscator. A sua forma criada pelo dramaturgo permanece imperturbável e pode ser reanimada em qualquer época, por qualquer pessoa que a experimente de novo no palco ou no livro. Estas obras *existem*, são eternas, conservadas nas obras de seus autores. Os filmes *Hamlet, Júlio César, Srta. Júlia* não existem, por outro lado, fora da tela cinematográfica. Eles não são, mas foram — quando foram apresentados, e serão novamente, quando forem reapresentados. Apesar de não ser alterado o seu texto dramático, eles não existem como obras literárias independentes, mas são meramente argumento, que na totalidade do filme não tem significado próprio e é apenas uma função entre outras da arte cinematográfica. Apesar da conservação do texto original, o sentido literário destas obras foi anulado pela transformação em argumento cinematográfico. Como filmes já não são obra de Shakespeare ou Strindberg. E sua alteração deu-se pela junção de sua forma dramática autóctone com um elemento épico, que não pertence a esta forma. O *milieu* do filme *Hamlet,* por exemplo, não funciona simplesmente como palco em que se desenrola a obra dramática, mas é uma parte da obra cinematográfica *Hamlet,* narrado como se numa obra épica.

160 A LÓGICA DA CRIAÇÃO LITERÁRIA

Pela filmagem de um drama ocorre o mesmo que sucederia pela transformação do drama numa' obra épica. Este processo não se refere unicamente ao ambiente apresentado, mas também compreende os personagens cinematográficos, os atores. Eles não se apresentam inteiramente por si, como os personagens dramáticos, falando e agindo, mas também são descritos amplamente. Ofélia, p. ex., no drama encenado de Shakespeare, não é apresentada morta no córrego, mas a sua morte é relatada pela rainha a Laertes. No filme *Hamlet,* porém, ela foi vista na água do riacho, envolvida por galhos e flores — não mais sendo figura dramática shakespeariana, mas uma figura narrada, épica. Pois como personagem épica, morta, carregada pelas águas, ela pode ter uma existência literária legítima, mas como figura dramática não o pode. Aliás, um exemplo que esclarece nitidamente a maneira como a imagem móvel transporta a fotografia, que epistemologicamente pertence à Arte Plástica, para o domínio da Literatura é: uma Ofélia no córrego, pintada ou retratada em fotografia, não tem relação alguma com a Literatura (exceto como possível ilustração de livro, o que evidentemente não tem nada a ver com o presente problema).

Com isso chegamos, entretanto, ao ponto de examinar melhor o lado épico do problema cinematográfico e verificar se é correto atribuir à figura cinematográfica uma forma de ser épica e não dramática. Prosseguindo, apresenta-se agora a pergunta: se é correto que um drama se torne épico pela filmagem, de modo que nele vemos um romance apesar dos atores, seria certo afirmar que o romance cinematográfico é da mesma estrutura que o romance narrado? Então, se um drama se torna épico pela filmagem, um romance filmado permanece romance autêntico?

Sem dúvida não é por acaso que as companhias cinematográficas preferem a filmagem de romances. O romance oferece ao cinema base melhor que o drama. As descrições nele contidas podem ser observadas e mostradas na imagem. A imagem cinematográfica trabalha como a função narrativa, sabe construir como esta uma imagem global do respectivo mundo narrado. Como esta é capaz de integrar as particularidades em uma totalidade: o canto de um cômodo transforma-se, não sabemos como, no cômodo, o cômodo na casa, a casa na rua, a rua na cidade etc. A imagem cinematográfica pode mostrar, como a função narrativa, não somente objetos mortos, mas personagens mudos — andando, sentando e pensando, em atividade muda. A expressão facial tem uma função independente, completamente diferente da

O GÊNERO FICCIONAL OU MIMÉTICO

161

do palco; não é, como no palco, apenas um complemento da fala. O gesto, a expressão, a lágrima, o sorriso falam por si, falam às vezes melhor que a palavra expressa. Sem dúvida o sorriso visto excede em plasticidade o sorriso narrado, apenas imaginado. E não mais distinguimos entre o que é falado e o que é mostrado pictoricamente. A função pictórica flutua, narra o espaço, o corpo, a fala, como o faz a função narrativa. Também narra as lembranças, os sonhos, imaginações, quando mostra em *flash back*, partindo do agora e aqui da ação, o passado dos personagens romanescos, um processo em voga no cinema, que salienta particularmente a semelhança da função pictórica à função narrativa [86]. De modo geral, a força narradora do cinema é tão grande que o fator épico parece ser mais decisivo para a sua classificação do que o dramático.

Mas temos que nos deter novamente, e perguntar se isto está inteiramente certo. O relacionamento do épico com o dramático no filme complica-se novamente e ainda não temos resposta satisfatória à pergunta sobre se estamos vendo drama ou romance, quando estamos no cinema. A complicação que aqui se apresenta é muito singular. A fim de solucioná-la, torna-se necessário voltar novamente ao fenômeno da imagem móvel. A imagem móvel, como tentamos mostrar, é a origem do fato de que o filme, embora produto da fotografia, não pertence às Artes Plásticas, mas tem o seu lugar fenomenológico no âmbito das artes literárias. E é justamente como imagem móvel que a imagem fílmica mais exerce a função da narração da literatura narrativa. A imagem móvel é narrativa e parece fazer constituir o filme numa forma épica e não dramática. Um drama filmado torna-se épico. Aqui nos deparamos com uma fronteira, quando prosseguimos com a comparação da narração cinematográfica com a autêntica narração épica. Este limite é fixado pelo fato de ser a imagem, embora móvel, uma *imagem*. Como tal, a imagem fílmica se detém ante o limite além do qual começa a esfera da imaginação, das associações. Por isso a qualidade da imagem cinematográfica como imagem faz com que um romance filmado seja

---

86. Este processo não necessita ser comparado, como já foi tentado, com a narrativa de apoio em primeira pessoa. A literatura narrativa oferece analogias muito mais adequadas, p. ex., a maneira como Thomas Mann, na *Montanha Mágica* inicia a descrição da infância de Hans Castorp no capítulo "Hans Castorp bewahrte an sein... gekannt...", simplesmente com a sentença: "Hans Castorp tinha da casa paternal apenas recordações vagas; mal conhecera o pai e a mãe...", capítulo este em que não é mantido estritamente o ponto de vista da recordação, o que deveria ser executado no mais-que-perfeito, mas em que a narração ficcionaliza o outrora num agora e aqui — no imperfeito. É assim que experimentamos no filme as cenas *flash back* que descrevem o passado, como, por exemplo, entre muitos, no excelente filme *Moulin-Rouge*, que relata a vida do pintor Toulouse-Lautrec.

162 A LÓGICA DA CRIAÇÃO LITERÁRIA

reduzido, em suas partes essenciais, à estrutura de um drama, ou melhor, de uma peça teatral, e com que experimentemos um romance filmado como um dramatizado. Pois o que significa a imagem da imagem fílmica? Por que razão ela constitui o elemento estrutural dramático do filme? Ela nos faz ver que apreendemos o filme, assim como a peça teatral, através da percepção sensorial vendo e ouvindo-o [87].

Este fato causa diversos efeitos. Atenhamo-nos primeiro às figuras cinematográficas. Como épicas elas são limitadas da seguinte maneira. Podemos ver e interpretar, por tempo ilimitado, os personagens calados do filme, através de seus gestos e expressões faciais. Sabemos tão pouco dos personagens cinematográficos como dos dramáticos, o que pensam e sentem quando calados. Num romance, porém, nós o sabemos, pois este é, como já o expusemos, o único lugar do sistema da linguagem onde seres humanos são representados em sua vida interna, em seus pensamentos e sentimentos não expressos em palavras. Na Literatura a forma dramática e a fílmica criam seres humanos na forma da realidade na qual vivemos e na qual vivem nossos semelhantes, na forma de comunicação da palavra expressa, oral ou escrita. É somente o romance, a criação literária narrativa, que é capaz de criar seres humanos numa forma que não esteja ligada à comunicação expressa, à apreensão pelo ouvido.

Mas a função narrativa da imagem móvel também está limitada num segundo aspecto pela sua relatividade física: o modo da perceptibilidade. E isso não se refere apenas à criação dos seres humanos, mas também à dos objetos. Eis um exemplo:

Amenhotep — viúva de Nebmarê — tronava em sua frente, sobre cadeira e escabelo aitos, de costas para a luz da alta janela arqueada de modo que a sua pele, bronzeada por natureza, em contraste com a roupa, parecia, na sombra, mais escura ainda.

Este cenário altamente pitoresco extraído do romance *Joseph* de Thomas Mann pode ser facilmente imaginado como impressionante imagem cinematográfica colorida. Mas o cenário construído epicamente transmite outra experiência que a vista em imagem. O fator que aqui intervém é o da interpretação. A interpretação da narração limita-se aqui a meios objetivos, sem metáforas e circunlóquios. Pela descrição ligeiramente comparativa — "bronzeada por natu-

---

87. Mostrou-se acima a maneira como o drama como criação literária é constituído em sua forma de peça teatral.

O GÊNERO FICCIONAL OU MIMÉTICO

163

reza, parecia, na sombra, mais escura ainda" — é destacado apenas o físico da rainha egípcia Teje da situação momentânea, formando-se dela uma imagem geral. De fato, a situação não aparece em fixação pictórica, mas em sua estrutura de certo modo original e de tal forma que também o relacionamento objetivo — "de costas para a luz da alta janela arqueada" — orienta a imaginação sobre o que foi apresentado. Esta descrição é obtida por interpretação, ao passo que a imagem cinematográfica dispensaria este tipo de descrição. Pois é descrito apenas o que não é visto. Isso significa, em nosso exemplo, que toda a riqueza da descrição romanesca não apareceria, isto é, a atribuição da sombra no rosto à posição e ao formato da janela, por exemplo. No filme, a atenção do espectador não é dirigida, dependendo unicamente dele a descoberta da relação da janela com a sombra do rosto.

Com isso atingimos o ponto em que na mera descrição de objetos há uma significativa diferença entre a função narrativa épica e a cinematográfica, sendo que cada uma visa ao objetivo que lhe é determinado pelas suas próprias possibilidades. A função épica narrativa, como já o tentamos demonstrar, produz o mundo fictício pela interpretação; este vive e "é" pela palavra significativa que o constrói desde a mais simples e objetiva descrição de coisas até todos os tipos e intensidades de interpretação do mundo e enredo romanescos. E como tal é aceito, compreendido e revivido pelo leitor. Ao passo que a narração cinematográfica apenas mostra sem orientar ou interpretar, por mais explicativas que sejam, as funções da imagem. Pois, se tais explicações não forem fixadas por conceitos, mas se forem entregues à observação — como as coisas da natureza —, a experiência da imagem cinematográfica, assim como a da realidade natural, depende do espectador individualmente.

Chegamos assim ao ponto em que se pode definir exatamente a relação do filme com a criação literária dramática e épica. A imagem móvel é a causa do fato de que o cinema é tanto drama epicizado, quanto épica dramatizada. O fator da mobilidade da fotografia cinematográfica transforma-a numa função narrativa, que faz do ator, em grande parte, um personagem épico. O fator da imagística dessa fotografia limita a configuração dos seres cinematográficos, contudo, à forma dramática, *i.e.*, dialógica, e despoja a descrição do mundo objetivo de sua estrutura original. Os gêneros dramático e épico fundem-se no filme na forma particular do drama epicizado e do épico dramatizado — uma fusão em que ambos os fatores são ampliados e limi-

164 A LÓGICA DA CRIAÇÃO LITERÁRIA

tados de modo singular, porém justificado do ponto de vista estrutural e epistemológico.

Reconsiderando as exposições deste capítulo, queremos ainda, para resumir e finalizá-lo, considerar a estrutura lógica da ficção literária do gênero ficcional. Está estabelecido pelo sistema da linguagem o fato de termos iniciado a sua análise com a ficção épica e o de lhe termos dedicado a parte principal deste capítulo. Não somente é ela a forma ficcional mais pura lógica e lingüisticamente, como também é a única a oferecer a possibilidade de desenvolver com exatidão o conceito da ficção literária. É somente com a comparação das funções e propriedades da narração ficcional com as do enunciado de realidade que se pôde destacar a natureza do não-real ou do campo ficcional, que não é o campo da experiência de um narrador, mas o produto da função narrativa. Todas as formas ficcionais são assim delimitadas pela barreira intransponível que separa a narração ficcional do enunciado. Pois, embora esta barreira não seja visível na ficção dramática e cinematográfica, por ser a função narrativa substituída por outras funções pertinentes ao setor da percepção, como critério lógico-lingüístico, ela continua decisiva e elucidativa também para estas formas da ficção. O enunciado serviu, como se viu nos exames individuais, como catalisador para fins de divisão e subdivisão das funções em parte lingüísticas, em parte pictóricas, que produzem a forma ficcional.

Acreditamos ter mostrado e provado assim que a ficção narrada provém do mesmo impulso criador que a dramática (como já opinara Aristóteles), que o autor épico de início não narra por narrar, mas para criar um mundo humano fictício — e isso sem prejuízo ao fato de que a função narrativa configurante possa se tornar independente, esquecendo-se, por assim dizer, de sua tarefa de produzir ficção. Tentou-se ainda mostrar que apesar disso a lei estrutural da ficção permanece pura, e que esta independência se revela na maioria dos casos como uma impressão humorística.

Sob este ponto de vista, também a ficção cinematográfica pertence ao campo lógico da ficção literária, embora num lugar não equiparado ao do gênero épico e dramático. Também ela não é limitada como tal pelo recurso técnico da fotografia móvel, que substitui parcialmente a função narrativa, mas igualmente pelo impulso criador mimético. E com isso atentemos novamente, a título demonstrativo e encerrado ao mesmo tempo o capítulo sobre ficção, para nossas considerações iniciais sobre a formação conceitual de criação literária e realidade. O ponto de vista da lógica

O GÊNERO FICCIONAL OU MIMÉTICO   165

da criação literária, que é o assunto de nosso livro, poderia
fazer esquecer o fato de que as nossas obras miméticas
são mais do que formações estruturadas pelas leis do pensamento e da linguagem, ou seja, *criação literária,* Arte.
Mimese é a lei estética que as governa, que as produz. Mimese significa "imitação" da realidade, é a palavra antiga
para ficção, quando empregada para formas literárias, e já foi
demonstrado que o próprio Aristóteles lhe dera este sentido.
O conceito de imitação recebeu nas teorias da poética um
tom demasiadamente naturalístico. Se a associarmos com
o sentido da ficção, da não-realidade e da ilusão, ela se
alarga e revela que a realidade ilusória, construída nos diversos gêneros ficcionais por meio de diversos recursos confi-
gurativos, tem, justamente por ser ilusão, não-realidade, o
modo de ser do símbolo. A realidade em si *é* apenas, mas
não *significa.* Somente o não-real tem o poder de transformar o real em sentido, significado.

O caráter simbólico da ficção não pertence como tal
à consideração lógica da criação literária. Mas a maneira
pela qual esse caráter se diferencia do caráter simbólico do
segundo gênero importante da criação literária, do lírico, é
revelada mais definidamente quando a estrutura lógica da
criação literária não está encoberta. Apenas depois de um
exame do gênero lírico é que se pode voltar a dizer alguma
coisa sobre o caráter do símbolo do gênero ficcional.

3. O Gênero Lírico

O sistema do enunciado de realidade e o lugar do lírico

As discussões e tentativas de definição que se seguem arriscam-se mais ainda do que as antecedentes a defrontar-se com mal-entendidos. A teoria e interpretação lírica é dirigida hoje, mais que nunca, para o fenômeno puramente lingüístico-artístico, que é um poema lírico, sendo de opinião que a composição lírica somente pode ser aproximada deste ângulo. E com razão, pois a poesia não apresenta problemas de estrutura formal como a literatura ficcional — a narração, a formação temporal, o modo de ser da própria ficção, etc. — e é inteiramente idêntica à sua forma lingüística. Se este aspecto em si primário da literatura lírica for em seguida desenvolvido apenas como um indício, por assim dizer, e até como um fenômeno secundário, isso se deve, como queremos frisar novamente, ao ponto de vista e ao âmbito temático deste livro: a classificação teórico-lingüística do sistema da criação literária, *i.e.*, a relação dos gêneros literários com o sistema de enunciação da linguagem.

Em retrospecção à sentença de Hegel, segundo a qual a poesia é aquela arte especial em que a Arte começa a se dissolver, penetrando na prosa do pensamento científico, podemos agora verificar, através das provas oriundas das pesquisas lingüístico-teóricas, onde e até que ponto esta sentença é válida ou não. E se considerarmos agradável a confirmação, pelos fenômenos examinados das opiniões fundamentais de importantes pensadores (sem deles partir dogmaticamente, o que não seria proveitoso), podemos aceitar o resultado comprobatório de que a sentença de

Hegel tem validade justamente onde Aristóteles estabeleceu o limite entre arte mimética e arte elegíaca, onde separou o *poiein* do *legein*. A sentença de Hegel não vale ou ainda não vale para o domínio da criação literária global, onde este seja o domínio do *poiein,* da mimese. Aqui, a fronteira intransponível que separa a narração ficcional de todo enunciado de realidade, ou seja, do sistema de enunciação da linguagem, impede que a literatura penetre na "prosa do pensamento científico", ou seja, no sistema assertivo. Aqui é "criado, feito" no sentido de configurar, compor e imitar, aqui está o "estúdio" em que o artista cria formas, empregando a linguagem como material e instrumento para sua configuração, do mesmo modo que o pintor usa cores e o escultor, pedra. A criação literária está situada aqui no domínio das Artes Plásticas, que cria a ilusão da realidade. Que esta ilusão, lei da ficção, se torne eficaz na criação literária somente com a criação de personagens fictícios, enquanto uma paisagem pintada é legítima mimese também sem figuras — tem a sua causa precisamente no material especial da criação literária, na linguagem, que fora do setor ficcional é o meio da fala (em todas as suas modalidades). Isso pode ser formulado inversamente, ou seja, que a linguagem é sempre enunciado, onde *não* cria eu-*origines* fictícias. Esta formulação não é tão extremista, como pode parecer na prática, porque nela, de fato, estão expressas as duas possibilidades lógicas opostas, à disposição do pensamento manifestado verbalmente: ser enunciado de um sujeito sobre um objeto, ou então, função criadora de sujeitos fictícios (na mão de um narrador ou dramaturgo). O limite, porém, que separa estas duas funções não coincide de modo algum com *aquele* limite que (como o formulamos antes) separa a linguagem criadora de literatura da linguagem que não faz literatura. A linguagem criadora de literatura que produz a poesia lírica pertence ao sistema enunciador da linguagem. Isso já é justificado do ponto de vista básico-estrutural pelo fato de que experimentamos um poema de modo completamente diferente do que a literatura ficcional, narrativa ou dramática. Experimentamo-lo como o enunciado de um *sujeito-de-enunciação. O muito discutido eu lírico é um sujeito-de-enunciação.*

Expresso assim, parece confirmar-se a definição tradicional do lírico como gênero literário subjetivo e realizado um passo no sentido da descrição moderna da poesia como formação lingüística. Voltamos a Hegel, o verdadeiro fundador da fenomenologia literária alemã. "No lírico", diz ele, "é satisfeita a necessidade (do sujeito)... de desabafar e de perceber a disposição interior na exteriorização de si

O GÊNERO LÍRICO

mesmo"[1]. Nesta sentença é fundamentada a subjetividade específica da experiência, o "sujeito" como pessoa, o eu pessoal do poeta, seu interior, a subjetividade do lirismo em oposição à objetividade do épico. As noções de subjetividade e objetividade, embora manejáveis, também são imprecisas, e são orientações aproximadas no âmbito da criação literária (como também demonstrou a análise da função narrativa). São imprecisas porque se perdeu de vista o fato de que são conceitos correlativos, que têm significado somente onde esta correlação tem validade: na lógica do juízo e da asserção. Se o princípio estrutural do lírico, compreendido aqui como o conteúdo das formas poéticas líricas, é um sujeito-de-enunciação, o eu lírico, não pode este gênero ser colocado em relação comparativa com os gêneros que não são constituídos por um sujeito-de-enunciação. Mas o seu lugar na criação literária situa-se somente dentro da esfera à qual pertence, categorialmente, como estrutura lingüística, ou seja, no sistema de enunciação da linguagem. Se o eu lírico não for apenas definido como "sujeito" no sentido pessoal deste conceito, mas como sujeito-de-enunciação, será eliminada, como tentaremos demonstrar, a noção de subjetividade da teoria do lírico, sendo possível incluir em seu conceito genérico também as formas e teorias mais modernas do lírico, como, por exemplo, o texto e a teoria do texto. De início, isso poderia parecer paradoxal, por ser mera conseqüência das noções de sujeito-de-enunciação e do enunciado, da correlação sujeito-objeto. No primeiro capítulo mostramos numa série de enunciados de todas as modalidades de sentença e, nos três tipos de enunciados, — o histórico, o teórico e o pragmático — diversas intensidades e relações possíveis dentro desta correlação: desde a objetividade absoluta de uma sentença matemática, cujo sujeito-de-enunciação somente tem o caráter de generalidade interindividual, até a subjetividade palpável de uma sentença imperativa emotivamente carregada. Demonstrou-se também que não é o tipo de enunciado nem a modalidade da sentença que determina a intensidade da subjetividade ou objetividade, mas a atitude do sujeito-de-enunciação — de modo que um enunciado teórico, como os exemplos filosóficos de Kant e Heidegger, pode ser mais subjetivo do que o enunciado de um sujeito-de-enunciação histórico ou pragmático.

Tendo sido suficiente, para a descrição do sistema de enunciação geral, a demonstração da correlação sujeito-objeto, com respeito ao sujeito-de-enunciação lírico, contudo, é necessário examinar mais algumas circunstâncias. É lícito

---

1. HEGEL, *Vorlesungen über die Aesthetik.* III, p. 422.

170 A LÓGICA DA CRIAÇÃO LITERÁRIA

indagar se o sujeito-de-enunciação lírico participa dos três tipos de enunciados ou se deles se distingue de algum modo, e, se este for o caso, o que resultaria disso para o caráter do lírico, isto é, o modo de ser e gênese da composição lírica.

Para este fim é necessário considerar antes um outro fator característico do enunciado: seu caráter *comunicativo* no sentido mais amplo. Aqui se entende que um enunciado por mais subjetivo que seja é sempre dirigido para o seu pólo objetivo, *i.e.*, que ele tem a finalidade ou a função de ter um efeito declarativo, interrogativo, optativo ou imperativo, de acordo com o contexto estabelecido pelo seu conteúdo, ou seja, pelo objeto-de-enunciação: o de informar pela declaração, obter informação pela interrogação, ou conseguir algo através de uma ordem ou pedido. Husserl formulou uma vez de modo muito marcante esta situação, de referência à ciência muito subjetiva que é a Filosofia: "A filosofia é um assunto inteiramente pessoal de quem faz filosofia. Trata-se da sua *sapientia universalis,* isto é, do seu saber que se expande no universal — mas de um saber autenticamente científico..."[2]

Neste contexto Husserl não visava ao caráter do enunciado teórico como tal, mas à decisão existencial de quem faz filosofia no sentido de "viver com este objetivo". Mas na formulação de Husserl está implícito o sentido da atitude assertiva do filósofo. O filósofo por mais "pessoal" que seja não deseja "exteriorizar-*se*" (Hegel), mas quer "apresentar o assunto" de que se trata (nos termos de Husserl). Os enunciados de todas as três categorias, que descrevem nossa vida de comunicação verbal, são dirigidos partindo do pólo subjetivo para o pólo objetivo. Querem, por assim dizer, exercer uma função de relação objetiva, que é sempre uma relação real, qualquer que seja a espécie da realidade em questão. Nisso é indiferente, para ressaltá-lo novamente, o grau de perceptibilidade do sujeito-de-enunciação. E é indiferente, ou pelo menos secundário, para a estrutura e função do enunciado qual seja a qualidade verbal do enunciado. A elevação lírica, ou digamos de modo mais antiquado, porém mais inequívoco, a elevação poética, que Kant toma em nosso exemplo extraído da *Crítica da razão prática* ainda não faz deste sujeito-de-enunciação um lírico. E quando Rilke, cujas cartas são particularmente impregnadas de seu estilo poético particular, descreve com beleza o passeio em trenó em Skane e a escadaria que leva ao "nada", os valores líricos desta descrição tampouco fazem do sujeito-

---

2. HUSSERL, E. *Cartesianische Meditationen und Pariser Vortraege.* Haia, 1963. p. 4.

O GÊNERO LÍRICO 171

de-enunciação histórico do autor da carta — que precisamente quer informar — um sujeito lírico. A linguagem também aqui está a serviço da comunicação informativa.

Estas observações naturalmente são óbvias; em nada contribuem para o conhecimento do eu lírico e conseqüentemente do gênero lírico. Mas existe um fenômeno em que não é tão fácil e natural perceber a situação do sujeito-de-enunciação. Encontra-se nos livros de orações e canções, que ilustraremos pelos seguintes exemplos:

A Ti, Senhor, levanto a minha alma.

Deus meu, em Ti confio, não me deixes confundido, nem que os meus inimigos triunfem sobre mim.

Olha para mim, e tem piedade de mim, porque estou solitário e aflito.

As ânsias do meu coração se têm multiplicado; tira-me dos meus apertos.

(Salmo 25; 1, 2, 16, 17)

Como o cervo brama pelas correntes das águas, assim suspira a minha alma por Ti, ó Deus!

A minha alma tem sede de Deus, do Deus vivo: quando entrarei e me apresentarei ante a face de Deus?

(Salmo 42; 1, 2)

Em todas as minhas ações
Deixo-me guiar pelo Supremo,
Que tudo pode e tem;
Tudo neste mundo
Que é para o bem
Dele provém.

Minh'alma lhe pertença
E nele só confie,
Em seu criador.
Em tudo que aconteça
Seu Pai nas Alturas
É seu protetor.

(Paul Fleming, Cancioneiro da Igreja Evangélica em Württemberg, n. 324)

Quando o possuo,
Quando é todo meu,
Quando meu coração lhe é fiel
Até o túmulo;
Não conheço o sofrimento,
Sinto apenas devoção, amor e alegria.

Quando o possuo,
Tudo abandono
E com prazer o sigo,

172   A LÓGICA DA CRIAÇÃO LITERÁRIA

Leal somente a meu Senhor;
Que outros percorram
Caminhos mais largos e claros.

(Fr. v. Hardenberg)

Os salmos de Davi, as canções de Fleming, Gerhardt, Hardenberg e outros apresentam todos os sintomas do poema lírico: linguagem, verso e rima. Além disso apresentam-se na forma em que aparece a maioria dos poemas líricos: em primeira pessoa, no enunciado de um "eu" que implora, reza e confessa a sua fé. Se verificarmos, porém, que os salmos e canções religiosas, ou seja, a *oração* revestida desta forma litúrgica [3], não pertencem ao gênero lírico (e não costumam ser nele incluídos), a causa deste fato não está no conteúdo dos salmos e canções, mas no sujeito-de-enunciação que aqui aparece. É um sujeito-de-enunciação *pragmático* e como tal orientado objetivamente, assim como o sujeito-de-enunciação histórico ou teórico. A oração pertence à liturgia como o sermão e o ritual empreendidos pelo padre e pela congregação. Está contida no contexto do ritual eclesiástico, na relação objetiva ou real, estabelecida pela realidade religiosa e eclesiástica e coloca cada membro da congregação em relação com esta realidade. O eu da oração é o eu da congregação e não se pode determinar até que ponto o orador individual participa pessoalmente deste "eu" congregacional, o que, entretanto, não tem nada a ver com a estrutura da oração e sua intenção. Pois, mesmo quando o orador individual, seja na igreja, seja em seu quarto, pronunciar a oração numa expressão pessoal da sua fé ou necessidade — o eu da oração permanece um eu pragmático assim como o seu eu pessoal, que no momento da oração com ele se identificar. Ele experimenta a oração, mesmo se esta aparecer numa bela forma lírica, não como um poema lírico — precisamente por referir o eu da oração a si mesmo, de acordo com a intensidade do seu engajamento pragmático e religioso.

O salmo e a canção religiosa naturalmente são formas delicadas e por isso mesmo muito elucidativas da estrutura e lógica da criação literária. Pois *são* o produto de poetas, indiferentemente de seu valor e renome. De fato, mudam de caráter quando os encontramos, fora do ritual eclesiástico ou do cancioneiro, por acaso nas obras do respectivo poeta.

---

3. Que o canto eclesiástico pode ser incluído no gênero oração foi confirmado por F. Heiler: "Testemunhas de uma oração autêntica e individual são os poemas de oração parcialmente oriundos de vivências pessoais:... os salmos do A.T., as canções religiosas das diversas linguagens" (*Das Gebet*, 5.A, Munique, 1923, p. 31).

O GÊNERO LÍRICO

173

Quem, por exemplo, nunca ouviu na igreja o hino "Quando o possuo/Quando é todo meu/...", mas o conhece como poema, o quinto das *Geistlichen Lieder* (Canções espirituais) de Novalis, na coleção de seus poemas, não o associa com a situação real da liturgia protestante. Ele vive o conteúdo religioso, a profundidade do sentimento, a musicalidade suave do verso e o experimenta como o sentimento religioso deste eu que se exterioriza, vive a experiência deste eu. E qual seria a natureza deste eu? Precisamente lírico, o eu lírico deste poema religioso, o eu que nesta forma e em nenhuma outra exprime a sua fé. Como se realiza este fenômeno? Simplesmente pelo contexto em que o leitor encontra o poema. E o contexto não é casual. É o contexto em que o poeta o colocou. Tendo incluído o poema num livro de poesias, indica ele que não o destinou ao emprego litúrgico, ou seja, a um objetivo prático, sendo, assim, o sujeito-de-enunciação não um eu prático, mas um eu lírico. O poema religioso não tem função numa situação real, mas é a expressão artística da sua alma religiosa.

As "duas faces" da canção religiosa de Novalis permitem-nos penetrar mais ainda na fenomenologia do eu lírico e, conseqüentemente, na estrutura do poema lírico e do gênero lírico. Até agora serviu-nos de indício para o lugar do lírico como gênero literário dentro do sistema de enunciação da linguagem. Sendo um poema, escrito por um poeta, que também serve a uma finalidade prática, a liturgia, constitui ele um caso-limite onde se pode perceber quando se tem um eu lírico ou não. O indício aqui não é outro senão uma compreensão modificada do eu (sendo indiferente se temos ou não consciência desta modificação e até que ponto), e não a *forma* do poema em si. Pois qualquer enunciado pode ser em princípio expresso em forma de poema, sem que se transforme em lírico. E se a oração pode receber de um poeta uma bela forma poética, não obstante, situa-se na mesma linha embora no pólo estético oposto, que um poema ocasional (no sentido profano e não no goethiano) e um verso propagandístico. Sob o ponto de vista da teoria lingüística e da classificação genérica deve haver separação rígida entre o *sujeito-de-enunciação lírico* que constitui o lírico e a *forma* em que o lírico se apresenta. Dado o fato de que o lírico se situa no sistema de enunciação da linguagem, a sua forma peculiar é transferível a toda asserção; inversamente, tendo-se um sujeito-de-enunciação lírico, não é necessário, logicamente, que a forma em que o sujeito "sе exprime" corresponda às exigências estéticas de uma formação lírica artística. Aí temos maus poemas. Corre-se o

174 A LÓGICA DA CRIAÇÃO LITERÁRIA

risco de mal-entendidos quando se afirma que todo sujeito-de-enunciação lírico, isto é, todo aquele que visa a um enunciado lírico (e não histórico, teórico ou pragmático), constitui um poema lírico. Trata-se do mesmo processo que inclui qualquer romance trivial no gênero ficcional épico. Mas, no último, o processo é mais apreensível porque a narração ficcional apresenta os sintomas que a separam do enunciado de realidade. Tais sintomas não são fornecidos pela gênese lógica do poema lírico, porque este se situa no sistema de enunciação podendo ser a sua forma transferida a todo enunciado. O gênero lírico é constituído pela intenção por assim dizer "manifestada" do sujeito-de-enunciação de ser um eu lírico, ou seja, pelo contexto em que encontramos um poema. Mas nem no caso do gênero ficcional nem no lírico é a forma estética decisiva da inclusão da respectiva forma no gênero literário ficcional ou lírico [4]. Pertence, portanto, ao sistema da criação literária (sendo que aqui não se entende a literatura no sentido estético) um péssimo romance, mas nunca um ensaio por mais brilhante que seja. A ele pertence (involuntariamente) o comicíssimo poema Friederike Kempner, mas não o salmo 42 de Davi. A ele pertence a quinta canção espiritual de Novalis, quando consta em seu livro de poemas, mas não no cancioneiro protestante.

Pensamos ter esclarecido que nossa intenção não foi outra senão fixar o lugar do lírico no sistema da criação

---

4. Observa também Ingarden que na análise filosófico-teórica da fenomenologia da "obra literária", esta expressão "é utilizada para designar qualquer obra do domínio das "Letras", indiferentemente de se tratar de uma obra de arte autêntica ou sem valor artístico" (*Idem*, p. 1, Nota 1).

O fato de que empreendimentos como os de Ingarden e os meus tratem de fenômenos da estrutura lógico-linguística (ou também ontológica), e não estéticos (como salientado diversas vezes), não é facilmente admitido e aceito pelos pesquisadores orientados pela história da literatura e estética da criação literária. R. Wellek critica por esta razão a minha teoria dos gêneros, em particular a análise do eu-lírico, designando-a de "psicologismo" (*Genre Theory, The Logik and 'Erlebnis'*, R. Alewyn, Colônia, 1967).

Neste contexto quero aproveitar para responder brevemente ao ataque de Wellek (mencionando que o capítulo sobre o lírico desta segunda edição já estava reescrito antes do aparecimento do artigo de Wellek e que uma série de motivos de crítica justa já tinham sido eliminados ou corrigidos, como espero. Mas em princípio ocorre que a crítica de Wellek baseia-se no mal-entendido da minha teoria quanto às noções de enunciado e sujeito-de-enunciação. O conceito alemão lógico e gramatical de enunciado corresponde ao *statement* inglês, cujo sentido ultrapassa o *assertion* inglês (asserção). Na versão inglesa de *Philosophische Untersuchungen* de Wittgenstein, o termo enunciado (*Aussage*) é traduzido por *statement*. Vide também meu artigo "The theory of statement", em *Allgemeen Nederlands Tijdschrift vor Wijsbegeerte en Psychologie* 65 (1964). O termo *utterance* não lhe corresponde de modo algum, e nem *real utterance* reproduz o termo exato do enunciado de realidade (p. 393), mas sim *reality statement*, da mesma forma que no conceito sujeito-de-enunciação (*Aussagesubjekt*) não se trata de um *speaker*, porém do elemento estrutural do sistema de enunciação da linguagem. Permito-me defender-me também contra a simples fórmula à qual Wellek pretende reduzir minha tentativa de uma teoria do gênero: "The dividing criterion is the speaker: in the lyric the poet himself speaks, in the epic and drama he makes others speak" (p. 393). Se este fosse o caso, provavelmente o livro não teria dado motivo à discussão.

O GÊNERO LÍRICO 175

literária. Seu lugar está, em suma, no sistema de enunciação da linguagem, diferentemente do gênero ficcional que dele está desligado. Mas o seu lugar nesse sistema é diferente daquele dos enunciados informacionais das três categorias; está, por assim dizer, além do limite deste domínio. Distinguimos o enunciado afirmacional, digamos assim, pelo fato de que, a despeito da sua possível subjetividade, ele é dirigido partindo do pólo-sujeito para o pólo-objeto e tem uma função numa relação objetiva ou real, enquanto o enunciado lírico, como demonstramos no exemplo do poema-oração, não "quer" assumir tal função (como é lícito dizer), sendo diferente nele a polaridade sujeito-objeto. Um exame mais exato desta situação e, *i.e.*, do procedimento e natureza do sujeito-de-enunciação lírico, esclarecerá melhor a gênese (lógica) do poema lírico como obra de arte lingüística.

A correlação lírica do sujeito-objeto

Partimos de novo do caso-limite do poema-oração de Novalis, para o que o transcrevemos na íntegra. É a quinta das *Geistlichen Lieder* (Canções espirituais) deste autor:

> Quando o possuo,
> Quando é todo meu,
> Quando meu coração lhe é fiel
> Até o túmulo;
> Não conheço o sofrimento,
> Sinto apenas devoção, amor e alegria.

> Quando o possuo,
> Tudo abandono
> E com prazer o sigo,
> Leal somente a meu Senhor;
> Que outros percorram
> Caminhos mais largos e claros

> Quando o possuo,
> Tranqüilo durmo,
> Sempre me deliciarei
> Com a torrente da sua bondade,
> Que gentilmente dominando
> Tudo ameniza e impregna.

> Quando o possuo,
> Possuo o mundo inteiro;
> Feliz como o menino celeste
> Que segura o véu da Virgem.
> Nela absorvido,
> Os horrores terrestres não me atingem.

A LÓGICA DA CRIAÇÃO LITERÁRIA

Onde o possuo,
É a minha terra;
E toda dádiva que recebo
É parte da minha herança;
Saudosos irmãos
Revejo-o em seus discípulos.

Doravante consideraremos esta canção espiritual não como prece, mas como poema lírico, no sentido definido de um enunciado de um sujeito-de-enunciação lírico. Como tal é indicada para nos servir de ponto de partida à observação do processo que produz a poesia. Este processo, bem entendido, não deve ser compreendido como um processo individual, particular a este poeta, explicável biograficamente, mas unicamente do ponto de vista lógico-lingüístico, como o processo que ocorre dentro da correlação sujeito-objeto do enunciado lírico. Como tal ele naturalmente tem inúmeras formas diferenciadas, cuja diferenciação produz as possibilidades infinitas da expressão lírica e das conseqüentes obras de arte; e somente neste sentido individual é o processo em relação aos diferentes poemas líricos e poetas líricos, bem como em relação aos estilos de época. A estrutura do lírico mais antigo apresenta-se a este respeito diferente da estrutura moderna.

A quinta das *Geistlichen Lieder* de Novalis é conveniente como ponto de partida de nosso exame deste processo por funcionar também como canção litúrgica. Como tal funciona numa situação real, ou seja, no culto religioso, como a confissão da sua fé. O eu congregacional impessoal transforma-se como vimos no eu do poeta quando lemos ou ouvimos o poema fora do contexto litúrgico. O caráter do sujeito-de-enunciação é modificado, mas não o sujeito-de-enunciação naturalmente, pois o *poema* não é alterado. O objeto contido no poema permanece, mesmo sem a função litúrgica, ou seja, permanece em sua univocidade: "ele" — na forma acusativa "o", cinco vezes pronunciado intencionalmente no começo de cada estrofe — o Senhor, cuja posse nos enche de alegria, testemunhado pelas situações diretas ou metafóricas das cinco estrofes. É tão clara a relação com o objeto destes enunciados que o intérprete não tem outra coisa a fazer senão constatar a expressão da felicidade e fé deste eu lírico que aqui "se externa". Até agora não aconteceu muito entre o pólo-sujeito e o pólo-objeto desta afirmação religiosa em forma de poema. Muito não aconteceu, mas sempre aconteceu algo. Aparece na quarta estrofe e talvez não seja por mero acaso que esta tenha sido

O GÊNERO LÍRICO 177

omitida ou alterada nos cancioneiros [5]. A razão disso pode
ter sido o tom algo erótico do terceiro e quarto versos, ou
talvez alguma dificuldade da sua compreensão. Com isso
indica-se um elemento, um indício, essencial à correlação
sujeito-objeto. Não são apenas o terceiro e o quarto
versos, mas o seu relacionamento com os dois versos anteriores e subseqüentes que causam alguma dificuldade na
interpretação. Não se trata aqui da interpretação da estrofe
— por exemplo, da explicação de que o poeta se tenha
inspirado, em sua comparação da felicidade com a de um
menino celeste, numa pintura apresentando anjos que segu-
ram o véu da Virgem; ou se o "mundo" em oposição a
"terrestre" significa um mundo superior, divino, cuja contemplação afasta os horrores terrestres. — Não se trata aqui
destes pormenores, mas apenas do processo na enunciação,
que aparece justamente através destas perguntas da interpretação do texto. Porque nesta quarta estrofe a relação
com o objeto tornou-se *menos precisa* (convidando-nos por
isso mesmo a interpretá-la). Os três enunciados dos seis
versos, dois estão sempre juntos, estão mais soltos que os
enunciados das outras estrofes. Se esta quarta estrofe tinha
sido omitida dos cancioneiros, poderia ser um indício da
dificuldade de adaptar o eu desta estrofe ao eu congregacional. Nela se revela o processo que constitui o enunciado lírico, não preenchendo por assim dizer a finalidade
pragmática "inequívoca" da oração.

Neste poema-oração, contudo, e apesar da quarta
estrofe, não nos é possível demonstrar adequadamente este
processo. Serviu-nos apenas como um fenômeno no limite
entre um sujeito-de-enunciação pragmático e um lírico e com
isso como primeiro indício do processo que constitui o
enunciado lírico e o diferencia do enunciado não-lírico.
Este processo que ocorre entre o sujeito-de-enunciação e o
objeto será agora exemplificado; os exemplos foram selecio-
nados cronologicamente, ilustrando o processo através da
dificuldade progressiva da interpretação. Ao mesmo tempo
serve como explicação — uma das possíveis explicações —
ao fato de que o lírico mais antigo é de compreensão mais
fácil que o moderno.

Que o famoso poema primaveril de Moerike "É ela"
seja nosso primeiro exemplo:

5. Nos cancioneiros que adotaram a quarta estrofe — p. ex., *Evangel.
Gesangbuch für Elsass: Lothringen* (1914), *Christl. Gesangbuch für evangel.
Gemeinden* (Bielefelt 1854) — os versos 3 e 4 soam: "e aos ricos do céu /
meu olhar se dirige"; *"Gesangbuch für die Evangel. reformierte Kirche der
deutschen Schweiz"* (Berna 1891) lê-se: "O que oferece é eterno / Feliz quem
o conserva".

178 A LÓGICA DA CRIAÇÃO LITERÁRIA

> Novamente Primavera aos ventos
> Dá a sua fita celeste;
> Suaves e conhecidos alentos
> Sabiamente roçam a terra agreste.
> Já as sonolentas violetas
> Logo querem voltar.
> — Escuta, o som suave da harpa!
> Primavera, sim, és tu!
> Ouço-te chegar!

Este poema não apresenta dificuldades quanto à interpretação. Vê-se imediatamente de que se trata. O pólo-objeto das enunciações feitas nos versos é nítido: a primavera, no primeiro verso, e com maior precisão a primavera que está chegando, evocada como tal no quarto, quinto e sexto versos pelas palavras: sabiamente, já, logo, voltar. Mas os dois primeiros versos já contêm uma outra idéia: uma fita azul esvoaçando. Não está esvoaçando por si e se perguntarmos quem a ofereceu aos ventos, nós devemos dizer: a primavera. Mas com esta resposta dizemos outra coisa que o poema. Este diz "Primavera", sem artigo, como nome próprio, personificado, razão pela qual pode oferecer sua fita aos ventos. Mas o intérprete não pode repetir esta metáfora como asserção. Se ele diz: esta é uma metáfora, exprimindo talvez o céu azul primaveril, ele diz outra coisa que o poema, que não fala do céu, mas apenas apresenta a imagem de uma fita azul-celeste esvoaçando, que como tal está longe do pólo-objeto, que é a primavera. As quatro enunciações seguintes estão mais próximas do pólo-objeto; mencionam fenômenos primaveris concretos, "conhecidos", suaves alentos, violetas, e na palavra "sabiamente", advérbio do "roçar dos suaves alentos", percebemos a intenção primaveril. A alusão às violetas é menos precisa. Elas logo querem voltar. Aqui é mais difícil explicar se se trata mesmo de violetas já presentes, digamos brotos, ou de uma impressão primaveril vaga, existente na imaginação do poeta. A referência ao objeto escapa quase imperceptivelmente à nossa pergunta, à nossa interpretação. E no último enunciado escapa inteiramente. Ela é como a metáfora da fita, reinterpretação do poeta; entretanto já não transformada nem sequer numa representação do visível e sim somente do audível; não porém num dado primaveril, concreto e audível, como seria o canto da cotovia — elemento favorito das canções primaveris românticas — mas em algo que não é referido à conexão objetual real: um fraco som de harpa, vindo de longe. Finalmente, temos aqui a nossa idéia primaveril, neste som inteiramente imaginário: é ele, este som,

O GÊNERO LÍRICO

que é a primavera, percebido pelo eu lírico que agora se manifesta.

Alguma reflexão deverá levar-nos ao elemento estrutural que organiza este simples poema. Uma criança o compreende; porque é claro o que se trata. A primavera que se anuncia é o pólo-objeto das enunciações do sujeito-de-enunciação lírico. Agora se apresenta o fenômeno de que, terminada a leitura, na compreensão do todo, não é a primavera que chega, o objeto, que nos impressionou e se gravou na memória, mas a fita azul de Primavera, as violetas sonolentas, um som suave de harpa. Algo que nunca sucede no enunciado informacional ocorreu com a estrutura sujeito-objeto das enunciações. Retiraram-se, por assim dizer, do pólo-objeto, reorganizaram-se assumindo conteúdos que de modo algum se relacionam diretamente com o objeto. Não estão orientadas neste sentido, nem dirigidas por ele. Não formam conexão objetiva ou informativa, mas são algo diferente, que podemos designar de *associação de sentido*. Isso quer dizer que as enunciações são atraídas do pólo-objeto para a esfera do pólo-sujeito. É justamente este processo, porém, que produz a forma de arte lírica. Resulta de uma ordem entre os enunciados comandados pelo sentido que o eu lírico a eles quer exprimir. Como é feito, quais os recursos lingüísticos, rítmicos, métricos, sonoros, empregados e até que ponto se torna perceptível a relação interior — isso tudo é o lado estético da criação literária. Não se pode distinguir no resultado, no poema realizado, se é a ordem e forma da enunciação que produz a associação de sentido, ou se é esta que comanda a ordem. Sentido e forma são idênticos na poesia.

O poema de Moerike parece-nos fácil e compreensível porque, apesar dos disfarces metafóricos de seus enunciados, a referência para com o objeto é conservada. O sentido que o criou, alegria na descoberta da primavera, revela-se imediatamente. Foi necessário um exame mais exato das palavras, imagens e referências para perceber a retirada dos enunciados do pólo-objeto. *Pode-se estabelecer a fórmula*: *quanto mais preciso ou impreciso o relacionamento objetivo, tanto mais fácil ou mais difícil a descoberta da associação de sentidos*.

Como segundo exemplo, servimo-nos de um poema que apresenta uma dificuldade de interpretação média, portanto já maior que a anterior. É moderno, o poema "Música no Mirabell" de George Trakl. Queremos observar, entretanto, que o grau da dificuldade não é condicionado pela modernidade, embora seja geralmente aceito que o lírico moderno é mais complicado que o anterior. O poema

180 A LÓGICA DA CRIAÇÃO LITERÁRIA

"Saudade feliz" de Goethe, p. ex., é algo obscuro de sentido, e mais ainda a poesia de Mallarmé, que H. Friedrich considera o início da lírica moderna — não sendo este o caso do poema de Goethe — e que de fato é difícil por razões "modernas", precisamente as razões que dificultam a interpretação também do poema de Trakl, em comparação com o de Moerike. Escolhemo-lo porque a correlação sujeito-objeto nele é mais perceptível ainda, pois o sujeito-de-enunciação lírico não se manifesta na primeira pessoa. (A variedade da natureza e do modo de aparecer do sujeito-de-enunciação lírico será objeto do próximo parágrafo.)

Música no Mirabell

Uma fonte canta. No azul sem fim
Há nuvem branca e delicada.
Gente pensativa e calada
Passeia à tarde pelo velho jardim.

O mármore dos antepassados escureceu.
Aves em debandada roçam o céu.
Os olhos mortos de um fauno procuram
A sombra que na penumbra esvaneceu.

Da velha árvore a folhagem cai vermelha
E em rodeios pela janela se introduz.
O fogo que arde na sala reluz
E sombrios fantasmas desenha.

Na casa entra um vulto branco,
Por corredores descaídos acorre o chão.
A criada uma lâmpada extingue,
O ouvido à noite uma sonata distingue.

À primeira vista, também este poema não apresenta dificuldades maiores. As três sentenças que perfazem a primeira estrofe parecem estar relacionadas: um velho jardim, em que há uma fonte que canta, onde pessoas pensativas e caladas passeiam e acima do qual há um céu claro com nuvens brancas e delicadas. Embora tenhamos empregado todas as indicações da estrofe para reproduzir o seu relacionamento objetivo, notamos que a estrofe não lhe corresponde inteiramente. Aqui incluímos preposições — a fonte no jardim, acima do qual um céu — que não constam no poema; e percebemos que a sua ausência dissolve a relação que acabamos de formar. As sentenças: "Uma fonte canta", "No azul sem fim há nuvem branca..." não estão concatenadas, relacionadas e, assim que se estabelece seu relacionamento, mesmo superficial, aparece o limite, muito tênue aliás, que separa a enunciação comunicativa informacional da lírica. Nos próximos versos prossegue este fenômeno em várias maneiras entre versos e estrofes. Os enunciados da segunda estrofe aparecem como sinais disparatados de um

O GÊNERO LÍRICO

jardim ao anoitecer, sinais estes que significam ligeira dissolução da conexão ainda relativamente fechada da primeira estrofe, evocando o início de uma atmosfera inquietante, que se exprime nas palavras "sombrios fantasmas" do fim da terceira estrofe. É precisamente esta estrofe que parece estabelecer um ponto de orientação inesperado, um ponto de vista perspéctico em que o sujeito-de-enunciação parece estar oculto: uma árvore em frente à janela aberta, uma sala da qual se vê o jardim, indicado através da frase "pela janela se introduz"; mas, na falta de uma indicação intencional, não é permitido fixar tal relacionamento objetivo. Vê-se, ao contrário, que precisamente pela omissão deste ponto de vista, e apesar das indicações espaciais, aumenta a desorientação, até que os versos "Na casa entra um vulto branco" e "O ouvido à noite uma sonata distingue" negam completamente a resposta a qualquer pergunta sobre o relacionamento objetivo, por exemplo, quem está ouvindo a sonata e onde ela está sendo tocada. É singular a dissolução do título também, em si concreto pela indicação topográfica, algo indefinido, não localizável, embora a palavra música pareça determinar o último verso.

O percurso através dos versos e estrofes do poema "Mirabell" apresenta um fenômeno singular, quase paradoxal. Comparado ao poema de Moerike, seus versos enunciantes, que se apresentam na forma de sentenças objetivas, são mais concretos, realistas, individualmente. Não há metáfora. Seu relacionamento objetivo também é mais concreto: um local, casa e jardim, ao anoitecer. Não obstante, verificamos que os enunciados se afastam ainda muito mais deste relacionamento objetivo, dissolvendo-se e espalhando-se, até condensarem o poema numa atmosfera desorientada e inquietante. E é justamente à medida que se dissolve o relacionamento objetivo que também se obscurece a associação de significados, obtendo-se um poema em que esta associação é de difícil identificação, diferentemente do poema de Moerike.

Como exemplo de um relacionamento objetivo totalmente encoberto indicaremos um poema moderno, de Paul Celan, que consiste de seis versos sóbrios:

Na sereia

Boca no espelho oculto,
Joelhos ante a coluna da altivez,
Mão com o ferro da grade:

entreguem-se mutuamente à escuridão,
pronunciem meu nome,
levem-me a ele.

(*Mohn und Gedaechtnis* (Papoula e memória),
p. 45.)

182 A LÓGICA DA CRIAÇÃO LITERÁRIA

Os três versos da primeira estrofe indicam três partes do corpo, colocadas como seres isolados, cada qual numa referência exata, mas de difícil compreensão. Os dois pontos no fim da primeira estrofe indicam que o imperativo da segunda estrofe se refere às partes do corpo exortadas, que são convidadas a empreender algo com o eu lírico que ora se anuncia na primeira pessoa gramatical, sendo que o segundo e o terceiro imperativo: "pronunciem meu nome/levem-me a ele" são mais claros do que o primeiro: "entreguem-se mutuamente à escuridão". Em muitos casos, pelo menos uma última palavra pode iluminar uma referência objetiva. Aqui é dito "a ele". Assumindo que se trata de uma pessoa masculina, não encontramos referência; não há tal relação. Resta gramaticalmente a referência a um dos objetos mencionados: boca, espelho, altivez, nome. O mais chegado seria referi-lo ao substantivo "nome", e, constituindo uma relação possível, mas muito incerta, oculta, poder-se-ia dar esta interpretação: o eu lírico revela-se, não na forma de uma unidade pessoal, mas como boca, joelhos, mão, separados, estranhando-se e, principalmente, estranhos, obscuros ao eu, a quem no entanto pertencem. É possível que o enunciado: "entreguem-se mutuamente à escuridão" indique tal sentido. A identificação do eu consigo mesmo não é estabelecida pelas partes do corpo, tão diferentes umas das outras ou pelo menos julgadas assim, de modo a perguntar o que a mão, o joelho, a boca, têm a ver entre si, mas é estabelecida através do nome. O nome é a pessoa muito antes do que a boca, o joelho, a mão. Estes agora são convocados a declarar-se partidários do nome (do eu), para em seguida levar-"me", o eu lírico, a ele, ou seja, confrontá-lo com o nome.

A tentativa de interpretar estes seis versos de Celan necessitou de um procedimento diferente daquele empregado no poema simples de Moerike e até no de Trakl. Não foi possível indicar uma relação objetiva mais ou menos inteligível, observando em seguida a maneira como o eu lírico dela retira as suas asserções, delicada e transparente em Moerike, mais radical e oculta em Trakl. Com Celan tivemos de agir inversamente, isto é, partir das palavras individualmente, dos enunciados separados e reuni-los numa relação possível, porém incerta e ambígua; foi necessário tentar estabelecer uma associação de sentidos e através desta chegar a um relacionamento objetivo possível. Mas diferentemente dos poemas de Moerike e Trakl, a associação de significados e a relação objetiva coincidem aqui e não são separáveis como a primavera e a atmosfera primaveril em

O GÊNERO LÍRICO 183

Moerike, o anoitecer e a atmosfera inquietante em Trakl. Não há no poema de Celan objetividade extra-subjetiva, relação objetiva. Pois não se depreende se existe uma experiência objetiva atrás do poema e como ela é, caso exista. O poema parece exprimir unicamente, se a nossa interpretação for aproximadamente adequada, metáforas de uma possível experiência de identificação ou não-identificação do eu consigo mesmo. E esta experiência não seria mais do que uma das possíveis interpretações do significado do poema. Quanto mais oculto o relacionamento objetivo, tanto mais difícil a associação significativa.

O processo empregado nestes exemplos, e que pensamos definir como o do relacionamento sujeito-objeto lírico, parece corresponder principalmente à teoria simbolista do lírico. É lícito citar aqui a famosa expressão de Mallarmé, sobre a qual W. Vordtriede disse conter "a estética simbolista em forma condensada" [6]: "Nommer un objet c'est supprimer les trois quarts de la jouissance du poème, qui est faite de deviner peu à peu: le *suggérer, voilà le rêve.* C'est le parfait usage de ce mystère qui constitue le symbole: évoquer petit à petit un objet, pour montrer l'état de l'âme, ou inversement, choisir un objet et en dégager un état d'âme par une série de déchiffrements" [7]. O que é chamado símbolo por Mallarmé, e o que é de modo mais ou menos vago a idéia de poema para o Simbolismo exprime o processo, particularmente em sua segunda formulação, inversa à primeira, que tentamos descrever como a retirada da enunciação do pólo-objeto, com a diferença de que Mallarmé volta aqui à relação da experiência com o objeto, o *état d'âme.* As duas formulações, contudo, *évoquer un objet, choisir un objet,* ressaltam claramente a relação sujeito-objeto, na qual se realiza a transformação do objeto. Símbolo não significa aqui outra coisa senão a apreensão do objeto pelo eu lírico, sua transformação no *état d'âme,* pela qual ele se torna simbólico. Mas depende do modo de "decifração", isto é, da forma verbal lingüística do poema, que resulta do grau de inteligibilidade do objeto. Pois a *poésie pure,* forma verbal pura, é o objetivo declarado do Simbolismo. De acordo com a análise realizada por H. Friedrich nos poemas "Sainte" e "Éventail (de Mme. Mallarmé)", que acompanha o processo da retirada dos objetos, diz ele: "ora não ocorre a atualização de um objeto, mas o afastamento dele; o objeto não é esclarecido, mas é claro o processo da desobjetivação" [8].

6. VORDTRIEDE, W. *Novalis und die franzoesischen Symbolisten.* Stuttgart, 1963. p. 103.
7. MALLARMÉ, St. *Oeuvres complètes.* Paris, 1956 (Bibl. de la Pléiade) p. 869.

184 A LÓGICA DA CRIAÇÃO LITERÁRIA

A breve referência ao problema central da teoria do Simbolismo serve aqui apenas como uma prova muito clara da nossa fórmula estrutural lírica fixada pela teoria da enunciação. Mas precisamente a libertação acentuada da palavra poética na *poésie pure* (sem que esta esteja com isso suficientemente descrita) dirige a atenção para algumas formas líricas extremas da nossa poesia moderna, bem como para a poética, que lhe diz respeito, desenvolvida com o auxílio da Lingüística e da Teoria do Texto. O fenômeno e problema comum é o predomínio da linguagem, a acentuação — e sobrestimação — do fato de que são poemas feitos de palavras. É necessário verificar se, em vista deste fenômeno, é sustentável a estrutura sujeito-objeto lírica, ou seja, a sua teoria. Ou, antecipando a resposta, cremos poder empregá-la como instrumento determinativo da integração destes fenômenos no sistema lírico.

Baseando-se nos renovadores da linguagem poética, como Mallarmé e Arno Holz, no século XX, Gertrude Stein, diz M. Bense num dos numerosos trabalhos dedicados a este assunto: "para esta poesia as palavras não são pretextos para os objetos, mas os objetos são pretextos para as palavras. Fala-se de certo modo de costas para as coisas, sobre palavras, metáforas, contextos, versos, sons, morfemas e fonemas. Trata-se de poesia em nível metalingüístico, de poesia de um mundo particular"[9]. Transcrevemos um texto de Arno Holz, que Bense indica como exemplo instrutivo, sem dúvida relativamente primitivo:

Die alten
eisenholzlaffetigen
buckelbildrigen, buckelringigen, buckelschildrigen
Bronzekanonen,
Bronzehaubitzen, Bronzemoerser, Bronzehaufnitzen
Bronzebasilisken,
Bronzekartaunen und Bronzefalkaunen
unten im Hafen werden
abgeprotzt: *
. . .

(Phantasus)

8. FRIEDRICH, H. *Die Struktur der modernen Lyrik*. Ed. rev. Hamburgo, 1967. p. 102.
9. BENSE, M. *Experimentelle Schreibweisen*. (not. texto 17), Stuttgart, s/d.

° Os velhos
paus-de-ferro-carretados
corcovas-ferro-formando, corcovas-ferro-lutando, corcovas-ferro-escudando
canhões-de-bronze
obuseiros-de-bronze, morteiros-de-bronze, colubrinas-de-bronze
basiliscos-de-bronze,
catapultas-de-bronze, falconetas-de-bronze
embaixo no porto são
descarretados:
. . .

(Phantasus) (N. da T.)

O GÊNERO LÍRICO

185

Pode ser levantada aqui a questão de que a linguagem e maneira de descrever as coisas indubitavelmente nova e radical é afinal apenas a última conseqüência da estrutura lírica sujeito-objeto. De fato, a definição de Bense segundo a qual os objetos nesta poesia são pretextos para palavras, parece-me ser uma outra expressão do processo da enunciação lírica em geral — e além disso uma última conseqüência da formulação de que as palavras são pretextos para objetos. As duas formulações valem, como se deve frisar, para poemas puramente descritivos de objetos. As duas fórmulas opostas exprimem duas posições extremas dentro do processo de enunciação lírica, podendo ser o pólo-objeto mais ou menos identificável, mais ou menos inteligível. Quando as palavras se apresentam como pretextos para objetos, temos o primeiro caso, ao passo que o inverso designa o segundo. Em ambas as formulações as palavras são o fator decisivo. São o recurso do sujeito-de-enunciação lírico, que descreve o objetivo, sendo que se deve ter em vista os poemas que não transformam a coisa simbolicamente, tornando-a transparente, mas que descrevem ou formam liricamente a "coisa em si". Poemas objetivos desta natureza são paradigmas especialmente instrutivos e também sutis, porque neles também o sujeito-de-enunciação lírico se dá como orientado para o objeto, visando a uma descrição adequada da coisa. Não é, pois, mero acaso que tais poemas se ofereçam facilmente à designação de "textos", agrupando-se ao redor da fronteira que corre entre a enunciação lírica e a informacional. Um poema objetivo de Rilke como "Fonte de Roma", que em nenhum lugar ultrapassa o fenômeno descrito, uma fonte consistindo de três pias sobrepostas, situa-se bem no domínio lírico ainda longe do limite, pois se apresenta na forma de soneto *como* poema, em linguagem poética, externa a intenção do sujeito-de-enunciação, não forçadamente, mas por metáforas delicadas já contidas nas palavras escolhidas — inclinando-se silenciosamente, calando-se ao encontro de quem fala baixo, derramando sem saudade. Este poema corresponderia, pelo menos no início, à fórmula de Bense, segundo a qual os objetos são pretextos para palavras, porque o objeto motivou o poema, ou melhor, a enunciação lírica. Tal poema, situado na tradição da forma lírica, não deixa perceber se o objeto foi "mero" motivo, ou até pretexto, para a "experiência" verbal, ou se é esta, portanto, as palavras, que se dirige para o objeto. Expresso por nossa fórmula estrutural é reconhecível o processo da retirada dos enunciados do pólo-objeto, iniciado neste poema pela colocação do sujeito-de-enunciação como lírico, não apenas pela forma externa

186 A LÓGICA DA CRIAÇÃO LITERÁRIA

de soneto, mas essencialmente pela estrutura da linguagem poética e metafórica, de tal modo que, como no poema primaveril de Moerike, sem toda clareza da relação objetiva, a impressão que permanece é a das imagens evocadas pelas metáforas.

O texto de Arno Holz procede diferentemente. Que o objeto, os canhões, sejam aqui o pretexto para as palavras, coincide com o esforço prático-poético de Holz em dominar a realidade, por assim dizer, pela palavra, com o resultado de que a linguagem, ou seja, a necessária "diferenciação" se torne independente na formação de associações verbais e séries de palavras. "Holz procura... levar a linguagem a uma verbalização total do pensado; isso significa: — num processo em que a linguagem não deve procurar suas possibilidades em áreas de significado esgotadas, mas no enriquecimento do vocabulário"[10]. De fato, a "verbalização do pensado" corresponde tanto à fórmula de Bense quanto à nossa fórmula estrutural. Os objetos, os canhões, desaparecem sob as palavras que se tornam independentes e existentes como sons vocálicos, de valores e conteúdo próprios. Os enunciados do poema, reduzidos a substantivos e atributos, as palavras em série, são retirados do pólo-objeto e organizados entre si. Mas este pólo não se torna obscuro, como nos exemplos de Trakl e Celan. O pólo-objeto mantém-se claro justamente por ser o processo puramente lingüístico, por assim dizer, sem fundo significativo, e sendo apenas a relação entre a coisa descrita e a linguagem descritiva o tema do texto. Isso não contraria a formulação de que o objeto desaparece nas palavras, é verbalizado ou o deve ser. É intenção desta enunciação lírica ressuscitar o objeto nas "impressões" evocadas pelas palavras, impressões que se compreendem provocadas pelo objeto. (Existe aqui um parentesco com o impressionismo pictórico.) Assim encarado, o poema objetivo situa-se perto da fronteira do enunciado declarativo.

Apesar das diversas diferenças estilísticas (condicionadas pelas épocas) há uma linha que leva de Arno Holz a um poeta lírico moderno como Francis Ponge, cuja obra mais conhecida é *Le parti pris des choses* (Tendência das coisas) (1942). Esta obra que consiste de trinta e duas peças em prosa não provoca a impressão de poesia lírica, não por causa da forma em prosa (que se pode apresentar lírica, como p. ex., *Offenbarung und Untergang* (Revelação e queda) de Trakl; aqui a forma em prosa apóia as descrições

---

10. STROHSCHNEIDER-KOHRS, Ingrid. Sprache und Wirklichkeit bei Arno Holz. Poética (1967, 19 v., Cad. I, p. 82.

O GÊNERO LÍRICO

objetivas das coisas e fenômenos que são tratados e que são indicados sempre por um título: Chuva, A laranja, A vela, O cigarro, A ostra, O fogo — para mencionar apenas alguns destes textos de diversos comprimentos. Ponge definiu com muita exatidão este seu método criador da descrição em seu escrito poetológico mais importante *My creative method* (em língua francesa apesar do título em inglês), resumindo o resultado na sentença impressa em maiúsculas:

Parti pris des choses
égale
Compte tenu des mots.

A tendência das coisas corresponde à prestação de contas sobre as palavras. Que aqui se trate de uma verbalização ou, no caso de Ponge, mais exatamente de uma transformação em palavras do objeto a descrever, foi por ele expresso, em relação a seu texto "Le galet" (O calhau), de tal modo a querer substituir o calhau "remplacer par une formule logique (verbale) adéquate". Se não encontrasse no dicionário (no *Littré*) as palavras certas, deveria criá-las (*créer*). Porém, o essencial deste método criador é a compreensão da função da palavra, não propriamente a designação do objeto, mas a idéia "ou a noção" do objeto, sendo que esta idéia-objeto não é assunto do objeto, mas do sujeito, que definido como sujeito lingüístico coincidiria talvez com a intenção de Ponge. Pois não se trata do lírico, do sujeito-de-enunciação em geral, mas da palavra encontrada em determinada linguagem. "Il s'agit de l'objet comme notion. Il s'agit de l'objet dans la langue française, dans l'esprit français (vraiment article de dictionnaire français") [11]. O objeto em língua francesa é palavra francesa para o objeto.

Se a relação entre linguagem e objeto, ou realidade, é como analisa Ponge, o problema da intencionalidade da linguagem em geral, ele é para Ponge um problema especificamente poético, não filosófico como para Wittgenstein; e o poeta lhe é portanto superior ao filósofo: "Supériorité des poètes sur les philosophes" [12], mas com alguma dúvida sobre o emprego da palavra *poète* neste contexto. De fato, essa palavra é aplicável aos textos de Ponge somente no sentido do esforço lingüístico em achar a palavra que exprime a idéia do objeto, mas não no sentido métrico, rítmico, sonoro, em suma, lírico formal. Do ponto de vista

---

11. PONGE, F. My creative method. *Trivium*, VII (1949), Cad. 2, pp. 96, 101, 107.
12. *Idem*, p. 109.

188 A LÓGICA DA CRIAÇÃO LITERÁRIA

lírico tradicional, mas também do ponto de vista lírico moderno na forma de prosa, seria o' texto que segue

Le feu

Le feu fait un classement; d'abord toutes les flammes se dirigent en quelque sens...

(L'on ne peut comparer la marche du feu qu'à celle des animaux: il faut qu'il quitte un endroit pour en occuper un autre; il marche à la fois comme une amibe et comme un girafe, bondit du col, rampe du pied)...

Puis, tandis que les masses contaminées avec méthode s'écroulent, les gaz qui s'échappent sont transformés à mesure en une seule rampe de papillons.

(*Liras*, Frankfurt sobre-o-Meno, 1965, p. 48.)

entendido como o *material* de um poema, que já contém recursos poéticos como comparações e metáforas, mas que ainda não foi submetido ao processo da formação poética. Os textos de Ponge situam-se por isso, segundo os critérios da nossa teoria, além do limite da asserção lírica, dentro do setor da asserção afirmativa; são, na designação do próprio Ponge, *définitions-descriptions*. O predomínio da linguagem, seu absolutismo ou "concretização", parece-me ser a razão da destruição da forma lírica *qua* forma — processo que prossegue na "poesia concreta" mais recente, que trabalha graficamente com palavras, sílabas, letras e produz "textos visuais". Com tal elaboração gráfica dos elementos lingüísticos chega-se à fronteira onde a correlação lírica sujeito-objeto não é mais válida, de modo que, como nos parece, esta forma de poesia concreta-visual não mais pertence ao domínio do lírico [13].

Tendo examinado, com o auxílio de alguns exemplos, a correlação lírica sujeito-objeto até o limite do enunciado de comunicação e além deste, é necessário pesar neste contexto mais um fenômeno do domínio lírico que — embora de outro modo que o poema-objeto — também aponta especificamente para o objeto: o lírico político. A noção de lirismo político deve ser compreendida apenas no sentido de que uma situação política seja como tal o objeto do poema e não somente o motivo da experiência emotiva e da criação, como p. ex. *Über den Untergang der Stadt Freystadt* (Sobre o declínio da cidade de Freystadt), a lamentação de Andreas Gryphius, ou os poemas motivados pelos crimes nazistas como o poema "Nas moradas da morte", de Nelly Sachs, ou "Fuga mortal", de Celan. Embora haja uma ampla

---

13. Compare-se com Ponge a exposição básica, realizada com os recursos da semântica moderna, de Elisabeth Walther, Francis Ponge. *Eine aesthetische Analyse*, Colônia/Berlim, 1965. Em particular p. 64 e ss.

O GÊNERO LÍRICO

escala transitória entre poemas emocionais e objetivos-críticos provocados por acontecimentos e situações políticos, é legítimo compreender somente os últimos como lirismo político. Se a categoria dos poemas emocionais apresenta todos os critérios da relação lírica sujeito-objeto, mantendo-se afastada do limite do enunciado de comunicação objetiva, o lirismo político naturalmente está perto deste. O eu lírico de um Heine ou Brecht — para nos orientar mediante ápices do lirismo poético distantes cem anos um do outro — aproxima-se freqüentemente de um sujeito-de-enunciação histórico, teórico ou pragmático. Quando Heine entoa em versos como os seguintes "Miguel depois de março" (1851):

> Desde que conheci o Miguel alemão,
> Sempre era ele um mandrião;
> Pensei em março que agora mais ousado
> Agiria doravante mais iluminado.

> Com que orgulho a cabeça loira levantou
> Perante os seus governadores!
> Em que termos — proibidos — falou
> Dos ilustres traidores.

> A meu ouvido isso tão doce soava
> Como um conto, uma quimera,
> Sentia, jovem tolo que era,
> Que de novo meu coração se recobrava.

> Mas quando o auri-rubro-preto brasão,
> Farraparia germânica antiquária,
> Novamente aparecia, lá se perdia minha ilusão
> E a doce maravilha lendária.

> Conhecia as cores deste pendão
> E o seu significado;
> Da liberdade alemã elas me dão
> O mais triste recado.

> Já via o Arndt, o bondoso Pai Jahn —
> Heróis de tempos passados
> De seus túmulos ressuscitados
> Para o nosso imperador lutar.
> . . .

> Enquanto isso, Miguel paciente e bonachão
> De novo dormes e roncas,
> Acordarás sob a proteção
> De trinta e quatro monarcas.

uma queixa satírica e amarga sobre a esperança de liberdade destruída, quando Brecht nos poemas de Svendborg lacônica e dialeticamente assim se exprime sobre a guerra hitleriana prevista:

190 A LÓGICA DA CRIAÇÃO LITERÁRIA

Quando o pintor fala pelo rádio sobre a paz
Os operários olham para as rodovias
E enxergam
Concreto grosso destinado a
Tanques pesados.

O pintor fala de paz.
Levantando as costas doloridas,
As mãos grandes sobre os canos de canhão,
Os fundidores escutam.

Os bombardeiros estrangulam o motor
E escutam
O pintor a falar de paz.
...

o processo lírico de certo modo é fracamente demarcado. As enunciações organizadas em forma poética permanecem altamente objetivas e são conseqüentemente diretas, sublinhadas pela menção de respectivas figuras políticas e históricas. Embora em ambos os casos esse processo, o da gênese do poema, seja fraco, e embora os enunciados quase não pareçam retirar-se do pólo-objeto, existe ainda assim um elemento formalizador que ordena os enunciados em poesia. Em ambos os poemas, embora diferentes quanto ao estilo temporal e individual, há uma *discrepância* que é oferecida à contemplação, em Heine, expressa na primeira pessoa, a esperança e a desilusão, e em Brecht, a simples verificação do fato dos trabalhos preparativos de guerra executados pelos operários de rodovia, fundidores, aviadores etc. e a voz radiofônica do "pintor". Sendo o fenômeno da discrepância o elemento e tema formal, revela-se como o fator lírico que dirige os enunciados e os organiza — de modo diverso — num poema. É facilmente verificável que justamente os versos e estrofes tradicionais de Heine se deixariam dissolver em prosa, ao passo que, quase paradoxalmente, os versos sem rima e métrica de Brecht não permitiriam tal dissolução por ser tratado aqui o fator da discrepância de modo estrutural mais antitético do que no poema pós-março de Heine, e por ele revelar-se como fator significativo mais decisivo. Vale dizer, porém, para ambos os poemas (paradigmas da lírica política em geral) que são poesias, apesar de muito se aproximarem do enunciado de comunicação, devido à sua relação sujeito-objeto especificamente lírica, isto é, devido à existência de um sujeito-de-enunciação lírico; o exemplo do poema de Svendborg de Brecht demonstra que a forma exterior não é o critério decisivo.

Em alguns exemplos tentamos descrever a correlação lírica sujeito-objeto como uma estrutura que se diferencia do

O GÊNERO LÍRICO

191

enunciado comunicativo informacional pelo fato de que o objeto não é alvo, mas motivo, ou seja: *o enunciado lírico não quer ter função numa relação objetiva ou real.* A circunstância, porém, de o objeto não ser o alvo, mas o motivo, é a causa — que diferencia o enunciado lírico do enunciado informacional — da variabilidade infinita da relação lírica sujeito-objeto, que por sua vez condiciona a dificuldade de compreensão. Nisso pode-se considerar, como já foi mencionado, como critério geral da história do lirismo mundial, o fato de que no lírico moderno a relação objetiva está mais oculta do que no lírico das épocas passadas (tendo sido os poemas de Moerike, Trakl, Celan, escolhidos sob este ponto de vista estrutural-histórico). Mas esta característica geral não se aplica, como se mencionou (p. 178), a todos os fenômenos individualmente. A relação objetiva da "Saudade feliz" de Goethe é de descoberta mais difícil que a do poema "Borboletas" de Nelly Sachs — comparação paradigmática a muitos casos e escolhida aqui com a finalidade de demonstrar um outro fenômeno, embora secundário, da estrutura da enunciação lírica, o do título do poema.

O poema de Nelly Sachs diz:

> Quão belo é o Além
> Pintado em teu pó.
> Através do núcleo em chamas da terra,
> através de sua casca de pedra
> foste entregue,
> tecido de despedida na medida da inconsistência.
>
> Borboleta,
> boa noite de todos os seres!
> Os pesos da vida e da morte
> abaixam-se com tuas asas
> sobre a rosa,
> murcha com a luz que regressando amadurece.
>
> Quão belo é o Além
> pintado em teu pó.
> Que signo real
> no segredo do ar.

A relação objetiva não está indicada apenas pela interpelação do objeto, borboleta, mas pelo título, que desde já orienta a compreensão da primeira estrofe. O título tem no lírico uma função mais essencial que no gênero ficcional. Tem a sua função na estrutura da enunciação do poema e conseqüentemente na relação entre os pólos sujeito-objeto. Ele pode, como no caso acima, iluminar pela menção do objeto a relação significativa dos enunciados do poema. Mas ele

192 A LÓGICA DA CRIAÇÃO LITERÁRIA

também pode, como é o caso da "Saudade feliz", referir à relação significativa sem, contudo, iluminá-la. Também neste poema aparece uma borboleta:

> Distância nenhuma te espanta
> Voando chegas e te encantas
> À luz que tanto desejas.
> No fim, borboleta, queimas.

O inseto e seu destino não é o objeto, mas o símbolo do coração em chamas de alguém que ama e que aqui se dirige a si mesmo na imagem de uma borboleta. Verifica-se aqui como é delicada e facilmente removida a relação sujeito-objeto da enunciação lírica, quando se supõe que Goethe também teria dado ao poema o título de "Borboleta". Este se estabeleceria imediatamente como a relação-objeto originária, ora levada simbolicamente para a esfera de sujeito do eu lírico, processo que se revela inversamente no poema de Nelly Sachs. O título, portanto, pode indicar tanto a relação-objeto como a relação-sujeito. Em ambos os gêneros de títulos, que aparecem em inúmeras variações, há casos em que o objeto, ou seja, o significado, é esclarecido, e outros em que ele é obscurecido. Neste contexto interessam-nos apenas dois fenômenos: 1. mesmo um título indicando referência objetiva não significa que as enunciações do poema visam o objeto, *i.e.*, têm função numa conexão real; 2. o fato, que à primeira vista parece ser o inverso, de que em toda enunciação lírica por mais imanentemente significativa que seja, por mais imbuída pelo significado — e conseqüentemente de difícil interpretação — se conserve uma referência objetiva. Pois está na essência do enunciado lírico como enunciado que ele seja o enunciado de um sujeito sobre um objeto. Mesmo quando este objeto não é mais alvo teórico ou prático da enunciação, mesmo quando não é mais inteligível em sua substância real, não desapareceu da enunciação: permanece ponto de referência também da enunciação lírica, mas não pelo seu valor próprio e sim como o núcleo que produz a associação de sentidos. Isso é apenas mais uma descrição do fenômeno lírico, é como se disséssemos que a enunciação se liberta do relacionamento real para voltar a si mesma, *i.e.*, ao pólo-sujeito.

Cabe aqui, concluindo nossa análise da estrutura lírica sujeito-objeto, esclarecer por que a poesia lírica é enunciado de realidade, embora não tenha função num contexto real. Quando examinamos nossa experiência de um poema lírico, parece-nos primeiramente que vivenciamos um enunciado de realidade, igual a um relato verbal ou epistolar, e é somente

O GÊNERO LÍRICO

193

em segundo lugar, quando analisamos o sentido de uma enunciação lírica (como o temos feito em alguns exemplos), que completamos esta experiência imediata retificando que dela não aprendemos (nem esperamos aprender) uma realidade objetiva ou uma verdade. O que esperamos aprender ou experimentar não é nada objetivo, mas algo significativo. Este nosso ponto de vista em relação ao poema lírico não é uma experiência interior nova. De um outro modo já a conhecemos em comunicações não-líricas porventura feitas. Quando alguém nos descreve com vivacidade e plasticidade suas impressões tidas na contemplação da natureza, de uma obra de arte ou no usufruto de alguma alegria que a vida oferece, pode acontecer que a impressão subjetiva e a expressão do relatado nos interessem mais que o objeto que as motivou e por exemplo dizemos: ele fez uma descrição tão encantadora sobre a festa, que foi um verdadeiro prazer ouvi-lo. Este exemplo trivial, tirado da experiência cotidiana, indica o sentido no qual experimentamos o lirismo já antes de abordarmos a explicação das associações de sentido expressas num poema. Enquanto na descrição extraliterária (na qual estamos mais interessados no "como" do que no "quê") o "quê" também tem certo relevo, maior ou menor, conforme nosso interesse ou conforme sua importância; no poema lírico libertamo-nos (graças ao contexto e ao ser poético do poema) de todo interesse — no sentido kantiano de vivência estética — do valor específico, do valor da realidade do "quê". O fato de que utilizamos em nossa interpretação do poema o objeto possível, mais ou menos inteligível apenas em função da referência significativa do poema, significa que nos afastamos em princípio de qualquer interesse pelo valor específico do objeto. Desta forma, o intérprete do poema responde à intenção do eu lírico: assim como este manifesta através do contexto a sua intenção de ser compreendido como eu lírico, este contexto por sua vez orienta a nossa experiência estética e interpretativa. Experimentamos o sujeito-de-enunciação lírico e nada mais. Não ultrapassamos o seu campo de experiência em que nos cativa [13a]. Isso significa, contudo, que experimentamos a enunciação lírica como enunciado de realidade, o enunciado de um sujeito-de-enunciação autêntico, que pode ser referido apenas a este mesmo. É precisamente isso que diferencia a experiência lírica daquela de um romance ou drama, ou

---

13a. Quando H. LEHNERT, em seu livro *Struktur und Sprachmagie. Zur Methode der Lyrik — Interpretation*, Stuttgart, 1966, compreende o eu-lírico como um processo da identificação do autor com o leitor (ou ouvinte) (v. pp. 47, 57, 67, 120), parece-me que o processo da interpretação, que é o tema do livro, é explicado demasiadamente como elemento estrutural da própria poesia.

194 A LÓGICA DA CRIAÇÃO LITERÁRIA

seja, que vivemos as enunciações de um poema lírico *não* como aparência, ficção, ilusão. Nossa apreensão interpretativa do poema realiza-se em grande parte "revivendo-o", sendo necessário que nos interroguemos a nós mesmos a fim de compreender o poema. Pois o confrontamos de modo imediato, como se confrontássemos as palavras de um "outrem" real que conversa com meu "eu". Não há intermediário algum. Pois existe apenas a palavra e mais nada (sem considerar aqui o absolutismo das "palavras" acima discutido).

Com estas considerações torna-se necessário parar um momento e lançar mais um olhar comparativo sobre o outro gênero lingüístico, o ficcional. Distinguiríamos o poema lírico e nossa experiência desse poema pela necessidade de nos orientarmos pela palavra? A palavra, a linguagem, é o "material" de toda criação literária e é justamente ela que reúne todos os gêneros numa só unidade artística. E é neste ponto que se torna mais claro do que nunca o fato de que não devemos considerar este material apenas como tal, de efeito homogêneo em todos os gêneros, mas que é necessário prestar atenção sobre a função diversa que exerce por um lado no gênero ficcional e por outro no lírico. Mesmo sem considerar as funções puramente lógicas que distinguem a narração ficcional do enunciado de realidade, a função da palavra como tal ainda é diversa nos gêneros ficcional e lírico. Tendo no lírico uma função imediata, a mesma que nos enunciados extrapoéticos, no gênero ficcional tem função mediadora. No ficcional não tem valor próprio significativo e portanto estético, mas está a serviço de outra tendência artística, a serviço da composição: da configuração de um mundo fictício, ilusório, de uma mimese. É apenas no gênero ficcional, não no lírico, que a palavra é material no sentido próprio da palavra. É material como a tinta é o material da Pintura, a pedra, da Escultura. Mas no poema lírico é tão pouco material como no enunciado não-lírico. Não serve a outra finalidade a não ser à da própria enunciação, é idêntica a ela, é imediata e direta. É o eu lírico imediato que encontramos no poema lírico.

A natureza do eu lírico

Com a exposição feita acima sobre a estrutura lírica sujeito-objeto parece supérfluo prosseguir com uma discussão do eu lírico ou sujeito-de-enunciação. Mas em vista da variedade infinita dos fenômenos líricos, não é suficiente uma prova da teoria da enunciação geral de ser o eu lírico

O GÊNERO LÍRICO

um sujeito-de-enunciação real, autêntico. Pois precisamente por não querer o enunciado de realidade lírico ter uma função numa relação real, o sujeito-de-enunciação lírico coloca-se como um problema que não foi discutido e debatido casualmente pela Teoria da Literatura. Continua debatido e ainda não respondido pela nossa análise estrutural da enunciação lírica o problema da identidade ou não-identidade do eu lírico com o eu do poeta. Existem opiniões divergentes a este respeito. Enquanto a história da literatura mais antiga, "mais ingênua", não hesitava em identificar o eu lírico com o poeta e tinha prazer em descobrir, por exemplo, a donzela a quem o poema amoroso se destinava, hoje em dia tem-se muito cuidado em cortar toda relação entre o eu do poema e o do poeta. "E os leitores pensam que 'eu' é Goethe e 'tu' Friederike — Biografismo!", exclama indignado ao mesmo tempo que divertido o excelente intérprete de Goethe, Paul Stoecklein, opinando "se qualquer palavra num poema muda de significado, mais ainda o faz cada 'eu' e 'tu' " [14]. O "eu fictício" seria o eu lírico, formulam Wellek e Warren [15], enquanto Wolfgang Kayser questiona os ataques modernos ao caráter de subjetividade do lírico, embora aderindo a eles, pois a noção do subjetivo "ainda dirige a atenção sobre o sujeito real de quem fala" [16]. Mas, voltando à formulação marcante de Stoecklein, havia uma leitora de Goethe que nunca se teria deixado dissuadir da opinião de que "eu" era Goethe e "tu" era Friederike. Era a grande entusiasta de Goethe, Rahel Varnhagen, que em 11 de outubro de 1815 tendo relido o poema "Com um laço pintado" escreveu ao esposo o seguinte, que testemunha um espírito particularmente capaz de apreender direta e instintivamente os fenômenos:

"E termina assim:

> Sente o que percebe este coração,
> Entrega-me livremente a mão,
> E o laço que nos tem unido
> Não seja nunca enfraquecido!

Senti meu coração gelar-se! um medo mortal nos membros. O pensamento inibido. E quando me recobrei, consegui entender inteiramente os sentimentos da moça. Isso *tinha* de envenená-la. Nisso ela não teria acreditado?... Eu senti o *eterno* aperto destas palavras em seu coração: eu sentia que ela não se libertaria *viva*... E pela primeira vez Goethe me era hostil. Tais palavras *não* devem ser escritas; ele conhecia a sua doçura, seu significado; já sangrara ele mesmo..."[17].

14. STOECKLEIN, P. "Dichtung vom Dichter gesehen". In: *Wirkendes Wort*, 1º Caderno especial, 1952, p. 84.

15. WELLEK-WARREN. *The Theory of Literature*. Nova York, 1949, p. 15.

16. KAYSER, W. *Das sprachliche Kunstwerk*. p. 334.

17. RAHEL. *Ein Buch des Andenkens*. Berlim, 1834. v. II, p. 352.

A LÓGICA DA CRIAÇÃO LITERÁRIA

Não se pode considerar inteiramente impossível que também os adeptos da teoria lírica "mais objetiva", ou pelo menos os leitores imparciais experimentem o "Com um laço pintado" como proveniente direto da experiência amorosa do jovem Goethe, mesmo sem prolongar os laços, como Rahel, para além do poema. Mas estes impregnam sempre o protesto sobre "o laço enfraquecido", pois não podemos desprender o relacionamento biográfico que o próprio Goethe estabeleceu neste seu período lírico destes poemas nem dos outros inspirados por Friederike, Lili e Charlotte. No "'Laço pintado' e na 'Canção de maio'", diz o fundador da estilística estrutural, Emil Staiger, repetindo sem receio o que dissera certa vez Rahel, "Friederike está presente. Goethe está possuído por ela e feliz por ela estar absorta por ele" [18].

O que há de se dizer a respeito destas opiniões diametralmente opostas sobre o eu lírico, que não se explicam pela época, pelo grau de desenvolvimento dos métodos de pesquisa literária (como se vê pela concordância das opiniões de Rahel Varnhagen e Staiger). Em primeiro lugar, será a nossa resposta, do nosso ponto de vista da lógica da criação literária, a de que seria grave biografismo tanto afirmar que este "eu" não é Goethe e este "tu" não é Friederike, como que este "eu" é Goethe e o "tu", Friederike. Isso não significa outra coisa senão que não existe critério exato, nem lógico, nem estético, nem interior, nem exterior, que nos permita a identificação ou não do sujeito-de-enunciação lírico com o poeta. Não temos a possibilidade nem o direito de afirmar que o poeta — independentemente da forma em primeira pessoa do poema — tenha expresso pela enunciação do poema uma experiência própria, ou então que ele não se referiu a "si mesmo" [19]. Isso não pode ser decidido na enunciação lírica como em nenhuma outra enunciação não-lírica. A forma do poema é a enunciação e isso significa que a experimentamos como o campo de experiência do sujeito-de-enunciação — o que justamente a torna apta a ser vivida como enunciado de realidade.

Como surge esta situação e como é explicada? Será que isso não contradiz a nossa prova, ou melhor, a interpretação da relação sujeito-objeto, segundo a qual a enunciação

18. STAIGER, E. *Goethe.* I, Zurique, 1952. p. 56.

19. Deve ter ficado claro na minha exposição que estas considerações de Rahel, Staiger e Stoecklen, foram citadas apenas como provas da indefinibilidade do eu-lírico, ou seja, da indefinibilidade de sua identidade com o eu do poeta, i. e., exclusivamente por razão da definição lingüístico-teórica da composição lírica. Não importa aqui que estas considerações sejam *hysterical* e *highflown* (histéricas e extravagantes), como diz Wellek, entendendo mal a sua função na minha exposição (*op. cit.*, p. 394).

O GÊNERO LÍRICO 197

lírica não tem função numa conexão real? Não é demonstrado com isso que também o sujeito-de-enunciação não quer ser considerado como um "real", da mesma forma que o enunciado também não quer ser interpretado como referido à realidade, *i.e.*, visando o objeto? Contudo, é aqui que aparece o fenômeno lógico que proíbe, por assim dizer, esta liberdade ao eu lírico. Pois ele tem o poder de formar uma enunciação que não vise o objeto ou o real, mas não tem o poder de eliminar-se como sujeito autêntico, real, desta enunciação. Colocado como eu lírico, o sujeito tem influência apenas sobre o pólo-objeto, mas não sobre o pólo-sujeito-de-enunciação. O objeto, o possível relacionamento com o real, pode ser transformado pelo sujeito. Mas o sujeito-de-enunciação *não* pode ser alterado. Pois quando diz — em termos ilustrativos —: não quero ser considerado sujeito-de-enunciação teórico, histórico ou pragmático, ele diz apenas: meu enunciado não deve ser compreendido como teórico, histórico ou pragmático.

O que podemos agora, nós, os intérpretes, fazer com o eu lírico? Se dissermos, receando um biografismo antiquado, que o eu que exclama: "Como me parece bela a natureza!" não é o eu de Goethe, mas um eu fictício, portanto não-real, imaginário — agiríamos do mesmo modo que se disséssemos que os enunciados da *Crítica da razão pura* não são de Kant, as de *Ser e tempo* não são de Heidegger, mas são de um sujeito-de-enunciação fictício. Resulta da estrutura da enunciação, amplamente esclarecida, que o sujeito-de-enunciação sempre é idêntico ao autor de um documento real. Por esta razão é o sujeito-de-enunciação lírico idêntico ao poeta, tanto quanto o sujeito-de-enunciação de uma obra histórica, filosófica ou científica é idêntico a seu respectivo autor. Idêntico significa idêntico no sentido lógico. Mas enquanto esta identidade não apresenta problema no caso de documentos reais, por não desempenhar o sujeito-de-enunciação nenhum papel em seu conteúdo, por esses documentos visarem única e exclusivamente o objeto, o eu lírico necessita de certa modificação. A identidade lógica não significa aqui que todo enunciado de um poema, ou o poema todo, deva coincidir com uma experiência real do sujeito poeta. A pesquisa tem, por exemplo, estabelecido que a dama das canções trovadorescas freqüentemente não existia na verdade, e que o amor cantado no poema não era um amor realmente vivido pelo poeta. Para a estrutura do poema trovadoresco, no entanto, este fato é irrelevante. O amor expresso, por mais formal que seja poeticamente, é o campo de experiência do eu lírico, independente da sua realidade. Também a mentira, em expressão não-poética, o

198 A LÓGICA DA CRIAÇÃO LITERÁRIA

sonho, são as experiências do eu que mente ou sonha, com a diferença de que num enunciado não-poético, objetivo, que funciona numa conexão real, temos o direito de verificar o conteúdo da enunciação. Não temos entretanto esse direito, quando o eu mentiroso ou sonhador se coloca como um eu lírico, retirando-se para o contexto "sem compromissos" de seu poema e libertando assim a enunciação de qualquer finalidade ou obrigação para com a realidade objetiva. Aí não mais podemos nem devemos examinar se o conteúdo assertivo é verdadeiro, falso, objetivamente real ou irreal — aqui estamos confrontando unicamente a verdade e realidade subjetiva, o campo de experiência do próprio eu enunciador.

Desejamos dedicar aqui uma breve explicação ao conceito *vivência* ou seja *campo de vivência,* em relação à natureza do eu lírico e com referência ao conceito de lirismo *vivencial,* criado pela ciência literária alemã. Lirismo *vivencial* é um conceito condicionado historicamente que, proveniente da teoria psicológica da criação literária de Dilthey, é empregado para designar o lirismo de sentimento pessoal e a expressão poética dos sentimentos que se iniciou no fim do século XVIII, contrastando com o lirismo essencialmente convencional, de cunho social e formal de épocas anteriores. O conceito "vivência" é compreendido aqui psicológica e biograficamente. Mas vivência é um conceito legítimo de epistemologia de língua alemã, principalmente empregado por Husserl como a noção de todos os processos da consciência (de percepção, imaginação, conhecimento etc.). Ele fala de experiências da consciência, equiparando consciência a vivência, expressamente como um termo que expressa a intencionalidade da consciência, como consciência de algo, razão por que também lhe dá o nome de "vivência intencional".[20]

Neste sentido epistemológico, ou seja, fenomenológico, é legítimo empregar a noção de vivência para a enunciação lírica, sem limitá-la à noção de vivência mais restrita, compreendida no conceito de lirismo vivencial. Pode ser referido ao sujeito-de-enunciação em geral, contanto que este seja o sujeito vivencial que se manifesta pela enunciação

---

20. Ver E. HUSSERL, *Logische Untersuchungen*, Halle, 1928, II, 1, p. 343 (Cap. V: "Über intentionale Erlebnisse und ihre Inhalte"). Como iniciação à determinação da intencionalidade das experiências de Husserl considere-se a exposição de W. DILTHEY no segundo estudo dos "Estudos para o fundamento das ciências humanas" intitulado *Der Strukturzusammenhang des Wissens (Ges. Schriften* VII, Leipzig e Berlim, 1927), onde a vivência é descrita como "a unidade estrutural de atitudes e conteúdos" (p. 23). — Quanto à evolução da noção de vivência, ver também H. G. GADAMER, *Wahrheit und Methode,* Tübingen, 1960, pp. 56-66.

O GÊNERO LÍRICO

(em extensão ao sujeito de conhecimento, cuja relação com o sujeito-de-enunciação foi discutido anteriormente (p. 21). Mas quando o sujeito vivencial que se manifesta no enunciado da comunicação, *i.e.*, a própria vivência no sentido de Husserl, é dirigido intencionalmente sobre um objeto, o sujeito vivencial, que se manifesta na enunciação lírica, o "eu lírico", substitui então, por assim dizer, a intencionalidade pela inclusão do objeto em si, em qualquer intensidade que seja. Pode-se formular assim a relação acima: o sujeito-de-enunciação lírico não faz do objeto da vivência, mas da vivência do objeto o conteúdo da enunciação — o que significa, analogamente à nossa descrição da estrutura da enunciação, que a correlação sujeito-objeto não é suprimida. E já está claro a esta altura que não importa o gênero da "vivência": vale para o poema-objeto, (circunstancial), poema-idéia, poema político, tanto quanto para o poema de emoção, enfim para toda a lírica. *A vivência pode ser "fictícia" no sentido de invencionada mas o sujeito vivencial e com ele o sujeito-de-enunciação, o eu lírico, pode existir somente como um real e nunca fictício.* Porque é o elemento estrutural constituinte da enunciação lírica que, como tal, não procede diferentemente do sujeito não-lírico.

Não obstante, o sujeito-de-enunciação lírico diferencia-se do não-lírico: não somente pelo seu procedimento em relação ao objeto-de-enunciação, mas também pelo fato de ser *mais diferenciado e sensível* do que o sujeito-de-enunciação informacional — na mesma medida em que o enunciado lírico o é em si. O eu lírico pode apresentar-se como um eu individual-pessoal de tal modo que, como já o expusemos, não temos a possibilidade de decidir sobre a sua identidade com o poeta, ou melhor, sobre uma identidade vivencial aqui expressa. Quando Theodor Storm dá ao seu lamento comovente:

> Isso já não posso suportar,
> Que o sol como sempre esteja rindo;
> E como nos dias de teu viver,
> Os relógios andem, os sinos dobrem,
> E a noite e o dia se alternem uniformemente.
> . . .

O título de "A uma morta" indica o eu, a situação existencial pessoal da qual provém. Quando, numa forma lírica de nosso tempo, no poema "Com a bagagem leve", de Hilde Domin, o eu lírico nega a capacidade de se acostumar a um lar:

200 A LÓGICA DA CRIAÇÃO LITERÁRIA

> Não te acostumes.
> Não deves acostumar-te.
> Uma rosa é uma rosa.
> Mas um lar
> Não é um lar.
> ....
> Uma colher é melhor que duas.
> Pendura-a no pescoço,
> podes ter uma,
> pois com a mão
> é difícil tirar o quente.
> ....
> Podes ter uma colher,
> uma rosa,
> um coração talvez
> e, talvez,
> um túmulo. (*Volta de navios*, p. 49),

aqui a dura vivência tornou-se expressão dura, atrás da qual se ouve um protesto, embora oculto. É feita referência à vida, embora em forma poética diferente, como em épocas antigas, como já em Walther von der Vogelweide.

Quando em poemas como estes — que aqui apenas exemplificam uma infinidade de poemas de estrutura igual ou semelhante — o eu lírico se apresenta numa forma pessoal, mais ou menos autobiográfica, este fato não está em desacordo com o fenômeno já descrito de que a enunciação lírica não funciona numa conexão real, não é informação sobre a realidade. A expressão de Goethe, em que ele formulou sua experiência poética, "no poema não há um traço que não seja vivenciado, mas nenhum traço é como foi vivenciado"[21] vale, com diferenças graduais, para todo o lírico, *i.e.*, também para a experiência mais pessoal transformada em poesia. Esta expressão de Goethe também proíbe ambas as coisas: negar a identidade do eu lírico com o eu do poeta, e também estabelecer a identidade da enunciação lírica configurada com a vivência "real".

Tais discussões são naturalmente provocadas pela grande quantidade de poemas onde o eu lírico se apresenta em forma mais ou menos pessoal, na primeira pessoa gramatical, ou escondendo-se atrás do tratamento direto por tu, que se pode referir a ele mesmo, ou a um tu real. Mas a questão da natureza do eu lírico se torna mais irrelevante na medida em que ele se torna impessoal e mais vago, de modo que nem determinada situação poética nem uma refe-

---

21. A. ECKERMANN (com referência ao *Wahlverwandschaften*), 17-2-1830.

O GÊNERO LÍRICO

rência pessoal do conteúdo ao eu da enunciação se integre no conteúdo e no efeito vivencial do poema. Pertence a esta modalidade o poema-idéia mais antigo. O eu que se dirige a um vós no poema de Schiller, "Palavras da fé":

> Três palavras vos indico, ricas em conteúdo

está tão próximo a um sujeito-de-enunciação teórico de uma teoria filosófica, que se torna incolor, abstrato, irrelevante como eu, sem, porém, coincidir com um teórico, mas identificando-se pelo contexto e pela forma como um sujeito lírico. Tais exemplos representam casos lógicos extremos da relação do eu. Entre os extremos situa-se uma infinidade de matizes. Diferentemente do eu lírico-filosófico de "Palavras da fé", o nós dos tercetos do jovem Hofmannsthal:

> Somos de tal matéria que sonhá-lo
> ...
> ... e assim aparecem nossos sonhos

em que se encerra o eu da enunciação, tem um outro efeito, ou também o eu, que no terceto seguinte "Alguns naturalmente" de repente irrompe no enunciado subjetivo:

> As fadigas de povos esquecidos
> Não consigo afastar das pálpebras,
> Nem manter longe da alma assustada
> O cair mudo de longínquas estrelas.

Como compreendê-lo? Na profundeza existencial de que provêm estes versos de compaixão ante os sofrimentos da humanidade nas galeras, não se pode definir onde colocar o limite ou se há limite, digamos entre o eu como elemento formal, em cujo lugar pode constar um "nós" ou "eles", e o eu do poeta que revive o ocorrido. O eu pode aparecer numa referência fantástica surrealista, ou na referência grotesca de uma enunciação, como no seguinte poema de Christoph Meckel, onde também é dada a possibilidade de um eu de poema-personagem (referido mais adiante):

> Que faço com toda a bicharada
> que de noite me apareceu?
> Monto no cachorro até estragar
> e destruo a corujinha,
> conservo a cobra,
> a lebre que comi dentro de mim chora,
> o urso será despedaçado e abatido,
> o corvo será obrigado a falar.

> (*Wildnisse* (Selvas) p. 27.)

202 A LÓGICA DA CRIAÇÃO LITERÁRIA

O "eu" do poema de Karl Krolow "Sono":

Enquanto eu durmo,
Envelhecem os brinquedos
Nas mãos de uma criança,
O amor muda de cor
Entre dois fôlegos.
A faca na ombreira
Espera em vão
Ser empurrada no meu peito.
Também os assassinos sonham agora
Debaixo de seus chapéus.
Tempo tranqüilo. Tempo de sono.
Ouve-se o pulso daqueles
Que querem ser invisíveis.
A sabedoria das palavras inexpressas
Aumenta.
Com mais vagar florescem agora
As plantas.
Não há olhos agora aqui
Que as podem admirar.

(Col. Poemas, p. 193)

faz desta reflexão sobre o fenômeno tempo de sono um
poema-eu ou poema-vivência, e o tu com que Rilke se dirige
a si mesmo em "Vaso de rosas"

Os irados viste chamejar, viste dois rapazes
em algo se enovelar,
...
Mas agora sabes como esquecê-lo:
pois à tua frente está o vaso cheio de rosas
...

têm função pessoal neste poema-objeto clássico?

Quando H. Henel fixa com razão o conceito poema-
vivência como noção formal, "uma espécie de poema em que
os processos são representados na forma de uma vivência" [22],
designando como critério decisivo a forma em eu, parece
ser justo, em vista dos infinitos matizes de significado, integrar o conceito específico de poema-vivência no conceito
de vivência estrutural mais amplo, que expusemos acima.
Isso possibilita a verificação das inúmeras graduações das
espécies de poema com o resultado, formulado de maneira
algo provocadora, de que também o poema-objeto ou poema-
fenômeno sem "eu" pode ser, em certas circunstâncias,
poema-vivência no sentido da experiência pessoal, mas que

22. HENEL, H. "Erlebnisdichtung und Symbolismus". In: Zur Lyrik-
-Discussion, Darmstadt, 1966. p. 223.

O GÊNERO LÍRICO

por outro lado é difícil o estabelecimento de limites precisamente por oferecer o poema nada mais que o campo de vivência do eu lírico na *variabilidade e incerteza dos significados do eu*. É justamente esta variabilidade mais um critério estrutural que diferencia a enunciação lírica da não-lírica. Demonstramo-la em alguns exemplos, que podem ser continuados *ad infinitum*. Concluindo a questão da natureza do eu lírico, que foi levantada pela discussão de seu ser-fictício ou de sua realidade, pode-se afirmar novamente que também pertence ao seu caráter indefinido a diferença ou identidade entre o eu lírico e o eu do poeta. É como tal a questão menos relevante para a estrutura e interpretação do poema, sendo somente o fato da sua diferenciabilidade que nos serviu de prova ao caráter do poema lírico como enunciação da realidade, *i.e.*, enunciação de um sujeito real, que como sujeito lírico procede de outro modo que o não-lírico e constitui uma outra relação sujeito-objeto.

Era tarefa da lógica da lírica descobrir a causa do fenômeno que a vivência do poema lírico abriga, ou seja, a experiência de confrontar-se com um enunciado de realidade, por mais irreal que seja o conteúdo da enunciação, por mais intangível que seja o sujeito. E é precisamente aqui que se insere o limite que já no sentido puramente fenomenológico separa o gênero lírico do ficcional. O estudo lógico consegue com recursos mais rudes da teoria lingüística e da gramática, fundamentar o fenômeno do não-real, da ficção. Pois pôde ser demonstrado que a narração ficcional (que descortina fenomenologia e lógica da ficção) pode servir-se de formas lingüísticas e gramaticais que o enunciado de realidade deve excluir. Somente depois de revelada esta situação estrutural é que se pode fazer entender o problema, de início já mencionado, em geral pouco esclarecido e tratado de modo demasiadamente popular, da relação entre criação literária e realidade. Ora, é demonstrado que este problema tem significado, do ponto de vista lógico e fenomenológico, apenas para o gênero ficcional. O enunciado de realidade lírico não pode ser comparado com uma realidade qualquer, como não o pode o não-lírico. Em ambos os casos isso poderia ser feito apenas no sentido de verificação, que não é entendido quando se levanta o problema de criação literária e realidade. Já vimos que uma verificação é negada pelo fato de apresentar-se o eu enunciador como eu lírico. Estamos lidando apenas com *aquela* realidade expressa pelo eu lírico como a *sua*, a realidade subjetiva, existencial, que não pode ser comparada com uma objetiva qualquer, mesmo

204 A LÓGICA DA CRIAÇÃO LITERÁRIA

se esta for o núcleo da enunciação. Porque podem ser comparados apenas dois fenômenos diferentes, isolados.

A realidade fictícia, a não-realidade de um romance ou drama, no entanto, pode ser comparada com uma realidade autêntica de diversas maneiras. Isso se manifesta já no fenômeno inverso, quase trivial, de que podemos viver no mundo de um romance como se fosse uma realidade, podendo interessar-nos pelo destino dos personagens fictícios como se se tratassem de pessoas reais. Podemos examinar a veracidade histórica das circunstâncias contadas num romance histórico ou criticar um romance ou drama por "não existirem tais pessoas e acontecimentos na realidade". Não é necessário aludir aos problemas mais ou menos triviais que não obstante têm aqui o seu lugar lógico legítimo. A literatura ficcional é mimese da realidade porque não é enunciado, porém configuração, "imitação", cujo material é a linguagem, como o mármore e as tintas são os materiais das Artes Plásticas. A literatura ficcional é mimese porque a realidade da vida humana é o seu material. A transformação que realiza com este material, nem que seja de absolutismo surrealista, é de espécie categorialmente diferente da transformação realizada pelo sujeito-de-enunciação lírico no objeto de sua enunciação. Este transforma a realidade objetiva em realidade subjetiva vivencial, razão por que permanece como realidade. A criação literária ficcional, porém, transforma a realidade em não-realidade, *i.e.*, ela inventa a "realidade" — sendo que colocamos esta noção entre aspas, porque a realidade invencionada é idêntica à não-realidade, à ficção. A sua diferença epistemológica frente ao lírico é causada, como já foi demonstrado, por este mundo fictício não ser o campo de experiência do autor, do narrador ou dramaturgo, podendo ser criado como fictício por ser um mundo de pessoas fictícias.

É nestas circunstâncias que se baseia o fato de que um poema lírico é uma estrutura aberta, ao passo que uma obra ficcional é uma estrutura fechada. Novamente deixamos de tratar de situações estéticas: p. ex., que um poema pode ser artisticamente mais fechado que um romance. Mas são as circunstâncias lógico-lingüísticas constituintes que são responsáveis por estes aspectos distintos. O poema lírico é uma estrutura lógica aberta, porque é constituído por um sujeito-de-enunciação; e este é como tal a causa "da última inexplicabilidade de que e em que (o poema) vive", como formulou uma poetisa moderna, Hilde Domin, referindo-se depois às várias possibilidades de interpretação de um poema [23]. O

---

23. DOMIN, Hilde. *Doppelinterpretationem*. Bonn, 1966. p. 31.

O GÊNERO LÍRICO

205

poema está aberto a interpretações; e isso vale em princípio para o poema mais simples, de compreensão mais imediata. Vale inversamente para o romance mais obscuro, surrealista, por estar separado do domínio aberto da enunciação pelas funções miméticas. Não é necessário lembrar aqui que as dificuldades da análise de um romance ou drama complicado (de Kafka ou Pirandello, por exemplo) estão situadas num outro plano que a interpretação de poemas.

Em relação a estas questões de diferenças, é lícito lançar um olhar sobre os casos de *inserção de poemas em romances,* mormente na literatura épica alemã. Parece-me que podemos obter conhecimentos precisamente no solo lógico da Literatura sobre a sua função estética e seu efeito. Aqui não é o lugar de uma análise aprofundada dos romances individuais que apresentam inserção de poemas e canções [24]. Queremos assinalar aqui apenas dois tipos muito diferentes, representados por um lado pelas canções do harpista e de Mignon no *Wilhelm Meisters Lehrjahre* e, por outro, pelos romances de Eichendorff. Aqui também é possível fundamentar o fenômeno que se nos apresenta de modo imediato, através de uma estrutura lógica.

Antes de empreender isso deve ser feita a pergunta de princípio, inevitável do ponto de vista da lógica da criação literária: se a inserção de poemas em obras ficcionais épicas não inutiliza a teoria lógica aqui desenvolvida. Se é certo que o poema lírico é vivenciado como enunciado de realidade, não se podendo afirmar nada de definido sobre o relacionamento do eu lírico com o eu do poeta — o que sucede então na ficção em relação à qual o eu do poeta, o autor, não existe de modo algum? Mas justamente quando assim perguntamos, descortina-se a diferença sentida imediatamente do lirismo no *Wilhelm Meister* e em *Ahnung und Gegenwart* (Pressentimento e presença), *Dichter und ihre Gesellen, Taugenichts* (O maroto), de Eichendorff. Quando evocamos uma das canções do *Wilhelm Meister:* "Quem nunca comeu seu pão com lágrimas", "Só quem conhece a saudade sabe o que sofro", "Conheces a terra" etc., imediatamente associamos o personagem romanesco que a canta ou recita. Por mais que se destaquem estes poemas pela sua beleza poética, parecendo como tais ter certa autonomia, eles permanecem relacionados completamente com o contexto romanesco, o que significa: seu eu lírico é para nós concomitantemente o eu fictício do harpista e de Mignon. Estes poemas recebem seu conteúdo significativo dos personagens

---

24. Ver P. NEUBURGER, *Die Verseinlage in der Prosadichtung der Romantik,* Tübingen, 1924.

206 A LÓGICA DA CRIAÇÃO LITERÁRIA

romanescos, que por sua vez ajudam a criar. Isto vale
também para um poema de significação geral como "Quem
nunca comeu seu pão com lágrimas". Naturalmente, ele
recebe uma significação própria e especial quando se apresenta destacado do romance, passando a ser enunciação
lírica. No romance, porém, perde este significado próprio
e é agora a existência trágica do harpista que nele recebe
forma e expresão — aqui ou nos outros poemas todos, uma
forma mais misteriosa, uma expressão mais profunda, "calada", do que seria possível na forma narrativa prosaica (na
intenção artística de Goethe). O poder enunciador lírico do
autor está nestes poemas a serviço da sua faculdade criadora
épica: nas misteriosas canções de Mignon e do harpista
culminam os personagens misteriosos.

As inúmeras canções, que os personagens dos romances
de Eichendorff cantam, causam uma impressão completamente diferente. Quando as lemos numa coletânea de
poemas, providas de observações como em *Ahnung und
Gegenwart, Dichter und ihre Gesellen,* é difícil, até para o
conhecedor destas obras, indicar imediatamente os personagens que as cantam e até a que romance pertencem.

Deixa, minh'alma, o angustioso desconsolo
Pela felicidade terrestre passada,
Ai, destas muhalhas de rocha,
Debalde erra teu olhar.

(Ahnung und Gegenwart)

Não ouves as árvores murmurarem
Lá fora, na redondeza em silêncio.
Não te atrai do terraço escutar
A voz da terra lá embaixo?

(Dichter und ihre Gesellen)

E onde nenhum peregrino andou
Acima de caçadores e cavalos,
As rochas suspensas no arrebol
Pareciam um castelo de nuvens.

(Dichter und ihre Gesellen)

Calado do homem o ruidoso prazer:
Murmura a terra como em sonho
Maravilhoso com as árvores todas.

(Taugenichts)

— não há necessidade de exemplos, de integração. Mur-
mura-se e escuta-se, canta-se e encanta-se, escurece-se e
resplandece-se, há rugido e zunido em toda parte e sempre

O GÊNERO LÍRICO

na mesma melodia. A natureza e a alma são associadas em imagens atmosféricas, metáforas e símbolos parecidos, cruzam sempre as mesmas figuras lendárias alemãs, jograis, caçadores, peregrinos, donzelas nobres e camponesas, a atmosfera romântica. Mas aqui não se deve considerar o relacionamento estético dos poemas inseridos nos romances. O que importa, entretanto, para a nossa problemática é o fato de que representam, em comparação com os poemas do *Wilhelm Meister,* fragmentos de tendência épica ou lírica. Independentemente de sua apresentação: se cantadas por certo conde Frederico, ou por Leontin, Lotário, ou pelo eu do maroto etc., ou se ouvidas por um personagem, o poema irrompe, assim que entoado, do meio do personagem que canta e do contexto romanesco em geral. E é altamente característico que o personagem que canta em muitos casos é afastado, "canta a certa distância". Mas seja expressamente ou não: o personagem que canta transforma-se em voz unicamente, em uma voz do coro ou sinfonia atmosférica de todo o romance. Isso significa então para a fenomenologia de tal "romance lírico-musical", que a unidade da estrutura é rompida. Por não associarmos estas canções com os respectivos personagens, por não contribuírem, como as canções do *Wilhelm Meister,* na criação dos personagens, experimentamos o seu eu lírico isoladamente. A experiência lírica e a ficcional deste romance separam-se. Pois sendo apesar de tudo romances, que criam um mundo humano e circunstancial fictício, não podemos de modo algum projetar ambos os elementos num plano atmosférico comum. Com surpresa verificamos repetidamente que os dois elementos encontram-se lado a lado, sem ligação, na estrutura da ficção: ou seja, os personagens romanescos não são modificados em sua existência própria, pelas canções por eles mesmos cantadas. As canções do *Wilhelm Meister* preenchem no espaço fictício totalmente a substancialidade existencial do poema lírico, ao passo que as canções de Eichendorff mantêm-se em sua pequena esfera não-fictícia, porém lírica, dentro da grande esfera fictícia do romance, sem com esta se confundir. Por isso revelam mais, do ponto de vista lógico, sobre a natureza lírica do que os poemas do *Wilhelm Meister:* ou seja, como pertencente a um domínio vivencial e lingüístico categorialmente separado da ficção [24a]. E é apenas sintoma deste procedimento que os poemas de Eichendorff têm em sua coletânea lírica lugar tão legítimo, ou até mais que nos romances. Com isso não se quer dizer

---

24a. Quanto à estrutura diferente dos poemas incluídos no *Schlafwandler* de HERMANN BROCH ver DORRIT COHN, *The Sleepwalkers,* Haia-Paris, 1966, pp. 103 e ss.

que nos romances são supérfluos, ao contrário — como já tem acontecido freqüentemente — é preciso utilizar esta circunstância na análise estética dos romances.

Foram fixados, então, os traços básicos lógicos e fenomenológicos dos dois gêneros ou categorias fundamentais em que se desdobra o campo da criação literária. Enquanto o gênero ficcional é constituído de diversos aspectos, pela variedade dos seus meios de apresentação, o gênero lírico é pouco diversificado. Pois experimentamos um fenômeno lírico verdadeiro apenas onde vivemos um eu lírico verdadeiro, um sujeito-de-enunciação verdadeiro, que garante o caráter real da enunciação lírica, indiferentemente de sua apresentação na forma de "eu" ou não. Tentamos mostrar que esta circunstância determina o lirismo em sua natureza central autóctone, ao mesmo tempo responsabilizando-se pela sua situação delicada no domínio enunciativo geral da linguagem. E esta diferença delicada, pouco acentuada, deve ser incluída na definição estrutural do lírico. Ela é delicada, porém de princípio determinável em todos os casos. A fronteira que separa a enunciação lírica da não-lírica não é fixada pela forma externa do poema, mas, como já mostramos, pelo procedimento da enunciação para com o pólo-objeto. Pois, se experimentamos o poema lírico como o campo vivencial e unicamente o campo vivencial do sujeito-de-enunciação, isso se deve ao fato de que o seu enunciado não visa o pólo-objeto, mas atrai seu objeto para a esfera vivencial do sujeito e o transforma.

O resumo destas situações permitiu-nos indicar o critério pelo qual uma série de fenômenos literários podem ser determinados quanto ao seu lugar no sistema da criação literária, de modo mais exato do que tem sido feito até agora do ponto de vista literário imanente à Teoria da Literatura. Assim, temos de um lado a forma maior da narração em primeira pessoa e, de outro, as formas menores, destacando-se a balada. Ambas as formas literárias situam-se fora dos dois gêneros principais, podendo ser chamadas formas especiais. São formas especiais em relação à sua estrutura lógico-lingüística, que no caso da balada e seus congêneres é a ficcional, e, no caso da narração em primeira pessoa, a da enunciação. Mais exatamente, são elas formas especiais porque, por terem "renegado" por assim dizer sua estrutura congênita, obtiveram abrigo num outro gênero de estrutura diferente: a balada no lírico e a narração em primeira pessoa no ficcional. A fim de evitar mal-entendidos é necessário lembrar que

O GÊNERO LÍRICO

esta forma não é de significado secundário para a fenomenologia da balada, de um lado, e da narração em primeira pessoa, de outro. Ela é, ao contrário, a condição do lugar especial que estes fenômenos ocupam no sistema da criação literária.

4. As Formas Especiais

A BALADA E SEU RELACIONAMENTO COM O POEMA IMAGÉ-
TICO E O POEMA DRAMATIZADO

A forma especial da balada, como espécie épico-ficcional dentro da esfera lírica, não se deixa captar imediatamente. O fenômeno que ela apresenta encontra sua explicação e gênese sistemática apenas quando examinarmos
melhor a parte da esfera lírica em que ela encontrou seu
lugar. Aquí deve pesar a noção de lírico em seu significado restrito, que é a sua diferença categorial da ficção,
como desenvolvida por nós: uma espécie de criação literária na esfera do campo vivencial de um sujeito-de-enunciação real. Apegando-nos a este ponto de partida, podemos observar que o campo vivencial lírico pode conter
elementos que possuem uma tendência inerente à formação
ficcional e à conseqüente separação estrutural da esfera
da enunciação lírica. De que natureza são estes elementos,
ou o que importa aqui, estes objetos da enunciação lírica?

Devem ser objetos tais que pela sua natureza estão
mais afastados do centro existencial do pólo-sujeito do que
outros, devendo ser também antes formais do que ideais.
Porque também os objetos ideais podem ser encontrados
longe do pólo-sujeito, por exemplo, os de um poema didático ou de um epigrama, ou então determinados conteúdos de poemas filosóficos. O domínio da enunciação
lírica, porém, em que se encontra afinal também a balada,
é ocupado por objetos enunciativos *formais* e não ideais.

212 A LÓGICA DA CRIAÇÃO LITERÁRIA

E as espécies de poema mais chegadas à balada, não somente do ponto de vista sistemático, mas também histórico-genético, são o poema imagético e, embora de modo mais ambivalente, o poema dramatizado.

Com a noção de forma temos, considerando a estrutura da enunciação lírica, uma indicação dupla. Primeiramente ela é um objeto em relação ao qual o eu procede antes vendo-descrevendo do que sentindo. Por outro lado, a forma é um objeto de natureza particularmente móvel, ou também estratificada. A noção de forma pertence ao *campo da Arte,* e não ao da natureza ou da vida humana. Em seu sentido específico ela significa a forma humana. No domínio da Arte esta é criada pela arte plástica de um lado, e de outro, pela literatura ficcional. Quando aparece como forma de arte na esfera lírica, sucede um fenômeno único no sistema total da Arte, o poema imagético, que consideraremos em primeiro lugar, examinando-o em relação à balada.

Um poema imagético (pictórico), que resultou do epigrama antigo, descreve uma pintura ou escultura. E da valiosa análise de Hellmut Rosenfeld sobre "O poema pictórico alemão" resulta que são raros os casos em que o poema imagético tem objeto diferente da pintura figurativa [1]. (Nos poemas sobre escultura esta alternativa é eliminada inteiramente.) Quanto ao lugar ocupado na esfera lírica, o que interessa neste contexto são os poemas sobre figuras humanas, que significam, como já foi dito, um ponto único no sistema da criação literária, um ponto em que se encontram linhas do lírico e das duas formas do gênero ficcional, e de tal modo que o lugar do poema imagético (pictórico) na esfera lírica é extremamente delicado, e a estrutura do poema facilmente alterável por ligeiras modificações da atitude do eu lírico. Pois, a forma humana criada pela arte plástica pode ser objeto de contemplação, tanto morta, quanto viva. Se agora seguirmos, em alguns exemplos, a atitude que o eu lírico de um poema pictórico pode assumir, descobriremos, partindo deste lugar bem oculto, tanto no sistema da criação literária, quanto na história da literatura, que a estrutura lógica não é condicionada por outra coisa senão a figura humana, isto é, a formação artística *do* objeto, que ao mesmo tempo é formado como sujeito.

Escolhi dentre a infinidade de poemas imagéticos da literatura alemã primeiro um poema sobre escultura de

---

1. ROSENFELD, H. *Das deustche Bildgedicht.* Tübingen, 1935. *passim.*

AS FORMAS ESPECIAIS   213

Herder e em seguida um pictórico de Rilke. — Um dos
chamados epigramas pictóricos [2], que Herder compôs baseando-se em tradições antigas, descreve um grupo helê-
nico:

Amor e Psique

A mão, que toca esta graciosa cabeça
E a leva em silêncio ao amado,
O suave alento que paira ao redor dos lábios
E docemente alça o braço e o peito —
O olhar que se não torna linguagem
(Pois as almas se contemplam mutuamente)
O coração timidamente atrai o coração
E o espírito preso ao espírito, o lábio ao lábio —
O saudoso e mais doce prazer
Do reencontro — vede, é este beijo.
Paira nele a mais pura felicidade do céu.
Em contemplação, recuai, recuai em silêncio.

Mesmo sem saber que este poema descreve uma escultura,
ele nos transmite a atitude visual-descritiva do eu lírico,
expressa verbalmente nos imperativos "vede" e "recuai em
silêncio". As palavras que animam as figuras, emprestan-
do-lhes sentimentos, não transmitem nada que ultrapasse o
contorno da escultura, não dizem mais do que se pode ler
em seus traços — sendo indiferente que uma outra pessoa
perceba sentimentos que não sejam estes. O essencial é
que o eu lírico mantém suas figuras na envergadura da
relação sujeito-objeto, não as demite de seu campo vivencial, sendo que, apesar da interpretação subjetiva, esta relação está contida expressamente no poema, como é o caso
do famoso poema-escultura de Rilke "Torso arcaico de
Apolo". Comparamos com estes um poema menos conhecido, mas muito elucidativo de nossa problemática, o poe-
ma-retrato de Rilke:

Retrato de uma dama dos anos oitenta

Estava ela esperando em pé junto à drapejada
e pesada cortina escura,
que parecia cerrar acima dela
um cúmulo de paixões falsas;

embora ainda recente a sua meninice,
parecia ser uma outra:
cansada debaixo do penteado alto,
inexperiente sob os rufos do vestido
e como espreitada por todas estas pregas

---

2. *Idem*, pp. 122 e 124, onde está exposta a origem do epigrama pictórico
grego.

214   A LÓGICA DA CRIAÇÃO LITERÁRIA

    em sua saudade e tímidos planos
    sobre o rumo da sua vida:
    outro, mais real que nos romances,
    irresistível e fatal, —

    se pudesse afinal guardar no cofre
    alguma coisa e no perfume
    das recordações se embalar;
    se afinal em seu diário

    pudesse achar um começo que já ao escrever
    não se tornasse insensato e mentiroso,
    e se carregasse uma pétala de rosa
    no pesado e vazio medalhão,

    que pesa em cada fôlego.
    Se pudesse afinal acenar pela janela;
    esta estreita mão, de aliança nova,
    com isso se contentaria por meses.

Neste poema, que conforme a vontade do poeta temos de
compreender como um poema pictórico[3], e difícil seria
compreendê-lo diferentemente, passou-se algo diferente do
poema de amor de Herder. Já o imperfeito que chama
a atenção liberta a figura da sua qualidade pictórica[4] e a
transforma imperceptivelmente numa situação romanesca
que por uma espécie de técnica monológica interior — "se
pudesse afinal guardar no cofre alguma coisa"... Se "pudesse afinal acenar pela janela...", é intensificada gradativa-
mente. O personagem começa a viver por si, seu eu
fictício passa a suplantar o eu lírico do poema, lentamente se transformando numa função narrativa ficcional,
passando do relato à forma do discurso vivenciado. Apesar disso é mantida a consciência de que se trata de uma
imagem, que é o motivo desta interpretação romanesca,
e a tensão entre a enunciação de um eu que descreve liricamente e a função narrativa criadora não apenas empresta
ao poema um encanto particular, mas o torna elucidativo
com respeito ao papel único que a figura humana desempenha na estrutura do sistema da criação literária.
    Consideremos agora um outro poema pictórico de
Rilke que, também devido ao seu material histórico, está

    3. A descrição de objetos e imagens, que Rilke praticou até o virtuosismo
nos *Neuen Gedichten*, é realizada também num sentido inverso, de modo a ser
transformado também o não-pictórico, alguma realidade humana vivenciada
numa situação pictórica. Existem ali verdadeiros poemas-limite, por exemplo,
o poema intitulado "Bildnis". O título deste poema que se refere a Duse
pode ter o sentido de um retrato espiritual, ao passo que "Damenbildnis"
acima mencionado é constituído de tal modo que não oculta a sua origem
de uma pintura, ou possivelmente de uma fotografia.
    4. Este imperfeito não contradiz o caráter do poema-imagem. Também o
poema-escultura "Kretische Artemis" o apresenta e tem o efeito de esboçar
atrás da plástica a "imagem original" mítica da deusa e com ela o próprio
tempo mítico, isto é, transportar o domínio da Arte para o domínio da História.

AS FORMAS ESPECIAIS

muito próximo da balada: "O último Conde de Brederode liberta-se do cativeiro turco". A cena pictórica (segundo uma pintura histórica insignificativa) [5] é transformada também com a ajuda do imperfeito numa cena épica:

> Perseguiam-no terrivelmente, lançando-lhe
> de longe a sua morte garrida, enquanto ele perdido
> fugia, sentindo-se unicamente: ameaçado.
> A lonjura de seus antepassados não mais parecia
> valer-lhe; pois, para assim fugir,
> basta um animal que foge dos caçadores.

A fuga no cavalo é percebida como movimento, como ação:

> Até que o rio
> marulhando de perto relampejou. Uma decisão
> levantou-o, e a sua miséria, transformando-o
>
> novamente no jovem de sangue nobre.
> Um sorriso de nobres senhoras verteu
> novamente doçura em seu rosto precoce
>
> e perfeito. Obrigou seu cavalo
> a ser generoso como o seu coração ardente:
> levou-o correnteza adentro como se fosse seu castelo.

Este soneto pictórico é elucidativo do problema da balada, porque a sua origem de um tema de pintura não é mais visível. E também aqui o eu lírico está perto de ser substituído por uma função narrativa ficcionalizadora. É precisamente por isso que escolhemos um poema pictórico de Rilke próximo à balada, pois nesta forma moderna e devido à consciência artística altamente desenvolvida deste poeta, ainda é perceptível a fronteira que retém, todavia, o poema na esfera lírica de tal modo que a narração da situação fictícia, do evento, da figura, é conservada como fenômeno lírico. O segredo consiste na evocação da figura como uma espécie de visão poética, elevada a uma plasticidade superior e numa exploração dos recursos plásticos e ficcionalizadores da função narrativa, por assim dizer, dentro das suas possibilidades líricas. (Processo artístico este que também caracteriza outros poemas-retratos de Rilke, provenientes de temas pictóricos, como "Orfeu, Eurídice, Hermes e Alceste".) Um sentimento baladístico mais ingênuo, o que não é surpreendente, atua no poema pictórico de C. F. Meyer "A fada". Aqui o tema de uma pintura de Schwind é inteiramente dissolvido em narração, com todos os recursos da função narrativa, como o relato e o discurso vivenciado, em que o eu lírico deixa de aparecer na inter-

5. ROSENFELD. *Op. cit.* p. 252.

216 A LÓGICA DA CRIAÇÃO LITERÁRIA

pretação simbólica do aparecimento da fada como a amada divulgada, feita de modo artístico, dramaticamente sucinto e através de discursos alternados dos personagens.

Os casos em que um poema pictórico é ao mesmo tempo balada não são freqüentes, mas estes casos são de significação sistemática e epistemológica para a relação da balada com a esfera lírica. Esta relação, e com ela a fenomenologia complicada dos limites da esfera lírica em que a balada ainda está contida, é desenvolvida melhor com o aparecimento do poema dramatizado, cujo lugar no sistema da criação literária é de interesse ainda maior que o do poema imagético. Situa-se num entroncamento das esferas genéricas, em que se cruzam linhas vindas do poema imagético que se dirigem à balada, com linhas que, também provenientes da esfera lírica, se estendem no sentido da narração em primeira pessoa. A razão lógico-lingüística da sua posição ambivalente é, todavia, a sua *forma em primeira pessoa.* Ela é o motivo, do ponto de vista histórico, de que é o poema dramatizado que constitui a semente da forma baladesca passando pelo poema imagético. Rosenfeld estabeleceu como raiz do poema dramatizado o antigo epigrama pictórico, ou seja, "a ficção de que a obra plástica fala e se apresenta" [6], fenômeno este que se repetiu, como ele mostra, nos epigramas da Idade Média, nos versículos e mais tarde nas folhas ilustradas da Renascença. Se tais folhas ilustradas continham uma série de personagens, tinha-se o núcleo para a forma baladesca do poema imagético, primeiramente na forma dialógica, mas nos casos em que o poeta aparecia como intérprete da imagem resultava uma verdadeira narração ficcional [7]. — Mas assim como o poema imagético é apenas uma das fontes de origem da balada, tornando-se relevante somente para a balada artística, também o poema dramatizado como poema imagético é apenas uma de suas causas genéticas. Um exemplo dos mais claros é "Duas descrições de pinturas" de Wackenroder em "Desabafar de um frade amante das artes":

> "Por que estou tão feliz
> E por que é minha a maior ventura
> Que sobre a terra existir possa?"

diz Maria,

> "É lindo e colorido o mundo ao meu redor
> Mas não me sinto como as outras crianças"

6. *Idem,* p. 13.
7. *Idem,* p. 38.

AS FORMAS ESPECIAIS 217

diz o Menino Jesus da pintura "A Virgem com o Menino Jesus e o pequeno João" assim descrita. Vê-se claramente que o poema imagético perde necessariamente, como poema dramatizado, seu caráter de poema imagético porque as figuras se apresentam, por si, como personagens. E é justamente esta forma em primeira pessoa semelhante à monodramática que faz do poema dramatizado uma formação "ambígua", ao mesmo tempo lírica e ficcional, baladesca. Destarte são encontrados, embora com pouca freqüência, poemas dramatizados entre as baladas populares. Queremos indicar a balada "O filho do jogral" (coletada em inícios do século XIX), que pede em casamento a filha do rei:

> Quando era menino,
> Deitava no berço,
> Quando era maior um pouco,
> Ia pelas ruas em liberdade.
> Eis que encontro a filha do rei,
> Também ia pelas ruas em liberdade:
> ...

em seguida, da coletânea *Wunderhorn* o monólogo dramatizado da moça que se deve tornar freira contra a vontade:

> Que Deus dê um ano avesso
> a quem de mim faz uma freira
> ...

Aparece também a distribuição de baladas por monólogos mais longos de personagens, seguidos de uma narração, como por exemplo da balada popular humorística inglesa *The brown girl:*

> I am as brown as brown can be
> My eyes as black as a shoe
> ...
> My love has sent me a love-letter
> Not far from yonder town
> ...
> Now you shall hear what love she had
> Then for this love-sick man:
> ...
> When she came to her love's bed-side
> Where he lay dangerous sick,
> She could not for laughing stand
> Upright upon her feet.*

processo este repetido também na balada "Bárbara morena" de Agnes Miegel (sem vantagem para o poema). Devido a

---

* Sou moreno, o mais que se pode ser / Meus olhos são pretos como um sapato / ... / Minha amada mandou-me uma carta de amor / Daquela cidade não muito longe / ... / Agora vereis que amor tinha ela / Por este homem doente de amor; / ... / Quando chegou à beira da cama de seu amor / Onde ele estava deitado gravemente enfermo / De tanto rir não pôde manter-se / Firme sobre os pés. (N. da T.)

218   A LÓGICA DA CRIAÇÃO LITERARIA

tais fenômenos, o poema dramatizado foi chamado de subespécie da balada [8]. Sem dúvida vivenciamos as figuras em primeira pessoa, como o filho do jogral, a bela Bárbara, ou também o Cromwell de Fontane ("A última noite de Cromwell"), como figuras tão fictícias quanto as figuras em terceira pessoa da maioria das baladas, e compreendemos estes poemas dramatizados como uma das diversas formas de ficcionalização dos personagens, como uma função narrativa monológica (freqüentemente monodramática) ao lado da dialógica (como, p. ex., na balada "Edward" e na balada de Brentano "Vovó cozinheira de serpentes") e da completa função narrativa da arte narrativa que flutua entre uma forma e outra.

Se não definimos a balada simplesmente como uma forma épica menor, entregando-a ao gênero ficcional, mas a consideramos uma forma especial, devido à sua relação com o gênero ficcional e lírico, referimo-nos à conhecida definição do ovo original de Goethe, feita no comentário à sua própria balada, intitulada "Balada" sobre o conde expulso e regressado em "Arte e Antigüidade" de 1821. Sem consideração das circunstâncias de evolução histórica, de diferenças do significado e da forma, da forma popular ou artística, viu-se na balada uma forma literária "misteriosa", em que "toda a poética se deixaria apresentar, por não estarem aqui os elementos separados, mas juntos como num ovo original vivo..." [9] e também em *Discussões e Adendos ao Westoestlichen Divan* refere-se à balada como exemplo de que "no menor poema freqüentemente se podem encontrar as três formas naturais e autênticas da poesia... épica, lírica e dramática..." [10]. No comentário à balada, Goethe menciona o estribilho como aquilo que "dá a este gênero poético o caráter lírico decisivo". Mas nos *Noten* (Adendos) o conceito de lírico é mais geral, fixado como "forma natural da poesia". Como aqui, também em descrições posteriores da balada, pelo que vejo, o elemento lírico permaneceu um conceito, uma noção mais vaga do que o épico ou dramático. Pois o elemento épico, ou seja, no sentido mais antigo desenvolvido do verso épico, a narração de um evento e dos personagens nele envolvidos, é o elemento básico incondicional e inequívoco da balada. O elemento dramático está contido nele como modo extremo da narração. O elemento lírico pode ser compreendido de diversas maneiras: de um lado formalmente, pela construção em estrofes (com número maior ou menor de estrofes, porém sempre limitado), pela

8. KAYSER, W. *Geschichte der deutschen Ballade.* Berlim, 1936. p. 140.
9. *Goethes Werk.* (Edição de Hamburgo), I, p. 400.
10. *Idem,* II, p. 187.

AS FORMAS ESPECIAIS 219

natureza cantável da balada popular, freqüentemente apoiada por um estribilho. Por outro lado, o caráter lírico foi ligado a fatores, como a atmosfera e o estilo lingüístico lírico-poético, referido essencialmente à balada erudita do fim dos séculos XVIII e XIX, cujos autores a conceberam neste sentido. A idéia indefinida do lírico como fator atmosférico é mostrada, p. ex., nas observações de W. Kayser sobre os poemas da "Loreley" de Heine e de Eichendorff, bem como sobre um poema do poeta português A. Garrett.

Neste último, fala-se "na preocupada antecipação do encontro com a sereia", na "Loreley" de Heine, "numa atmosfera melancólica do encontro com a sereia em retrospecção". Os poemas "Conversa silvestre" e "Paisagem silenciosa" de Eichendorff, acrescenta Kayser, "mantêm-se exatamente na fronteira entre a balada e o lirismo" [11]. Deixando de lado o poema português, e a "Loreley" por ser conhecida, passamos a expor os dois poemas de Eichendorff, reunidos sob este ponto de vista por Kayser. Pois, em sua diferença notável, eles servem a uma determinação exata do lugar da balada no sistema da criação literária.

Paisagem silenciosa

O luar confunde
Os vales em toda parte,
Os riachos, perdidos,
Correm pela solidão,

Acolá divisei a floresta
Na altura abrupta,
Os pinheiros sombrios
Olham para um lago profundo.

Vi um barco surgir,
Sem ninguém o dirigindo,
O remo estava quebrado
O barquinho quase afundado.

Uma ninfa no rochedo
Trançava seu cabelo dourado,
Pensava que estava sozinha
E cantava tão maravilhosamente.

Cantava e cantava, nas árvores
E fontes murmurava suavemente,
E sussurrava como em sonho
A noite enluarada.

Estava eu em pé, assustado,
Pois sobre o bosque e o abismo
Soavam os sinos matinais
Ao longe pelos ares.

11. KAYSER. *Das sprachliche Kunstwerk*. p. 356.

220 A LÓGICA DA CRIAÇÃO LITERÁRIA

E se não tivesse ouvido
Em tempo este som,
Não teria voltado nunca
Deste lugar silencioso.

Conversa silvestre

Já é tarde, já está frio,
Por que estás sozinha a cavalo?
A floresta é longa, estás sozinha,
Bela noiva: Levo-te comigo!

"Grande é a astúcia dos homens,
Meu coração rompeu de dor,
A trompa silvestre erra por aqui,
Oh! foge! Não sabes quem sou."

Tão ricamente enfeitados o cavalo e a mulher,
Tão belo o jovem corpo,
Agora te conheço — Deus me acuda!
Tu és a bruxa Loreley.

"Tu me conheces — do alto rochedo
Meu castelo mira o Reno.
Já é tarde, já está frio,
Não mais sairás desta floresta!"

"Paisagem silenciosa" (1837) pertence, como a "Loreley" de Heine (1824) que sem dúvida o influenciou, à esfera estrutural autóctone do lírico, segundo a definição de H. Henel até formalmente ao lírico vivencial. Pois a figura da ninfa está, como objeto assertivo, assim como a paisagem enluarada da qual faz parte, no campo vivencial do eu lírico que se manifesta em primeira pessoa e não recebe eu-originidade própria. O eu, porém, que se faz ouvir na "Conversa silvestre" não é um eu lírico, mas um eu fictício, em cena dialógica com o eu fictício da bruxa Loreley. Aqui temos uma estrutura baladesca. (Em que uma possível forma em primeira pessoa, representando simbolicamente o encantamento, não influiria na estrutura do poema.) Estes dois poemas não estão juntos na fronteira entre o poema lírico e a balada, mas esta fronteira corre entre eles.

É importante, porém, que Kayser distinga a balada e o poema lírico, estabelecendo formas intermediárias entre eles; é com razão que ele acentua que "seria tão inadequado traçar limites teóricos rigorosos, quanto seria emitir julgamentos precipitados, qualificando-os de formas 'impuras'" [12]. Toda-

12. *Idem.*

AS FORMAS ESPECIAIS

via, a própria diferenciação já é uma delimitação, embora não teórica, porém estrutural entre os fenômenos. Por isso mesmo não é suficiente definir a balada como uma forma "em que um evento é compreendido e relatado como um encontro vital". Pois, é apenas a circunstância de que aqui se narra ficcionalmente que é o critério estrutural que ora possibilita uma delimitação mais exata. Esta significa que o conteúdo da balada não é mais compreendido como a enunciação de um eu lírico, mas como a existência fictícia de sujeitos fictícios. Onde houver função narrativa em ação, não estaremos confrontando um fenômeno lírico. Por outro lado, a forma poética neutraliza por sua vez o fenômeno épico ficcional.

Não se obtém muito desdobrando deste modo a formação lírico-épica que é a balada, em vez de estabelecer o fato histórico-literário que ela é. Mas é justamente com respeito à balada, que mais do que qualquer outra forma poética dirige a nossa atenção sobre a sua evolução histórica, que se deve frisar novamente que neste nosso contexto não se trata de descrever a balada quanto às suas características substanciais, estilísticas e simbólicas no decorrer das épocas, mas somente da tentativa de localizar o seu lugar lingüístico-estrutural no sistema da criação literária. Sob este ponto de vista parece legítimo e apto a levar-nos a uma delimitação exata, definir e fixar a balada como um poema de personagens ficcionais. Neste sentido a noção de balada deve ser válida, como noção geral, também para as formas estilisticamente mais ou menos diferentes, como a canção ambulante de um lado e a romança de outro, o que acontece na prática nas coletâneas publicadas sob o título de baladas. Por outro lado, teria de ser negada a qualidade estrutural de balada aos poemas que receberam este nome sem possuírem esta qualidade, p. ex., a "Balada da vida exterior" de Hofmannsthal ou a visão moderna do fim de Veneza, a "Balada" de Christoph Meckel:

> Acabou Veneza,
> que com peixes e gôndolas brincava
> e águas escuras revolvia sempre,
> com todos os molhes e palácios
> de suas praias de cascalho.
> . . .
>
> (*Wildnisse*, p. 12)

servindo aqui de exemplo a primeira estrofe, dentre cinco de construções semelhantes. Não é necessário mencionar que aqui não fazemos crítica ao sentido do qual partiram estes poetas para darem o nome de "balada" a seus poemas.

Concluindo, ao mesmo tempo que preparando o próximo capítulo, desejamos lançar mais um olhar, da balada ao poe-

222 A LÓGICA DA CRIAÇÃO LITERÁRIA

ma dramatizado. Sua posição na lírica é muito mais indefinida, ambivalente. Embora o tenhamos considerado somente em seu relacionamento com o poema imagético e a balada, ele contém, todavia, um outro aspecto, ou seja, o da referência direta à enunciação lírica, ao eu lírico. Aqui se torna decisivo o simples aspecto de que o poema dramatizado é um poema em primeira pessoa. E de modo algum é sempre o poema imagético o núcleo do poema dramatizado, não é sempre de tipo especificamente monodramático, *i.e.*, atribuído a um personagem imaginário, fictício, que se manifesta na primeira pessoa gramatical. É assim que procede geralmente, quando o personagem é indicado não somente pelo título, mas também referido de modo inequívoco pelo conteúdo do poema. No setor lírico dá-se o seguinte: p. ex., um poema com o título "Primeira canção de amor de uma menina" apresenta-se-nos como poema dramatizado, porque conhecemos seu autor como o homem Moerike, ao passo que o poema "Canção de um apaixonado" do mesmo poeta apresenta o caráter de um possível poema dramatizado de modo muito menos claro. Este poema poderia ser idêntico a um poema em primeira pessoa, o título indefinido "um apaixonado" poderia ser um disfarce mais ou menos transparente do eu do poeta. Em suma, apesar da forma em personagem, pode ocorrer o caso autenticamente lírico de não podermos afirmar nada sobre a relação do eu lírico com o eu do poeta. Mas seria errado tirar a conclusão de que todo poema em primeira pessoa seja um poema dramatizado. Trata-se do emprego de eus mais ou menos nítidos e fingidos. E tem-se o direito de falar de um eu lírico fingido apenas quando é assim entendido e apresentado pelo poeta. Quando o poema dramatizado o é de modo pronunciado e inequívoco, o eu é fingido perceptivelmente, fingimento este que diminui à medida que se vai reduzindo o caráter de personagem, até extinguir-se completamente nos poemas que não se apresentam com personagens. Destarte, o título é de certa importância com referência ao poema dramatizado.

A presença insignificante em si — do ponto de vista estrutural — do poema dramatizado no domínio lírico tem apenas um significado de sistematicidade em nossa análise. O poema dramatizado representa o correspondente especificamente lírico da forma maior épica da narração em primeira pessoa. Pois contém o problema do sujeito-de-enunciação fingido, que em inversão embora peculiar, mas correspondente exatamente à situação lógica, é relevante para a fenomenologia da narração em primeira pessoa. Não é outra coisa senão o sujeito-de-enunciação fingido que faz da narração em primeira pessoa o correspondente, não somente

AS FORMAS ESPECIAIS

do poema dramatizado, mas também da balada, em relação inversa. Se ela é estruturalmente estranha na esfera lírica, então a narração em primeira pessoa é estruturalmente estranha na esfera ficcional — classificação que pode parecer chocante principalmente em relação a esta última. Razão por que desejamos frisar novamente que não é negado à narração em primeira pessoa o seu caráter de literatura narrativa. O problema que nos interessa neste nosso contexto teórico da linguagem e da enunciação é apenas que ela é literatura narrativa, cuja estrutura se distingue, por não-ficcional, da narração em terceira pessoa, submetendo-a a leis diferentes.

A NARRAÇÃO EM PRIMEIRA PESSOA

A narração em primeira pessoa como pseudo-enunciado de realidade

Inicialmente consideraremos a narração em primeira pessoa em seu significado próprio, como uma forma autobiográfica, que relata eventos e experiências referidas ao narrador-eu. Por enquanto deixaremos de considerar a espécie narrativa em que um narrador-eu relata sobre terceiros. É decisivo para o lugar da narração em primeira pessoa no sistema da criação literária apenas a narração em primeira pessoa autêntica, os romances do tipo *Simplizissimus, Werther Nachsommer* (Pós-verão), *Grünen Heinrich,* os romances picarescos do *Gil Blas* até o *Felix Krull,* e também *À la recherche du temps perdu,* de Proust. Pois é o eu, que aqui se apresenta, que é um estranho estrutural na esfera épica. Assim como a balada levou a sua estrutura ficcional para a esfera lírica, da mesma forma a narração em primeira pessoa levou a sua, (a estrutura da enunciação), para o campo épico. Pois ela tem a sua origem na estrutura enunciativa autobiográfica.

O que significa a constatação em si nada nova ou surpreendente da classificação da narração em primeira pessoa no sistema lógico da criação literária? Mostra-se que, de fato, é a verificação da sua localização que esclarece a procedência autobiográfica da narração em primeira pessoa, revelando os motivos pelos quais ela se diferencia da autobiografia propriamente dita, ou seja, pelo seu caráter literário. Se encontramos aqui uma situação estrutural semelhante à da lírica, isso se deve à estrutura lógica comum à linguagem da lírica e da narração em primeira pessoa, condicionada pelo lugar que ocupam no sistema de enunciação. Aqui surge, porém, também o problema que constitui a problemática estrutural e estética em parte da narração em primeira pessoa. Voltando aos dois fenômenos originais que se manifestam nas duas categorias ou gêneros da criação literária, o fenômeno da não-realidade do gênero ficcional e o do enunciado de realidade do gênero lírico, não estaremos inclinados a admitir que a narração em primeira pessoa transmite a vivência do real no mesmo sentido que o poema lírico. Mas, por outro lado, também não se pode afirmar que ela nos transmite a vivência da ficção, da não-realidade. Ou mais exatamente: a vivência do não-real, que em alguns casos da narração em primeira pessoa, por mais "auto-enunciativa" que seja, incontestavelmente se impõe, como p. ex., no *Nachsommer* de Stifter e no *Felix Krull* de Thomas Mann e muitos outros, não têm fundamento lógico como no caso da ficção autêntica, da narração. Pois faz parte da natureza de toda narração em primeira pessoa o fato de se impor como não-ficção, isto é, como documento histórico. Isto sucede em virtude de seu caráter de narração em primeira pessoa.

A fim de esclarecer esta situação, torna-se necessário examinar a noção de "eu" pela qual se constitui à narração em primeira pessoa. Esta noção não tem outra forma que qualquer enunciado feito na primeira pessoa gramatical, como aparece em todo poema lírico em primeira pessoa (seja poema dramatizado ou não) e também em todo enunciado em primeira pessoa extrapoético, sendo destes o mais próximo o da exposição autobiográfica. Isto significa portanto: o eu da narração em primeira pessoa é um sujeito-de-enunciação autêntico. Podemos definir este eu com maior precisão pelo fato de que o podemos diferenciar tão bem do eu lírico como sujeito-de-enunciação histórico-teórico ou pragmático. Também o eu da narração em primeira pessoa não quer ser um eu lírico, mas histórico, razão por que não assume as formas do enunciado lírico. Narra a vivência pessoal, mas não com a tendência de reproduzi-la como uma verdade apenas subjetiva, como *seu* campo de experiência no sentido expressivo deste fenômeno, mas visa, como todo eu histórico, à verdade objetiva do narrado. Se colocarmos em dúvida esta afirmação ao lançarmos um olhar sobre romances (p. ex., *Werther*) em primeira pessoa (inclusive romances epistolares), que exprimem uma atmosfera fortemente subjetiva e emocional, é possível replicar que também a enunciação autobiográfica "autêntica" (como o caso especial das enunciações em geral, onde encontramos, como já se demonstrou, a mesma situação) é caracterizado pela mesma escala de relatos autobiográficos mais ou menos subjetivos ou, vice-versa, objetivos.

AS FORMAS ESPECIAIS

De fato é a noção de enunciado de realidade "autêntico", que aqui se oferece, que nos conduz ao gênero literário específico, que é a narrativa em primeira pessoa. Seu oposto é o enunciado de realidade inautêntico, que equivale ao *enunciado de realidade fingido*. A noção de fingido, pretenso, que também determina o caráter do poema dramatizado, designa a parte do sistema da criação literária em que a narrativa em primeira pessoa tem o seu lugar lógico. A fim de reconhecer esta parte, é necessário novamente chamar a atenção sobre a diferença categorial entre os termos "fingido" e "fictício", já exposto antes (pp. 39 e ss.). O termo "fingido" significa algo pretenso, imitado, inautêntico, figurado, ao passo que "fictício" significa o modo de ser daquilo que não é real: da ilusão, da aparência, do sonho, do jogo. A criança que brinca pode fingir um adulto, mas, por brincar sem querer *passar por* adulto, ela desempenha o papel fictício de adulto, como o ator que representa determinado personagem não finge sê-lo, mas o representa como um personagem fictício. A situação ficcional resulta de uma atitude completamente diferente daquela que produz uma situação fingida. E esta diferença é obedecida também pela linguagem, quando produz as diversas formas literárias. Ela trabalha de uma maneira quando produz ficção épica e, de outra, quando produz uma narração em primeira pessoa.

Pois aplicando-se-lhe a noção do fingido, descortina-se o fenômeno vivencial muito variável que nos é transmitido pelas diversas narrações em primeira pessoa. Esta é a primeira diferença que observamos na comparação da forma em primeira pessoa com a forma em terceira pessoa, *i.e.*, da forma ficcional de romance. Uma narração em terceira pessoa, indiferentemente da forma épica moderna ou antiga, sempre provoca a mesma experiência da não-realidade com todos os fenômenos acima descritos. Não há diferenças na intensidade da ficticidade. E foi mostrado que a intromissão fingida do narrador, geralmente para fins humorísticos, não influi no fenômeno da ficção. O *Komet* de Jean Paul não é menos ficção do que *Frau Jenny Treibel* de Fontane ou qualquer narração ficcional em geral. O *Simplizissimus,* porém, parece-nos, numa impressão geral, mais próximo à experiência, à vida, do que o *Felix Krull* de Thomas Mann, *Der Grüne Heinrich* parece-nos uma autobiografia "mais autêntica" que o *Nachsommer,* enquanto é indiscutível a intensidade do fingimento no romance utópico em primeira pessoa de Werfel *Der Stern der Ungeborenen* (A estrela dos não-nascidos) como do eu que em *Tristram Shandy* brinca com o seu estado

226 A LÓGICA DA CRIAÇÃO LITERÁRIA

não nato. O que interessa aqui é a escala dos graus de fingimento, o que significa que o grau de fingimento pode ser tão baixo que dificulte a diferenciação entre uma autobiografia autêntica e uma composição já romanesca. Tal caso se apresenta na famosa narração em primeira pessoa, procedente do Egito, em aproximadamente 2000 a.C., em versos, *Das Leben Sinuhes* (A vida de Sinuhe), que provavelmente fora um personagem histórico, um dignitário. De acordo com G. Misch, é opinião de alguns historiadores modernos de que sejam memórias autênticas[13]. Do ponto de vista lógico e fenomenológico da narração em primeira pessoa, um caso duvidoso como este é especialmente elucidativo porque documento tão antigo não nos dá a possibilidade de verificar com toda a certeza a sua autenticidade autobiográfica. O lugar lógico do enunciado de realidade é, portanto, determinado pela noção do enunciado de realidade fingido que o distingue de um lado da ficção e, de outro, do lírico. Com isso está somente descrito o fenômeno que a narração em primeira pessoa nos oferece e agora se trata de revelá-lo como sintoma necessário.

No conceito de enunciado de realidade fingido está contido o fator constituinte da *forma* do enunciado de realidade, isto é, de uma correlação sujeito-objeto, em que é decisivo que o sujeito-de-enunciação, o narrador-eu, possa falar sobre terceiros apenas como objetos. Ele não os pode libertar do seu próprio campo vivencial, a sua eu-*origo* está sempre presente, nunca desaparece, porque se isso ocorresse, ela seria substituída por eu-*origines* fictícias. Esta lei, como tal imediatamente perceptível e que significa a unidade da perspectiva, tem por efeito o fato de que os personagens de uma narração em primeira pessoa sempre são compreendidos em relação ao narrador-eu. Isso não significa uma relação pessoal com o narrador-eu, mas apenas o fato de que são vistos, observados, descritos exclusivamente por ele. G. Misch, que não quer atribuir à autobiografia, ou seja, ao enunciado de realidade autobiográfico autêntico, a propriedade de ser a única fonte de origem da narração em primeira pessoa, pensa que uma outra fonte igualmente importante seria "a vivacidade da imaginação produtora" que "resulta mais fácil e agradável na forma eu" do que a transposição do eu numa terceira pessoa[14]. Ele tira esta conclusão da observação da freqüência da forma eu em contos de fada e fábulas dos povos primitivos, aceitando a explicação tradicional de que ela sempre foi,

13. Misch, G. *Geschichte der Autobiographie.* Goettingen, 1959. v. I, p. 51

14. *Idem,* p. 60.

AS FORMAS ESPECIAIS 227

e ainda é, a preferida para aumentar a credibilidade de coisas sobrenaturais. Mais adiante veremos o que se passa nesses casos. No presente contexto, deve-se averiguar primeiro a afirmação de Misch, segundo a qual a imaginação produtora resulta mais fácil na forma eu do que na narração em terceira pessoa. Pela comparação das duas formas, sob o ponto de vista da estrutura lógica, compreende-se que ela não é válida. Mas o ponto de vista psicológico (de Dilthey-Misch) não leva a esta conclusão. É a forma lógica que revela que a imaginação produtora, a fantasia, o dar-se ares de *second creator*, é, pelo contrário, mais fácil, mais seguro no domínio da ficção, da narração em terceira pessoa, do que no enunciado de realidade por mais fingido que seja, que é a forma da narração em primeira pessoa. Pois é justamente esta forma e a sua lei que fixam barreiras à imaginação livre, ao *poiein*, que a ficção pode ignorar. E não é causal, mas regulado estruturalmente, que as formas decididamente ficcionais, os verbos de processos internos aplicados a terceiros, o discurso vivencial e o monólogo, em suma, a representação da subjetividade de terceiros não podem aparecer no romance em primeira pessoa — nem em relação a terceiros nem ao *poiein*, que a ficção pode ignorar. E não é casual, mas como narrador, transformando-se em função narrativa. Estas formas marcam o limite absoluto, que a narração em primeira pessoa não pode transpor, tendo de se limitar à esfera do enunciado de realidade. Nenhum fingimento, por mais em evidência que se encontre, pode alterar esta narração em primeira pessoa, torná-la ficção.

É aqui que corre, portanto, a barreira que separa categorialmente a ficção do enunciado de realidade épico-romanesco. Isso significa, pelo menos à primeira vista, que não é o ponto de vista estético, ou substancial da narração em primeira pessoa, do romance em eu, que o estranha na esfera épica, e sim o lógico. Examinando melhor, chega-se à conclusão de que, em última análise, é a estrutura lógica que dá ao aspecto estético do romance em primeira pessoa um caráter diferente, uma orientação interpretativa diversa da do romance em terceira pessoa. Porque também o intérprete "toma conhecimento" deste mundo e destas pessoas através do narrador-eu, enquanto seria errado afirmar que tomamos conhecimento do mundo e das pessoas de uma ficção através do "narrador". Pois, visto do ângulo da narração em primeira pessoa, é novamente iluminado o fato de que a ficção não é constituída por um "narrador" e sim por uma função narrativa, podendo-se dizer até que a noção de narrador é terminologicamente certa apenas para a narração em "eu". O narrador em primeira pessoa não "produz" o que narra,

228 A LÓGICA DA CRIAÇÃO LITERÁRIA

mas narra sobre algo no modo do enunciado de realidade, narra sobre algo que é objeto de seu enunciado, podendo ser apresentado apenas como objeto (e não, quando se trata de pessoas, também como sujeito). Assim, também a interpretação de um romance em primeira pessoa deve levar em consideração a relação do mundo humano narrado com o narrador-eu. Este mundo humano, por ser o objeto da enunciação do narrador em primeira pessoa, nunca é descrito de modo inteiramente objetivo: sempre se mistura alguma opinião subjetiva com tal descrição no mesmo modo lógico-epistemológico como em qualquer enunciado em geral. O romance de Paer Lagerkvist *Der Zwerg* (O anão) representa esta estrutura de narração em primeira pessoa de maneira muito marcante, quase paradigmática. Pertence ao significado desta narração renascentista a circunstância de que o leitor toma conhecimento das pessoas descritas pelo bobo da corte unicamente da sua "perspectiva de anão: ou seja, precisamente de um modo desfigurado, que a visão "por baixo" oferece, de maneira que as dimensões humanas são vistas deturpadas, desfiguradas, reduzidas, deixando em aberto se esta visão por baixo é certa ou não e até que ponto. Neste romance a perspectiva em eu é um fator empregado conscientemente e uma análise mais exata da obra revela o cuidado com que as formas da narração em primeira pessoa foram adaptadas a esta perspectiva, ou seja, à forma de enunciado em que as formas narrativas ficcionais não têm lugar, nem o discurso vivenciado, nem o diálogo.

O romance epistolar

Com isso chegamos ao ponto em que se pode considerar a problemática propriamente dita do romance em primeira pessoa, *i.e.*, examinar como se realiza esta situação, paradoxal no sentido da lógica da criação literária, que é a de uma estrutura enunciativa na esfera épico-ficcional. Depreende-se daí a situação inversamente oposta à balada. Partimos para isso de uma forma especial do romance em eu, do romance epistolar, em que nos é dado observar mais claramente o processo que aqui se desenrola. Este representa aquela forma do romance em eu que menos dá a impressão de ser uma forma épica. Deste ponto de vista, o romance-diário, que quase não se diferencia formalmente do romance epistolar, pertence à mesma classe. Está contido na natureza do romance epistolar ou romance-diário o fato de que neles está descrito um pedaço limitado da verdade exterior e interior, de modo que quase não existe para eles a tentação de tres-

AS FORMAS ESPECIAIS 229

passar os limites fixados pela forma enunciativa, penetrando no âmbito ficcional épico. A carta recapitula um passado não muito remoto, um pedaço limitado de mundo e eventos, e a reprodução de diálogos, por exemplo, ocorridos "ontem" ou "há pouco", não ultrapassa a possibilidade deste enunciado de realidade. Queremos chamar a atenção aqui para um traço importante do romance epistolar ou romance-diário, ou seja, que o pretérito do romance em eu *não* é pretérito épico, mas é real, existencial, gramatical, que indica o lugar do autor no tempo, por mais fingido que seja. O grau de fingimento da narração em eu transfere-se naturalmente para o tempo e é quase enternecedor verificar quão pouco fingido um romance em eu pode ser, como, p. ex., o *Werther* que apresenta a seguinte data: "em 4 de maio de 1771", etc., cuja identidade com a data real dos tempos de Wetzlar facilmente pôde ser verificada pela pesquisa. Mas para a estrutura lógica do romance em eu não importam tais datas "autobiográficas". É supérfluo mencionar que também poderiam ser incluídas numa ficção. O que interessa estruturalmente é que o "eu era" do romance em eu significa o passado do narrador em eu, ao passo que o "ele era" da ficção significa o presente fictício do personagem romanesco (o mesmo vale para o presente e o futuro). Já esta diferença semântico-fenomenológica contém a diferença da experiência que temos com uma narração em eu, ou seja, com uma ficção: a experiência — por mais fingida — do real, no caso da primeira, e a experiência do não-real, no caso da segunda.

No romance epistolar, o pretérito parece, pelas razões acima expostas, especialmente natural e chegado à realidade e a isso se deve a impressão que ele dá de uma forma menos "épica" do que uma narração em eu do tipo do *Simplizissimus* ou do *Grünen Heinrich*.

Mas também o romance epistolar não é um enunciado de realidade autêntico, porém fingido, e como tal é literatura — criação literária que, de acordo com a sua estrutura, aspira à forma épico-ficcional. Como ocorre isso e como se manifesta? Examinemos um trecho de *Werther*:

"12 de agosto. Certamente Albert é a melhor pessoa na terra. Tive ontem uma cena maravilhosa com ele. Estava visitando-o para me despedir dele... 'Empreste-me suas pistolas', disse eu, 'para a viagem'; 'Pois não'; respondeu, 'se você se dá ao trabalho de carregá-las; aqui elas estão penduradas somente *pro forma*'. Tirei uma da parede e ele prosseguiu: 'Desde que minha cautela me pregou uma peça, não quero mais saber delas'. Estava curioso de conhecer a histó-

230 A LÓGICA DA CRIAÇÃO LITERÁRIA

ria. — 'Estava eu', contou, 'cerca de três meses na casa de campo de um amigo, tinha algumas comigo, descarregadas, e dormia tranqüilamente. Uma vez, numa tarde chuvosa, estava eu sentado, ocioso, quando não sei como de repente me vem a idéia: poderíamos ser assaltados, poderíamos precisar das pistolas... você sabe como é. Mandei o empregado limpá-las e carregá-las; e este começa a brincar com as moças, quer assustá-las, e Deus sabe como, a arma dispara, atinge a mão da moça e lhe destroça o polegar. Aí tive que agüentar as lamúrias e pagar o tratamento além disso e, a partir de então, deixo toda arma descarregada. Caro amigo, o que é a cautela? Não há aprendizado para o perigo. Se bem que' — Agora sabes que gosto dele até do seu *se bem que;* pois não é verdade que toda sentença geral sofre exceções?..."

Este trecho mostra *in nuce* a tentação a que o romance em eu pode ser submetido e à qual geralmente não resiste, a tentação de usar meios ficcionais que ainda são, por assim dizer permitidos, possíveis, sem anulação da estrutura do eu ou da enunciação. Contanto que o romance em eu se diferencie do lírico pela circunstância de não descrever apenas o campo vivencial do eu como tal, mas também os objetos desta vivência em sua objetividade própria e particularidade, ele tende mais para o épico. Esta tendência é limitada, bem entendido, pela lei do enunciado, que permite aqui o épico apenas em sua forma pré-ficcional. Tal forma de relato que, embora não ultrapasse as possibilidades lógicas, excede às convenções do enunciado, é o discurso de um terceiro, reproduzido fielmente e em forma direta pelo narrador em primeira pessoa, como a narração de Albert na carta de Werther, que por assim dizer é uma narração em eu em segunda potência. A forma natural de reprodução das palavras de um terceiro é o discurso indireto, que em alemão se intercala no conjuntivo, podendo passar ao indicativo em trechos mais extensos. Um trecho de carta, em que ocorre tal forma de relato direto ou um diálogo, dá provas de gênero romanesco. A tendência à expansão no épico-ficcional adentro é notada. Pois o discurso e o discurso alternado pertencem aos recursos mais importantes da ficcionalização, como já o mostramos acima, relacionando-se aqui as formas épica e dramática. No discurso direto cada personagem se manifesta em seu estado *per se,* em sua realidade independente de qualquer conexão assertiva. Ele é como tal um fenômeno da própria realidade humana. E ele tem seu lugar adequado no sistema lingüístico total apenas onde é produzida uma mimese da realidade: na ficção épica e dramática. Pois também na ficção épica ele significa — o que é óbvio na dramática — não a reprodução de um discurso *por* um outro, chamado erroneamente "narrador", mas ele é a realidade fictícia narrada, produzida pela narração assim como o personagem em si. Foi mostrado antes como a função narrativa flutuante se transforma em diálogo, discurso vivenciado etc. A narração em primeira pessoa, entretanto, tem a forma da enunciação, o autor de carta, diário ou memórias, por mais fingido que seja, é um sujeito-de-enunciação histórico e não uma função narrativa flutuante. Porque não é mimese. O discurso direto em seu relatório não é um recurso mimético, mas de certo modo o "empréstimo da palavra" à pessoa sobre a qual narra. Este aspecto é manifestado claramente pelo discurso direto no romance epistolar. Ele representa aqui já uma tendência à epicização, mas pela natureza da carta ainda é um elemento possível da forma assertiva natural. E isso devido ao fato de a carta relatar uma situação pouco remota, de modo que uma conversa nela ocorrida ainda possa ser evocada exatamente nos termos em que foi proferida e sem que a barreira do enunciado de realidade seja trespassada, ou melhor, transposta para o inverossímil. Também quanto à forma lingüística, é confirmada a observação de que o romance epistolar é a forma menos épica do romance em primeira pessoa. Ele distribui a massa de realidade evocada entre os lapsos de tempo e situações do processo narrativo e estabelece em cada carta a referência nítida ao eu, à eu-*origo* do autor.

O romance de memórias

O diálogo ganha um aspecto completamente diferente no romance autobiográfico propriamente dito, no romance de memórias, aspecto este que ao mesmo tempo é um sintoma do percurso (sistemático) que a narração em primeira pessoa faz, saindo de uma forma muito chegada à realidade, que é o romance epistolar, até chegar a uma épico-ficcional. Isso se revela numa análise mais detalhada do narrador em primeira pessoa como o eu das memórias.

É básica em primeiro lugar a diferença da situação narrativa, ou seja, descritiva, existente entre o romance epistolar e o romance de memórias. No romance epistolar prosseguem as diversas situações passadas, fixadas em diversos momentos, integrando-se na totalidade — mais ou menos fragmentária — de uma vida ou de um período de vida. O autor de memórias, entretanto, partindo de um ponto determinado, evoca a totalidade de sua vida passada. Nesta situação bá-

A LÓGICA DA CRIAÇÃO LITERÁRIA

sica está contida uma série de fatores que conjuntamente diferenciam o aspecto do romance de memórias daquele de um romance epistolar.

Esta situação básica significa em primeiro lugar que a *origo* do agora e aqui do autor não é sempre restabelecida, como no romance epistolar, — o que significa sempre uma nova tomada de consciência —, mas que ela é fixa, imóvel e inalterável. Deste fato resultam dois novos fatores, inter-relacionados, da estrutura. Enquanto o eu fixo do romance autobiográfico (da mesma maneira que numa autobiografia autêntica) relembra e reproduz a sua vida passada, lança um olhar retrospectivo sobre as fases passádas de si mesmo. Isso significa, entretanto, que ele revive as fases de seu eu anterior, como diferentes do seu estado presente, ao passo que o autor de um romance epistolar ou de um diário vive apenas um determinado agora e aqui do seu eu. O autor autobiográfico, seja autêntico, seja fingido, objetiva as suas fases anteriores. Ele vê o eu de sua juventude como um eu diferente do eu atual, que narra, que por sua vez é diferente de um eu pos-terior. "Naquela época", diz Simplizissimus, referindo-se ao seu tempo de pajem em Hanau, "não havia para mim nada de mais valioso que uma consciência pura e religiosidade, acompanhada de nobre inocência e ingenuidade" (I, 24), porém, mais tarde "o simpático leitor terá compreendido no livro anterior, quão ambicioso eu me tornara em Soest, en-contrando glória e fama nas ações que outros teriam conde-nado" (III, 1). Interessa-nos este exemplo não raro unica-mente pelo seu significado estrutural e pelas possibilidades de variação da narração em primeira pessoa nela contidas. Quando o narrador em primeira pessoa objetiva os estados de seus eus anteriores — como qualquer um o faz quando fala a certa distância — o caráter do romance em eu, embora isso pareça paradoxal, pode perder-se até certo ponto. O eu objetivado de fases anteriores não é experimentado sempre de modo intensamente idêntico ao narrador em eu, mas de certo modo como pessoa independente que, desligada do nar-rador-eu, é agora uma das pessoas da narração, de modo que a relação sujeito-objeto, embora não anulada, fica atrás do personagém em eu da narração, que por assim dizer apa-rece como um objeto entre outros objetos, um personagem entre outros personagens. Pois, como é necessário lembrar, na narração em primeira pessoa os demais personagens des-critos são compreendidos como objetos e nunca como sujeitos (como na ficção).

Este fenômeno manifesta-se com maior vigor na medida em que a narração em primeira pessoa for não somente uma auto-representação, mas uma cosmorrepresentação. E esta

AS FORMAS ESPECIAIS

relação não é casual, contanto que a cosmorrepresentação, ou
pelo menos a sua possibilidade, tenha a sua origem na visão
retrospectiva fixa do narrador em eu. Olhando para a totalidade da sua vida, ele olha para um contexto cósmico, um
mundo histórico, geográfico, definido no tempo, em que se
desenrolou a sua vida, em que seus "eus" anteriores encon-
traram outros seres humanos, causando relações, destinos,
"histórias", que se apresentam mais ou menos desligados do
eu retrospectivo, "mortos", como tudo que é passado, não
pertencentes à corrente existencial presente da vida.

Nestes dois fatores inter-relacionados, o da objetivação
das fases do eu próprio e o da totalidade do contexto cósmico
encadeado pela retrospecção, estão contidas as possibilidades,
as "tentações" da narração em eu fingida (e freqüentemente
da não-fingida) de se desenvolver da forma de enunciado de
realidade para a forma ficcional. Um dos sintomas mais
claros é o *diálogo,* que tem no romance de memórias uma
função e um aspecto completamente diferente daquele do
romance epistolar. O diálogo no romance epistolar ainda
não tem caráter ficcional, mas o de empréstimo da palavra,
podendo ser reproduzido imediatamente da memória. O
diálogo, contudo, que representa, juntamente com outros recursos plásticos, uma situação ou episódio passado remoto,
não tem mais o aspecto do empréstimo da palavra, mas o da
criação literária. Ele ficcionaliza os personagens como na
ficção autêntica. Ficcionaliza não somente os outros personagens que falam com os eus anteriores do narrador em
eu, mas na mesma medida também estes eus anteriores. O
narrador em eu fixo aproxima-se muito da função narrativa
ficcional, quando faz os personagens de seu passado falarem
"consigo mesmos" nas suas fases anteriores. E assim como
interdependem, na camada profunda e oculta das estruturas
lógicas, todos os elementos e sintomas, também este sintoma
depende da situação básica do eu fixo. Sendo que não se
reconhece sempre, como o faz o autor de cartas em cada carta,
o que significa que deve colocar a vida e a experiência descrita em relação consigo mesmo, pode esquecer-se da sua
qualidade de ponto de referência, de sujeito-de-enunciação.
A vida passada, o mundo passado com as suas coisas, seres e
eventos, sobrepuja o sujeito-de-enunciação, embora este esteja presente em todos os momentos da vida passada, na forma
das fases anteriores de seu eu — se mantida a forma da narração em eu. É aqui que se situa o núcleo estrutural das
possibilidades épicas do romance de memórias, mas é aqui
que está também a causa da intensa *variabilidade do romance
em eu.* Ela é condicionada pela sensibilidade, que por sua
vez é condicionada pela conservação da forma do enunciado

234 A LÓGICA DA CRIAÇÃO LITERÁRIA

de realidade. Não há dúvida de que, assim como em outros campos da criação literária, esta sensibilidade seja mais acentuada na literatura moderna mais crítica, mais consciente do estilo, do que em épocas anteriores, onde por exemplo a autobiografia de Goethe, não fingida de modo algum, passou, nas Cenas de Sesenheim, a uma cena romanesca animada pelo diálogo. No *Grünen Heinrich* — não sem influência da transformação do romance parcialmente em terceira pessoa em um romance em eu — a tendência ficcionalizadora é tão forte que formas narrativas, que logicamente ultrapassaram o limite da asserção em eu, penetraram aqui e acolá, ou seja, foram conservadas. Diz-se, por exemplo, de Agnes em seu traje de Diana no Carnaval de Munique: "Seu olhar relampejava e procurava o amado, enquanto a decisão ousada que tomara fazia bater seu coração debaixo de seu busto de brilho prateado", sendo que o narrador em eu pode observar o que se passa por fora e não o que se passa por dentro do busto [15]. Mas este trecho é sintomático da divisão objetivadora do narrador em eu em seus estados de eu passados, que se fundem com os dos outros personagens, os terceiros. E isso pode ocorrer de modo diverso: o eu presente no caso permanece encoberto, e da tessitura de sua narração destacam-se então a imagem do mundo que enfrenta, os outros seres humanos, os acontecimentos e experiências dos outros, ganhando uma vida independente do narrador em primeira pessoa. Afastam-se de seu campo vivencial; mas onde transpõem seu limite, a forma da enunciação em primeira pessoa é rompida, anulada. Este é o caso — intencional do artista — do vigoroso romance *Moby Dick* de Herman Melville, onde o narrador em eu, o marinheiro Ismael, desaparece de vez em quando, descrevendo-se então a figura sombria do capitão Ahab em si somente, isto é, em sua eu-originidade própria, como personagem fictícia. Tal forma fulgurante de "transpor o limite" penetrando no ficcional demonstra por si que não importa propriamente o narrador em eu, a sua autodescrição e "existência", mas o ser, o ser em si dos outros personagens independentemente do narrador, e no caso de *Moby Dick,* o ser, a existência do mal sedutor, personificado na baleia Moby Dick. — Mas quando, no *Doktor Faustus* de Thomas Mann, as poucas porém centrais, situações, nas quais Adrian Leverkühn é separado do campo vivencial de seu biógrafo Zeitblom, não

---

15. Verifica-se na comparação das duas versões que os trechos citados e outros semelhantes são empregados sem alteração na segunda versão em primeira pessoa. Que estes trechos da primeira versão (III, 4) da *Jugendgeschichte* sejam substituídos pela forma em terceira pessoa, representa, do ponto de vista puramente literário, um sintoma de um sentimento da forma ainda, inseguro de Keller, mas também demonstra que a parte de Munique é mais uma representação do ambiente que do eu.

AS FORMAS ESPECIAIS 235

obstante conservada a mediação deste, significam que a relação de Zeitblom com o objeto da sua biografia tem base mais profunda, de modo que está incluído mesmo como narrador na esfera de vida e de mundo fixada pelo personagem principal.

A problemática do fingimento

Estes poucos exemplos extraídos da quantidade de romances em primeira pessoa nos mostram que a forma de enunciado de realidade não deve ser negligenciada na interpretação das narrações em eu. É a lei estrutural altamente ativa também no campo da Estética e da cosmovisão — elucidativa até, e por isso mesmo, quando é rompida. Também neste caso é a forma de enunciação que estabelece a fronteira existente entre a narração em eu e a ficção. Tendo sido verificado isto mais pelas formas da narração do que pelos sintomas destas regularidades, a fenomenologia da narração em eu não está inteiramente analisada. A pergunta colocada pela sua situação lógica no sistema da criação literária, a de ser enunciado de realidade fingido, não está com isso respondida; isto é, a noção de "fingido" necessita de uma análise melhor, demonstrando-se então que de fato é ela que descortina os critérios decisivos e ilumina a relação da narração em eu com a ficção, por um lado, e com o lírico, por outro.

O fato de ser o poema lírico um enunciado de realidade *autêntico* significa que o conceito de realidade é inteiramente preenchido. Pois é preenchido mesmo quando esta realidade não é do modo objetivo, porém subjetivo, quando a *vivência* da realidade — pois a realidade sempre é realidade vivenciada — marca mais o enunciado do que a sua natureza objetiva o faz. O que significa: é preenchido também quando a realidade expressa é inteiramente "irreal". Pois aqui também a irrealidade extrema, onírica e visionária, empiricamente impossível, é uma vivência de realidade, a vivência do eu lírico (assim como pode ser a vivência onírica, visionária, de um eu não-lírico). Não pode haver dúvida quanto à autenticidade deste eu e quanto à autenticidade do enunciado lírico — circunstância que estabelece a vivência do lírico. E isto significa: no gênero lírico não é a forma, mas o preenchimento do conceito de realidade que produz o fenômeno do enunciado de realidade autêntico.

Na narração em eu, as condições são exatamente opostas. Aqui é a forma e não o conteúdo do enunciado de realidade, a forma enunciativa e não o conteúdo do real, que

236 A LÓGICA DA CRIAÇÃO LITERÁRIA

faz da narração em eu uma forma literária variável, de enunciado de realidade fingido, cujo grau de fingimento é justamente submetido à variabilidade. Enquanto no poema lírico o conteúdo irreal, por maior que seja, não prejudica o seu caráter de enunciado de realidade, a narração em eu aparece tanto menos real, *i.e.*, mais fingida, quanto maior o seu conteúdo irreal. *Marmorklippen* (Recifes de mármore) de Ernst Jünger é uma narração em eu de execução formal rigorosa. Em nenhum lugar é obtida a ilustração do meio descrito, das circunstâncias, das ocorrências e personagens, através de recursos ficcionalizadores. Tudo é objeto puro do relato, nenhum dos personagens é apresentado pelo discurso direto, não há nenhuma situação de diálogo, a forma do relato histórico é conservada sem exceções. Apesar disso é tão alto o grau de fingimento desta narração em eu, seu conteúdo de irrealidade tão evidente, que se apresenta muito menos como enunciado de realidade do que por exemplo *Der Grüne Heinrich,* onde a forma em eu é observada menos cuidadosamente. A forma não garante, portanto, o conteúdo de realidade. Mas a forma garante, por outro lado, que este conteúdo altamente fingido não receba o caráter de ficção. Neste ponto mostra-se, por um outro aspecto, que o conceito do irreal não deve ser confundido com o não-real, fictício. O conteúdo de um romance em terceira pessoa de substância real — por mais naturalista, por mais correspondente à realidade empírica — sempre é compreendido como não-real, como a realidade fictícia de personagens fictícios. O conteúdo de uma narração em primeira pessoa — por mais sobrenatural que seja e sem correspondência alguma com a realidade empírica — não alcança a ficção, assim como nenhum enunciado de fantasia a alcançaria. É a forma do enunciado em primeira pessoa que permite mesmo ao enunciado irreal mais extremo o seu caráter de enunciado de realidade.

Com isso ainda não se explica devidamente por que não seria preenchido o conceito de realidade, como no lírico, apesar de um conteúdo de irrealidade também. Neste ponto deve-se aludir novamente ao fato de que a narração em primeira pessoa ocupa uma posição lógica tão elucidativa no sistema da criação literária justamente porque se diferencia, de modo diverso, tanto do lírico, como do enunciado de realidade autêntico. Em relação ao lírico ela assume a mesma atitude que o enunciado autêntico: não quer ser um eu lírico, mas sim um histórico. Esta atitude produz o efeito de que ela se assemelha em sua forma externa, não ao poema lírico, mas ao enunciado de realidade "prosaico", seja como

AS FORMAS ESPECIAIS

romance epistolar ou de memórias. Ela é uma *mimese do enunciado de realidade* — o que, bem entendido, é algo diferente da mimese da própria realidade, da qual resulta o gênero ficcional. Como enunciado de realidade na primeira pessoa ela fala de si mesma, sem poder evitar de incluir também alguma verdade subjetiva, mas como relato em eu autêntico visa também expor a verdade e a realidade objetiva. Ela quer narrar o mundo não apenas como uma vivência do eu, mas como a realidade em si, independente do eu. O conteúdo de realidade da narração em eu é por isso tão relevante à sua estrutura como ao enunciado de realidade autêntico, não-lírico. Esta é a razão pela qual ela não preenche, como enunciado de realidade inautêntico, fingido, o conceito de realidade, e pela qual o conteúdo específico de irrealidade não é lançado na conta da verdade subjetiva do eu lírico, e sim na da inverdade objetiva da realidade fingida e de um sujeito fingido.

É apenas com base numa análise estrutural explicativa dos fenômenos que se tira a conclusão de que a explicação geralmente aceita da forma em eu é insuficiente e até errônea: ou seja, que ela garante a veracidade do narrado, principalmente de ocorrências irreais e fabulosas. Isso pode estar certo em casos isolados da narração em eu. Mas não temos a impressão de que, p. ex., Ernst Jünger tenha visado, através da forma em eu, a uma credibilidade maior do mundo dos recifes de mármore. E o que não estiver certo para um exemplar do gênero não é suficiente como explicação do gênero. Que o conceito do fingido não é garantido pelo aumento da credibilidade é verificável numa obra como *Marmorklippen*, e também em descrições do irreal anteriores, como a do lago *Mummel* no romance de Grimmelshausen. Aqui não é a intenção de acreditar a estranha sociedade dos recifes de mármore e seu ambiente como empiricamente autêntica, aumentar a sua "credibilidade" apresentando-a como a vivência de um narrador em eu, mas, pelo contrário, apresentar esta situação humana e social reduzida a um estado primário, como a interpretação, o símbolo, de uma outra realidade conhecida pelo narrador em primeira pessoa. E é óbvio que foi uma intenção semelhante de simbolização que produziu a narração de Simplex sobre as boas almas do lago Mummel. Mas também a forma em eu de fábulas ingênuas, portanto não-simbólicas, não pode ser iluminada pela intenção de torná-las mais críveis. Ao contrário, o fenômeno presente significa o oposto. É o fingimento do narrador em eu que é tanto mais elevado e evidente, quanto mais irreal for o conteúdo assertivo. Não é, portanto, a forma em eu que torna "mais real" o irreal, mas, pelo contrário, a irrealidade do

238 A LÓGICA DA CRIAÇÃO LITERÁRIA

relato dá também uma impressão de irrealidade ao narrador em eu. Nas narrações em eu, entretanto, que apresentam elevado conteúdo de realidade, não há necessidade do motivo explicativo da credibilidade. Estas se aproximam tanto da autobiografia autêntica que, em muitos casos, são somente os exames da documentação que podem decidir sobre a relação criação literária e verdade. Mas é apenas com a consideração da totalidade dos possíveis e reais casos de narração em eu, e não tirando conclusões de fenômenos isolados, que se descobre o contorno da sua estrutura, ou melhor, a sua lei lógico-literária. Isto é condicionado justamente por esta lei, ou seja, a da variabilidade do caráter de fingimento, que, expressa matematicamente, varia numa escala cujos pontos limites são 0 e ∞. A este respeito o exemplo de *Marmorklippen* de um lado, e as Cenas de Sesenheim de *Dichtung und Wahreit* (Criação literária e verdade) de Goethe, de outro, mostram que as formas de narração variáveis dentro da forma de enunciação não são decisivas para o grau de fingimento. A autobiografia autêntica de Goethe emprega nestas cenas formas narrativas romanescas, ficcionalizadoras, ao passo que a narração em eu altamente fingida de Jünger conserva a forma de enunciação histórica. Ambos os casos são exceções, casos extremos. E se a maioria das narrações em primeira pessoa não se diferenciam consideravelmente, em nossa experiência de leitura, de uma narração em terceira pessoa, uma ficção, isto se deve ao emprego abundante de recursos ficcionalizadores: descrições situacionais, diálogos etc., que parece tanto mais natural quanto mais amplo for o mundo e o número de personagens da narração.

Neste ponto é lícito estabelecer novamente a diferença entre a narração em eu e a ficção, enfrentando uma objeção que facilmente se apresenta. Pergunta-se como se distingue o narrador em eu da função narrativa que, voltando à definição da ficção, existe apenas pelo fato de ser narrada? Pois a nossa experiência de leitura direta "ingênua" percebe na maioria dos romances em eu que o que eles narram existe por ser narrado e que o narrador em eu é um personagem fictício, que narra sobre outros personagens. Pode-se até dizer que os autores dos romances em eu sentem e concebem seu herói em primeira pessoa como personagem não menos fictício que o herói em terceira, embora sigam inconscientemente as leis narrativas da narração em eu, assim como todos os que falam e pensam seguem as leis que regulam o seu falar e pensar; apesar de um acabamento ficcionalizador, não transpõem o limite estabelecido pela perspectiva em eu, ou seja, a lei da enunciação. Mas é justamente esta circunstância um motivo para acentuar a significação dos conceitos e

AS FORMAS ESPECIAIS
239

termos com os quais devem ser descritos os fenômenos que se apresentam. Se aplicarmos o termo de ficticidade ao narrador em eu, ele perde a sua precisão fenomenológica e se reduz ao fato de ser imaginado, que em nada contribui à fenomenologia da criação literária. Dando-se a designação de figura fictícia ao narrador em eu, encobre-se a sua função estrutural de sujeito-de-enunciação; sujeitos-de-enunciação fictícios são apenas os personagens que falam dentro de uma ficção — épica ou dramática. (É necessário observar entre parênteses que esta diferenciação acentuada é feita por razões puramente lingüístico-estruturais e por suas conseqüências para a fenomenologia da narração em eu. Numa consideração mais generalizada e abreviada, naturalmente "é permitido" referir-se ao narrador em eu como fictício, negligenciar na linguagem usual a diferença existente entre fingido e fictício e, conseqüentemente, incluir a narração em eu globalmente no gênero ficcional.) O termo de sujeito-de-enunciação fingido que representa o narrador em primeira pessoa diferencia-o, por um lado, do sujeito--de-enunciação autêntico de uma autobiografia e, por outro, também do narrador em eu do autor e, finalmente, do eu lírico. Se não é possível e necessário decidir sobre a identidade do eu lírico com o eu do autor por ser este um sujeito-de-enunciação real, o ser fingido do narrador em eu, ao contrário, indica que este não tem nada a ver estruturalmente com o eu narrativo do autor que o inventou como com qualquer outro personagem romanesco (sendo assim irrelevante, do ponto de vista fenomenológico da criação literária, para a narração em primeira, do mesmo modo que para a narração em terceira pessoa, se o autor quer ou não, e até que ponto, reproduzir-se em algum dos personagens) [16].

Se a narração em eu obedece à lei do ser fingido e não à lei da ficção, deve ser provado, pelo critério decisivo para a estrutura da narração ficcional, o *tempo*. Comparando nossa experiência de leitura de um romance em primeira com a de um romance em terceira pessoa, notamos que o pretérito conserva sua função de passado:

> Meu pobre pai era co-proprietário da firma Engelbert Krull... Lá embaixo no Reno, não longe da ponte de desembarque, estavam as suas adegas, e não raro eu vadiava quando menino em seus recantos frescos...

16. Com estas observações estou corrigindo um erro da primeira edição deste livro (p. 234) que se refere à relação, identidade ou não-identidade do narrador em primeira pessoa e do eu do narrador. INGRID HENNING observou em seu livro *Die Ich-Form und ihre Funktion in Thomas Mann 'Doktor Faustus' und in der deutschen Literatur der Gegenwart* (Tübingen, 1966) este erro, dele iniciando a sua crítica à minha teoria. Para esta análise — de teoria lingüística — da narração em primeira pessoa como enunciado de realidade fingido, entretanto, este erro não tinha significado e a sua correção ora feita não exige outra alteração das situações expostas.

240 A LÓGICA DA CRIAÇÃO LITERÁRIA

Un jour, à l'heure du courrier, ma mère posa sur mon lit une lettre. Je l'ouvris distraitement...

Estes trechos do *Felix Krull* de Thomas Mann e do *À la recherche du temps perdu* de Proust nos trazem novamente o fenômeno do tempo, que já nos é conhecido. Por ser o passado, em que ocorreu o aqui relatado, referido ao narrador em eu, o sujeito-de-enunciação fingido, designamo-lo de fingido, ou, em termo mais preciso, de *quase-passado*, pseudopassado.

O quase-passado, ou seja, quase-presente do narrador em eu, e conseqüentemente a sua natureza teórico-literária, abre-nos uma nova visão sobre as estruturas do domínio épico. Mostra-se, a saber, que a narração em eu pode aparecer em forma reduzida e por assim dizer dependente, dentro da ficção. A noção da quase-realidade ou do faz-de-conta em confronto com a realidade fictícia será estabelecida na própria análise desta relação. Para o caso de uma narração em eu mais extensa dentro de uma narração em terceira pessoa, costuma-se trazer como exemplo a narração de Ulisses na Corte dos Feácios, que é considerada caso primário de narração em primeira pessoa na literatura ocidental. Erroneamente! — visto que não se observou a diferença entre um narrador em eu fictício, e um fingido. Pois uma narração em primeira dentro de uma narração em terceira pessoa, isto é, uma narração em eu do herói em ele, significa a existência de uma estrutura de camada dupla: uma quase-realidade funde-se numa realidade fictícia, a mimese de um enunciado de realidade na mimese de uma realidade. O narrador em eu, Ulisses, não é apenas um personagem inventado, mas também ficcionalizado, a sua eu-*origo* fictícia própria, e o pretérito em que são narradas as suas ações e aventuras, significam sua presença fictícia, ou com maior precisão lógica: seu agora e aqui fictício. O pretérito da sua narração em eu, porém, significa o seu passado. Como definir logicamente este passado? Para chegar a este conhecimento, é necessário partir da experiência de leitura. O leitor experimenta o presente, quando o pretérito narra sobre Ulisses como um terceiro, e experimenta o passado, quando Ulisses narra por si mesmo. Agora o pretérito aparece em sua função autêntica, a de designar algo passado. Mas que passado experimenta o leitor? Sem dúvida não é o seu próprio (ou seja, um passado conhecido), mas o de Ulisses. O leitor vive um quase-passado, um pseudopassado cuja eu-*origo* é a de Ulisses, em relação a quem este passado é um passado "autêntico". Experimentamos este passado autêntico de Ulisses como um

AS FORMAS ESPECIAIS   241

passado fictício por já termos encontrado Ulisses como
uma figura fictícia e tomamos conhecimento de seu passado "autêntico a Ulisses" pelo seu presente fictício. O
conhecimento deste caráter fictício reprime o caráter do
quase-passado e o substitui simplesmente pelo passado
fictício. Neste processo, porém, conserva-se sempre o
caráter de passado, porque nos é apresentado como o
passado vivido pelo personagem fictício. Uma narração
em primeira pessoa dentro de uma criação literária ficcional épica demonstra com plena exatidão fenomenológica a
diferença entre o pretérito ficcional e o pretérito real: entre
"ele era" e "eu era". O pretérito real pode designar diversas
maneiras de vivência do passado, vivências do passado real,
quase-real e fictício. É claro que estas diferenças vivenciais
são determinadas pelo tipo do sujeito-de-enunciação:
se é um sujeito-de-enunciação real, quase-real ou fictício.
O primeiro caso se dá num enunciado de realidade incontestável, como tal documentado de algum modo ou evidente,
e o último caso apresenta-se no enunciado em primeira pessoa de uma ficção, épica ou dramática (e cinematográfica).
O caso do quase-passado, entretanto, aparece na narração
em primeira pessoa independente. Nisso estas três possibilidades não se relacionam igualmente. Entre o quase-passado e o passado fictício há uma diferença categorial, enquanto entre o quase-passado e o passado real há uma
diferença de grau ou uma relação de transição. Pois a narração em primeira pessoa independente não é ficção do ponto
de vista da teoria literária, mas um pseudo-enunciado ou
um enunciado fingido de realidade. E se, freqüentemente,
não fazemos diferença em nossa experiência de leitura entre
o narrador em primeira pessoa e um personagem fictício,
isto se deve ao seu elevado grau de fingimento. Mas que
este não deve ser confundido com caráter fictício é fundamentado e provado pelo fato de que há narrações em primeira pessoa — como a do Sinuhe egípcio — que são compreendidas como a narrativa de um sujeito-de-enunciação
real. O "pseudo" ou o "ser fingido", então, que é o termo
que define a narração em primeira pessoa, diferencia-se do
fictício pela sua possibilidade de *gradação*. Há um mais ou
menos "pseudo", mas não existe um mais ou menos fictício. Um elevado grau de fingimento significa na maioria
dos casos o fato de o ser inventado. Mas o ser inventado
não é o mesmo que o ser fictício. Personagens romanescos
históricos, como Napoleão em *Guerra e Paz,* Heinrich v.
Kleist em *Rudolf Erzerum* de Albrecht Schaeffer, não são
inventados como tais, mas como figuras romanescas são
fictícias, *i.e.,* no romance "são" como as inventadas por

242 A LÓGICA DA CRIAÇÃO LITERÁRIA

força de serem narradas. Sendo personagens históricos narradores em primeira pessoa, a sua submissão maior ou menor ao fingimento depende do gênero da narração em primeira pessoa. Onde carecemos das possibilidades de controle, como em *Leben des Sinuhe*, não podemos sempre estabelecer o limite da autobiografia autêntica. A autenticidade autobiográfica de um romance histórico em primeira pessoa como o de M. Yourcenar *Les Mémoires d'Hadrien* (1953), que se apresenta como autobiografia autêntica (solidamente documentada), pode também, de modo natural, ser verificada formalmente. Entretanto, seria correto do ponto de vista histórico da Literatura, se se objetasse que isto vale também para qualquer romance histórico em terceira pessoa. Mas o que é decisivo é a forma de apresentação. A forma da ficção isola-se por si de toda a realidade. A forma do enunciado de realidade histórico fingido não contém tal limitação, tanto quanto mais baixo seu grau de fingimento — como o vimos em exemplos antigos e modernos. A autora de *Mémoires d'Hadrien* teve o cuidado de manter este grau muito baixo, evitando quaisquer recursos de ficcionalização, como, p. ex., situações de diálogo.

A fenomenologia da narração em primeira pessoa demonstra, então, que ela é um gênero literário não-ficcional na esfera épico-ficcional, assim como a balada é um gênero ficcional na esfera lírica. A esfera épica e a lírica são em ambos os casos "esferas estranhas" quanto à natureza estrutural "inata" destas formas de criação literária. A influência destas esferas estranhas mantém-se, portanto, puramente formal; a estrutura, e com ela a experiência provocada por estas duas formas, não é alterada pelas esferas estranhas ou de empréstimo: o não-real do conteúdo da balada, o real — gradativo — da narração em primeira pessoa. Em outras palavras, esta pertence ao campo do enunciado de realidade, com todos os matizes que pode conter. Neste conceito está contido, para o salientarmos novamente, o significado do irreal assim como o do pseudo-real ou fingido.

Daqui novamente podemos esclarecer os casos da *intromissão do eu* do narrador na ficção. Aqui se destaca melhor que nas discussões anteriores sobre a função narrativa a presença de um relacionamento entre fingimento e ficção, que estruturalmente é de natureza completamente diferente da situação de uma narração em primeira pessoa na ficção. Quando a função narrativa de um romance se transforma no eu do narrador, *i.e.*, do autor, independente, este finge um sujeito-de-enunciação autêntico, sem que tal fingimento

AS FORMAS ESPECIAIS

243

prejudique de modo algum a ficção narrada propriamente dita. O narrador apresenta uma pequena narração em eu, cujo herói é ele mesmo, e que permanece fora do romance. Esta distingue-se do romance como água e vinho, e o que cria o romance não é este narrador em eu, porém a função narrativa. O eu do narrador, que aqui brinca e se diverte consigo mesmo, nunca pertence aos personagens fictícios de sua obra. A narração em eu de um personagem romanesco pertence, pelo contrário, ao sistema dialógico e monológico do romance em geral, sendo que o poder ficcional transforma a narração em eu por mais extensa e aparentemente independente que seja, tornando-a fictícia [17].

Um terceiro caso é o da *narração emoldurada* *, que abordaremos sumariamente, pois a sua estrutura não apresenta a essa altura problema lógico maior. Quando se trata de uma dupla narração em eu, onde o narrador reproduz uma outra narração em eu emoldurada — caso perigoso estruturalmente, representado por exemplo pelo *Schimmelreiter* (O cavalheiro do cavalo branco) de Storm — o caráter de fingimento torna-se justamente pronunciado, por ser intenção desta forma evitá-lo. Pois o narrador da estória de sustentação pretende garantir a veracidade "histórica" do relato em primeira pessoa por ele ouvido. Precisamente o *Schimmelreiter* de Storm mostra que esta forma dupla impõe ainda maiores dificuldades à lei épica que a narração em eu de apenas um nível, de tal modo que as formas de ficcionalização, como diálogo etc., permitidas na narração em eu simples aqui se mostram inadequadas formalmente. Existem essas dificuldades estruturais também nas narrações em eu de um só nível, onde o narrador em primeira pessoa relata uma narrativa em terceira. Assim, o romance *O morro dos ventos uivantes* de Emily Brontë só consegue manter a perspectiva em eu da governanta que narra com grande esforço. No fundo esta forma parece ser suportável apenas quando tratada de maneira humorística como no *Der Erwaehlte* (O eleito) de Thomas Mann. O humorismo oculto (pouco perceptível) da história do Papa Gregório sobre o rochedo deve muito ao jogo que o autor faz com o narrador em primeira pessoa, o monge irlandês, fingindo-lhe o "espírito da narração", que não quer dizer senão a função narrativa:

---

17. Para mais detalhes ver minha discussão com F. Stanzel e W. Rasch em *Noch einmal — von Erzaehlen* (*opus cit.*), pp. 66-70, que também completa a exposição do problema da "subjetividade" da narração.

* *Rahmenerzaehlung* é uma dupla narração em que uma ou mais estórias são introduzidas e/ou coordenadas por uma narrativa m primeira pessoa, que lhes serve de "moldura". (N. da T.)

A LÓGICA DA CRIAÇÃO LITERÁRIA

Quem toca os sinos? O sineiro não. Todos estão na rua, porque está tocando tão infernalmente. Verifiquem só: não há ninguém nos campanários. As cordas caem frouxas, e apesar disso balançam os sinos, ressoam os badalos. Alguém quer afirmar que ninguém os toca? — Não, só um cérebro sem gramática e sem lógica seria capaz de tal afirmação. "Tocam os sinos" significa: são tocados, embora não haja ninguém nos campanários. — Mas quem toca então os sinos de Roma? O espírito da narração... É ele que diz: Todos os sinos tocam, e por conseguinte é ele quem os toca... Querendo, ele se condensa num personagem, um eu que diz: eu o sou, sou eu o espírito da narração, o... que conta esta história, iniciando pelo seu fim e tocando os sinos de Roma, que narro *id est* que, naquele dia do ingresso, todos começaram a tocar por si...

Aqui a função narrativa pratica um jogo semelhante ao dos romances de Jean Paul, com a diferença de que não toma corpo no eu do autor, mas num eu narrador emoldurante, deixando entrar humoristicamente na ficção, ao invés de um sujeito-de-enunciação histórico autêntico, um fingido. Esta (a ficção) não precisa preocupar-se com a perspectiva em eu fingida, pois o fingimento deste sujeito é humorístico e conseqüentemente inutilizado e desenvolve-se, obedecendo às suas leis próprias, numa mimese legítima da realidade lendária da história de Gregório, mimese que pratica um jogo humorístico-simbólico com a lenda, segundo o qual "os sinos começaram a tocar por si".

A narração em eu encaixa como um último tijolo no sistema da estrutura lógica da criação literária. Destarte não foi apenas iluminada a sua estrutura própria rica em matizes, mas ela representa além disso um valor metodológico para o nosso exame. Pois na sua qualidade de enunciado de realidade fingido, como forma intermediária de amplas dimensões, ela destaca nitidamente os contornos que, dentro do sistema geral lingüístico, separam categorialmente os dois gêneros principais da criação literária, o ficcional e o lírico. Ela reflete a situação aqui abordada ao iniciarmos nossa aproximação do sistema lógico da criação literária, pois mostra, na sua qualidade de literatura narrativa, que um enunciado de realidade por mais fingido que seja não a pode transformar em narração ficcional. O enunciado de realidade revelou-se um instrumento muito eficaz do conhecimento, pois em comparação com a narração ficcional, a única estrutura literária aqui comparável, evidenciam as leis de composição especiais desta última. Entre o enunciado de realidade e a narração ficcional situa-se a fronteira, abismo estreito porém intransponível, que separa o gênero ficcional como um setor especial do sistema global da enunciação que, por sua vez, encerra também o gênero lírico e, num outro setor de seu domínio, a narração em primeira pessoa.

5. Do Problema Simbólico da Criação Literária

Lançando mais um olhar, ao fim destas considerações, sobre a diretriz que a sentença de Hegel tem sido para o nosso exame, verificamos que esta foi válida somente em que nos iniciou no campo problemático da lógica da específica criação literária não esclarecida pelo próprio Hegel. Que a "poesia" é aquela arte em que a Arte começa a dissolver-se e "passar à prosa do pensamento científico" Hegel já o deduzira da qualidade particular do material lingüístico da criação literária, em si idêntico à linguagem que não cria literatura. Ele não percebera, entretanto, que este material lingüístico é instrumento tão dócil do pensamento e da imaginação que concomitantemente possui as qualidades necessárias (ou a possibilidade de desenvolvê-las) para que a criação literária se mantenha, apesar disso, como forma de arte, sem que se dissolva ou que dissolva a Arte como tal "passando à prosa do pensamento científico". Ele vira os pontos intermediários "perigosos", mas não vira como a linguagem, quando produz literatura, os evita: abandonando no caso da literatura ficcional as leis da estrutura enunciativa, e submetendo-se, no caso do enunciado lírico, à vontade do eu lírico de não funcionar num contexto real.

Com isso chegamos ao ponto, numa breve retrospecção dos resultados desta análise, de colocarmos novamente a pergunta geral relativa à função da lógica da criação literária no conhecimento estético e da interpretação da criação literária como tal, bem como das obras literárias isoladas, ou seja, à relação entre lógica da criação literária e estética da criação literária. Esta pergunta já foi respondida parcialmente pela exposição dos problemas lógicos. Uma série das análises

246 A LÓGICA DA CRIAÇÃO LITERÁRIA

lógicas da estrutura incluíra de modo imediato a substância poética, ao passo que em diversos lugares batera-se contra a barreira onde a competência do lógico deve dar lugar à do avaliador crítico da Estética. A análise da natureza geral da função narrativa ou do eu lírico cabe à lógica da criação literária, ao passo que a descrição do como, do estilo, das técnicas narrativas especiais, da forma artística, do conteúdo do enunciado lírico, cabe à interpretação estética da criação literária. Em geral pode-se estabelecer, quanto à relação ou cooperação da lógica da criação literária e estética, que elas se aproximam tanto mais quanto mais o exame estético penetra nos problemas da técnica e das estruturas, tocando-se ou cruzando-se menos, quando a Estética considera apenas os conteúdos puramente poéticos, ou também aqueles pertencentes à cosmovisão. A lógica da criação literária trata da linguagem que faz a poesia, mas não da linguagem poética.

Mas com isso não esgotamos o assunto do relacionamento da lógica com a estética da criação literária. É justamente a afirmação de que o "conteúdo" não é atingido pela colocação do problema lógico que deve ser examinada melhor. Verificar-se-á que também na interpretação do significado da obra literária observam-se inconscientemente as leis que regulam o gênero ao qual pertencem as diversas obras, e que se procede de modo diverso na análise de um poema lírico e na análise de um romance ou drama. Colocando-se, porém, a questão, abre-se ao mesmo tempo o domínio no qual e pelo qual a Literatura se relaciona com as outras artes, relação esta que a separa, como arte, de qualquer outro domínio da vida. É o seu modo de ser simbólico ou a forma.

Não se trata nestas considerações finais de fornecer uma contribuição mais extensa ao assunto central e muito discutido do símbolo poético, que como tal já não pertence ao âmbito deste exame. Queremos levantar apenas o problema, em breve referência, do relacionamento (possível) existente ou talvez existente entre a forma simbólica geral da criação literária como arte e a diferença categorial lógico-estrutural entre a forma ficcional e a lírica.

A fim de nos aproximarmos desta questão, partimos da definição da forma simbólica muito conhecida que Ernst Cassirer estabeleceu em *Philosophie der symbolischen Formen* (Filosofia das formas simbólicas). Como formas simbólicas foram estabelecidas aqui a linguagem, o pensamento mítico e as formas de conhecimento, fundamentando o conceito do simbólico na "energia autônoma do espí-

DO PROBLEMA SIMBÓLICO DA CRIAÇÃO LITERÁRIA 247

rito" pela qual "a simples existência do fenômeno recebe determinado significado, um conteúdo ideal próprio"[1]. Com isso é indicado de certo modo apenas a camada fundamental mais geral, em que está arraigado o simbólico e de onde recebe o caráter do ideal. Aqui o caráter do ideal e do simbólico está ainda tão entrelaçado que parece ser o mesmo, de modo que o ideal já é simbólico porque não "é" mas "significa" e todo o simbólico por natureza é ideal. O fato de ser a Arte, em relação à linguagem e ao mito, uma outra forma simbólica, mais absoluta, é mencionado apenas ligeiramente por Cassirer. Ele vê a diferença entre a Arte de um lado e a linguagem e o mito de outro, no fato de que a primeira é "um cosmos fechado em si", sem relacionamento externo, diferente das duas outras formas simbólicas que são: "uma esfera da ação em que permanece a consciência mítica, e uma esfera do significado, em que permanece o sinal lingüístico"[2]. Contudo, a particularidade da Arte como forma simbólica parece-me manifestar-se de modo ainda mais marcante, quando destacamos um fenômeno já implicado nas observações de Cassirer. O mito e ainda mais a linguagem são formas simbólicas que como tais não são conscientes ou vivenciadas. Porque se vive nelas como nas realidades da vida, no mito como numa realidade transcendental ou imanente, na linguagem como no veículo da comunicação humana e da compreensão universal. Por isso a fenomenologia da sua forma simbólica específica não requer outro esclarecimento. A Arte, porém, parece representar um outro plano do modo de ser simbólico. É somente aqui que se realiza o processo do "significado" consciente, ou melhor, intencional; e é apenas pela Arte que o conceito da forma simbólica é inteiramente preenchido[3]. É somente o artista que vive criando, "fazendo", na discrepância daquilo que meramente é e daquilo que significa, sendo

1. CASSIRER, E. Philosophie der symbolischen Formen I: Die Sprache. Berlim, 1923, p. 8.

2. Idem, II: Das Mythische Denken. Berlim, 1925, p. 34.

3. A importância fundamental da obra várias vezes mencionada Feeling and Form, de S. LANGER, é a de ter examinado a fundo a consciência da criação artística de símbolos, the making of the symbol para cada arte separadamente. Nisto ultrapassa o conceito de símbolo de Cassirer, com o qual tem afinidade em princípio. — Como confirmação central do modo de ser simbólico particular da Arte e da criação literária, é indicada a pesquisa simbólica prática e teórica de W. Emrich. Precisamente na polêmica contra as tentativas de Jung-Kereny de apresentar símbolos míticos arquetípicos também na criação literária, Emrich levanta a diferença fundamental entre a forma vivencial mítica e simbólica e demonstra a função consciente "iluminadora e esclarecedora do ser" do simbolo poético (sendo que se deve compreender, como já foi aludido acima, a consciência não no sentido racional, mas como o ato criador "intuitivo" como tal, que cria os símbolos nem sempre resolvidos racionalmente). Vide "Symbolinterpretation und Mythenforschung", Euphorion 47, 1953. Em sua obra pioneira de 1943, Die Symbolik in Faust, Emrich demonstrou o seu caráter especial justamente neste exemplo mais típico, embora dos mais difíceis, do modo de ser simbólico da criação literária.

A LÓGICA DA CRIAÇÃO LITERÁRIA

que não importam as diferenças entre criação artística mais ou menos "intuitiva" ou "racional". Importa apenas que o "significante", o suporte da significação é o objeto da criação artística e conseqüentemente o modo de ser da obra de arte. E este conceito representa primeiramente apenas o significado mais geral da noção de símbolo: o de ser algo diferente do mero ser, algo projetado.

É neste significado geral do conceito de símbolo que se baseia o fato de a criação literária pertencer ao sistema da Arte. Juntamente com as outras artes constitui a esfera da vida que existe fora de qualquer situação do real. Isto não significa que o objeto da Arte, a obra da arte, não pertença como tal a um contexto real; objetivo, espiritual e principalmente histórico. Significa que aquilo que a obra de arte "representa" não tem forma existencial real ou apenas espiritual, mas simbólica. Por "significar" e não meramente "ser", é algo mais e diferente daquilo que é. É, entretanto, este algo mais que não mais é fator da realidade. Isto significa: a designação de que o ser arte "significa" ou é simbólico exprime primeiramente apenas a diferença com o modo objetivo e espiritual, a particularidade, que pode ser ilustrada no seguinte exemplo concreto: a árvore pintada tem uma outra forma de ser que a árvore real e um drama por mais "naturalista" que seja, como p. ex., o *Weber* (Tecelão) de Hauptmann tem um modo de ser diverso de seu "material" — e isto é natural —, a realidade do tecelão da Silésia em meados do século XIX, mas também diverso da teoria platônica das idéias. A árvore real e o tecelão real não "significam", e também a teoria das idéias, a epistemologia de Kant, a fenomenologia de Husserl, existem de um modo que não os ultrapassa; significam apenas o que são em si. Já a árvore pintada, por mais fiel que seja à natureza, "significa" algo diferente daquilo que como pintada "é": significa uma árvore real — ou apenas possível —, que é o seu material, mas concomitantemente também a concepção desta árvore pelo artista, o "sentido" que a originou; de modo que a mesma árvore-modelo pintada por dois artistas diferentes pode causar duas árvores pintadas completamente diferentes. Mas é justamente isso que constitui a estrutura interna da forma simbólica da obra de arte, ou seja, que ela se expande para dois lados: no sentido do objeto (concreto ou ideal), que é o seu material (mesmo se pouco reconhecível, como, p. ex., na obra surrealista ou abstrata) e no sentido da concepção, que a produziu como obra de arte. Bilateralidade esta tão convergente na obra de arte, que já o seu desdobramento conceitual corre o perigo de anular a sua estrutura, a estrutura do ser símbolo. Apesar disso é esta bilateralidade de objeto

DO PROBLEMA SIMBÓLICO DA CRIAÇÃO LITERÁRIA 249

e significado que constitui a estrutura simbólica da Arte. Por outro lado ainda não está respondida a pergunta em que e até que ponto o fato de o modo de ser simbólico da obra de arte é proveitoso para a interpretação das obras de arte isoladas. Do mesmo modo que o fato e até o significado do ser real dos objetos reais, do ser espiritual das formas espirituais, não ilumina essencialmente os objetos, ou as formações espirituais, isoladamente. É justamente esta situação que explica a experiência do intérprete da Arte que não usa em princípio o critério do símbolo, evitando-o até em muitos casos. Mas a mesma situação explica a experiência inversa: a de *poder* servir-se do critério simbólico para o esclarecimento de uma obra de arte. Esta se baseia, entretanto, no segundo fator integrante da bilateralidade da estrutura simbólica: da tensão variável entre o significante (o sentido significante) e o significado. O ato significante, o ato que dá significação, do qual provém a obra de arte pode aparecer de modo mais ou menos acentuado. É somente a interpretação isolada que pode decidir até que ponto a concepção do símbolo é relevante para o esclarecimento de uma obra de arte. Na pintura antiga, por exemplo, pode dar lugar à tendência objetiva, digamos pintar Taft como Taft "é", e pode sobressair com insistência como na alegoria. É na tensão variável entre sentido e objeto da concepção mais ou menos consciente de símbolo que se baseia a atitude única assumida pelo intérprete da Arte: a atitude interpretativa. Isto é válido também nos casos em que, devido a um baixo teor simbólico, a interpretação se aproxima do ponto zero, passando à mera descrição.

Neste ponto destaca-se a posição especial da criação literária no sistema das Artes. Podendo a interpretação moderna, nas Artes Plásticas, visar mais ao modo "técnico", considerar e avaliar uma pintura não quanto ao seu conteúdo — mais ou menos simbólico —, porém, quanto ao modo em que foi feita, o mesmo não vale para a criação literária. Com ela uma análise técnico-formal nunca é suficiente. E se for verdade que a criação literária é unida às outras artes no sistema da Arte por ter a forma existencial do ser símbolo, então ela é aquela arte para a qual esta forma existencial é a mais relevante.

Aqui parece fechar-se o círculo das nossas considerações, responder-se à pergunta concernente à relação entre a forma lógica e a estética da criação literária. A problemática da criação literária, da qual partimos para descobrir a sua estrutura lógica, surge novamente quando se trata de conhecer a sua estrutura simbólica particular. A variabili-

250 A LÓGICA DA CRIAÇÃO LITERÁRIA

dade entre o significante e o significado é mais complicada e delicada em relação à criação literária que às outras artes, porque ela já vive num material impregnado de significação. Se a árvore pintada já se estende nos dois sentidos, uma árvore "poética" (como a "Tília", por exemplo, "da porta da cidade") o faz de um modo mais sensível ainda. Porque aqui aparece o fenômeno observado no início, que é característico e sintomático da diferença existente entre o ser arte da criação literária e o ser arte das outras artes: a da distinção fácil entre uma árvore pintada e uma árvore real (por serem de material diferente), ao passo que é mais difícil distinguir entre a descrição de uma árvore feita num poema e a feita num enunciado de realidade. Com isso encontramo-nos novamente na camada básica da estrutura lógica da criação literária, podendo verificar uma relação entre ela e a estrutura simbólica específica.

Pois, mesmo abstraindo a variabilidade da estrutura simbólica como tal, temos um outro fator que complica a forma simbólica da criação literária, que é o de ser ela diferente no gênero ficcional e no lírico. É natural que encontremos nisto as mesmas causas que na distinção das formas vivenciais e lingüísticas em geral, as que distinguem os gêneros: a mimese e a enunciação.

Quanto ao gênero mimético-ficcional, está estabelecido em sua estrutura que os conceitos de "assunto" e "material" pertencem à sua fenomenologia. Ele é praticamente definido pelo fato de ser a realidade, por mais irreal que seja, o seu assunto. A noção de assunto, não inteiramente inequívoca em seu uso, tanto pode significar a realidade elaborada, fictícia (ação, personagens, etc.), como também pode ser empregada no sentido de pretexto ainda situado fora da obra literária. O significado do conceito de assunto oscila conforme se trate de obras que se referem claramente à realidade ou não. Mas, em qualquer modo de seu emprego, contém o sentido da realidade como assunto mais ou menos "imitado" da ficção. A linguagem, no gênero ficcional, necessariamente é o "material" deste. Está a serviço da criação ficcional, ou pela formação de personagens através da narração épica (criando todo um mundo), ou pela penetração nestes personagens através do caminho dramático. Mas a linguagem é sempre o material (e como tal é ilimitada) da criação literária ficcional; ela sempre é marcada estilisticamente pelas figuras e seu mundo, dependente com intensidade das tendências estilísticas e da intenção artística de determinadas épocas ou autores. A noção da mimese (que sempre compreendemos no sentido original, aristotélico) indica o ponto

DO PROBLEMA SIMBÓLICO DA CRIAÇÃO LITERÁRIA 251

de vista que ora distingue o mais ou menos da formação simbólica da criação literária ficcional. Pode-se dizer que, em última análise, a mimese é *idêntica* à formação simbólica ficcional. Porque uma mimese do real não é o próprio real, porém o produto de um ato criador que, como elemento constitutivo principal, contém o da abstração. Depende do grau, da energia da abstração, a intensidade e o modo em que uma função simbólica específica se manifesta. E já um simples olhar lançado sobre a literatura épica e dramática revela que a gradação da formação simbólica é infinitamente variada. Também na literatura ficcional ela se estende, como nas Artes Plásticas, de uma extrema objetividade e fidelidade ao real até a alegoria e a destruição (surrealista) de todos os elementos do real. A análise da função simbólica da mimese em seus diversos modos e intensidades e o esclarecimento da problemática dos estilos das épocas sob este ângulo exigiria um livro inteiro. Por mais diferenciativa que seja a gradação da formação simbólica mimética, e por menos que esta se manifeste — a mimese sempre é uma formação simbólica. E ela é formadora de símbolos *porque* é mimese, *i.e.*, não-realidade.

Neste contexto apresenta-se mais um fator integrante da função simbólica ficcional: o de ser a simbólica da ficção, como ela mesma, uma estrutura fechada. O último sentido mais geral do caráter simbólico de toda ficção não significa outra coisa senão a estrutura fechada em si, distinta da realidade e com isso da descrição da realidade, *i.e.*, do sistema de enunciado, em que todas as partes e motivos são organizados entre si, em suma, onde nada é entregue ao acaso, como acontece com a realidade[4]. Esta exigência tem sido observada mais no drama que no romance, sendo o último, por esta razão, criticado pela estética clássica (Hegel e Vischer) justamente por adaptar-se demais à realidade da vida, "à ordem prosaica do mundo". Apesar disso, o drama não tem neste ponto uma estrutura diferente do romance; é apenas a concentração da ação sobre a representação que evidencia melhor esta lei. Tanto a mimese dramática como a épica é

---

4. Em seu ensaio Das Problem der Symbolinterpretation (*DVJs*, XXVI, 1952, Cad. 3) salienta EMRICH que a estrutura simbólica de uma obra realista, cujos "fenômenos empíricos aparentemente significam a si mesmos, portanto não parecem ser simbólicos" (p. 325), é estabelecida porque "o fato empírico que aparece... entra numa composição artística com outros fatos, pela qual os fenômenos se iluminam mutuamente" produzindo "uma quantidade quase inesgotável de significados e possibilidades de interpretação". — Do mesmo modo ressalta F. Martini, do ponto de vista da História das Humanidades e da Literatura, em *Wagnis der Sprache* (Stuttgart, 1955) a "unidade de realismo e simbolismo" (p. 62) e mostra em sua análise do *Bahnwaerter Thiel* de HAUPTMANN, bem como do *Papa Hamlet* de HOLZ, que os diversos objetos e fatos em tais obras "se relacionam simbolicamente com o processo dos eventos" e — conseqüentemente entre si —, recebendo assim "uma maneira de expressão perceptível pelo sentimento" (p. 129).

252 A LÓGICA DA CRIAÇÃO LITERÁRIA

equivalente ao ser projeto da ação, isto é, à ação em si. Seu sentido simbólico pode estar estreitamente adaptado a alguma realidade e consiste freqüentemente da elaboração "realística" de uma propriedade especial da respectiva realidade: social ou psicológica referente a uma situação da vida, um caráter etc. E o sentido simbólico pode ser penetrado profundamente por detrás da matéria da ação, como um filosófico, metafísico de um gênero ou outro. Isto pode acontecer de uma forma em que os fenômenos reais, ou seja, descritos como reais, se tornem transparentes para tal sentido simbólico, sem se dissolverem em sua realidade. Pode acontecer no modo da criação "simbolística" pronunciada, por exemplo surrealista, onde os elementos da realidade humana são transformados, deturpados, destituídos de sua realidade. Mas também a literatura ficcional mais realista é uma forma simbólica porque é mimese, e a mais surrealista também é mimese porque é forma ficcional simbólica. A literatura ficcional consiste de estruturas miméticas fechadas que, como tais, possuem o o vigor e a função total do símbolo. Ao intérprete da literatura ficcional compete a tarefa de analisar o gênero da formação simbólica, e a intensidade e recursos com que o autor a elaborou. Resulta aqui a diretriz metodológica da interpretação de que toda ficção é, em princípio, inteiramente explicável, por ser uma estrutura fechada, isto é, isolada da realidade da vida, por mais difícil que seja em certos casos a interpretação, por mais obscuro que seja o sentido da obra literária. A razão deste fato é que a obra ficcional é, por ser fechada, também uma estrutura racional, o que é um outro aspecto do fato de ser isolada da existência irracional, ou seja, da existência do seu autor. O esclarecimento da estrutura do sistema ficcional, feito deste ângulo, também nos leva ao fato lógico de que o "eu épico" não é sujeito-de-enunciação.

Partindo do problema da interpretação, apresenta-se de modo imediato a pergunta de se a criação literária lírica participa ou não, e de que modo, da forma simbólica da Arte. Todas as considerações anteriores, a análise lógica da lírica como parte do sistema geral enunciativo, indicam que esta pergunta é muito mais difícil de ser respondida do que a concernente à literatura ficcional, aproximadamente tão difícil como em relação à Música. Pois aqui estamos enfrentando o fenômeno de que o poema lírico escapa em princípio a uma interpretação total. Enquanto é possível uma interpretação em princípio, uma resolução racional total da obra ficcional por mais ininteligível, simbolicamente obscura, a lírica, embora podendo ser muito simples, sempre é "ambígua". Pode até ocorrer que um poema seja tanto mais difícil de

DO PROBLEMA SIMBÓLICO DA CRIAÇÃO LITERÁRIA 253

interpretar quanto mais simples for, quanto mais "diretamente" nos atingir. P. Stoecklein observou com sutiléza, referindo-se ao início da última estrofe de "Noite de luar" de Eichendorff:

> E minha alma
> estendeu as asas...

"Seria bom se pudéssemos interpretar este 'é' incomparável. Creio que descobriríamos um pequeno segredo. Mas sabe-se logo que isto não é possível [5]." Não é possível. É um segredo, um segredo do eu. Podemos tentar interpretá-lo, para nos encontrarmos depois no mesmo ponto de compreensão simples, imediata. Porque este "eu" está aberto na direção do eu da enunciação, assim como todo o poema está aberto às possibilidades de experiência que o eu lírico pode ter tido numa noite de luar e das quais exprime uma ou várias, embora transformada, estilizada, em suma, "poeticamente". Na esfera infinita do sistema enunciativo o poema lírico tem o seu lugar sensível, no campo vivencial do eu lírico de interpretação infinita, e por isso mesmo nunca total.

Parece que estamos enfrentando aqui situações paradoxais ao colocar a pergunta pela forma simbólica do lírico. Se for verdade que a estrutura simbólica de uma obra ficcional possa em princípio ser interpretada inteiramente, pode-se sustentar o conceito do símbolo ao introduzirmos o da explicação incompleta? Isto significa: deve-se compreender a interpretação completa e a incompleta como antagônicas, que se excluem mutuamente, ou trata-se de duas espécies de um conceito geral da interpretação e conseqüentemente da forma simbólica? Isto significa: é possível demonstrar que os gêneros ficcional e lírico estão relacionados no conceito da criação literária e conseqüentemente na Arte em geral?

Para uma resposta exata a esta pergunta deve-se voltar novamente à estrutura da forma simbólica demonstrada no exemplo simples da árvore pintada, com o que se encerra o círculo da problemática (esboçada) deste capítulo final. A árvore pintada estende-se "como significante" para dois lados, para a árvore-modelo real ou possível (e até para o fenômeno árvore em geral, que conhecemos por real) e para o artista, que a "concebeu" assim e não de outra maneira. A variabilidade da estrutura simbólica é condicionada, como já foi dito, por esta bilateralidade da "significação" da obra de arte. Na análise da estrutura simbólica ficcional inicialmente deixamos de lado este ponto de vista, que agora devemos passar a considerar. Pois, naquela análise foi possível deixar de

5. STOECKLEIN, P. *Op. cit.* p. 81.

254 A LÓGICA DA CRIAÇÃO LITERÁRIA

lado o autor da ficção, assim como se pode prescindir do artista na análise de uma pintura ou escultura. Isto não é entendido no sentido biográfico, mas se refere à relação do significante ao significado. Podendo afirmar-se da forma simbólica da árvore pintada que aponta tanto no sentido do objeto significado como da concepção do artista, a mesma situação se refere à ficção e seu autor. Isto significa que podemos, como o fizemos primeiramente, considerar a ficção em si e detectar nela uma configuração simbólica mais ou menos consciente. Mas ao considerarmos que a configuração simbólica pode ser mais ou menos intencional ou consciente, por exemplo, mais consciente em Thomas Mann do que em Fontane, entendemos o símbolo ficcional de duas maneiras: como formação especificamente ficcional, determinada pelas leis da ficção, ou seja, fechada, e como uma formação concebida de um modo ou de outro pelo autor. Isto significa: a ficção literária "significa" alguma realidade, independente de sua existência real ou invenção; pois, também na realidade inventada mais irreal, existem como assunto elementos da realidade, sem os quais não seria possível realizar a mimese (assim como a pintura mais abstrata possível ainda deve utilizar os elementos da realidade objetiva, nem que sejam apenas as cores e as linhas). Em conexão correlativa com a significação de uma realidade, ou melhor, com o processo de abstração dessa significação, a ficção literária aponta para o "sentido" (do autor), do qual esta é concebida. Ora, nesta tensão entre o sentido concebido como significante e o significado, o assunto real abstraído como tal, cria-se a ficção, como estrutura fechada, para cuja interpretação e compreensão não necessitamos de conhecimento "biográfico", no sentido mais amplo do eu do autor. Referindo-nos a ele, ou seja, à sua cosmovisão, procedemos não mais interpretando, porém explicando, abandonamos o terreno da obra ficcional, para penetrarmos no da História da Literatura e das Humanidades, não a consideramos apenas uma obra de arte fechada em si, porém um documento de uma situação histórica à qual pertence o autor. Como, porém, o mundo fictício, e mesmo o mundo fictício narrado, não se refere ao autor, não exprime o *seu* espírito, a *sua* cosmovisão, mas a dos personagens fictícios, deve a interpretação da obra ficcional permanecer dentro de si mesma, como estrutura simbólica fechada em si. Em nenhum lugar ela se abre ao eu do autor. Pode-se exprimir esta situação simbólica, por assim dizer, duplicada, da seguinte maneira: como obra de arte situa-se a literatura ficcional na tensão variável entre o objeto significado e o sentido significante de sua concepção, e com isso participa da forma existencial do

DO PROBLEMA SIMBÓLICO DA CRIAÇÃO LITERÁRIA 255

ser da Arte (*Kunstsein*) em geral, a de ser uma forma simbólica. A interpretação, contudo, de sua estrutura simbólica especial pode movimentar-se inteiramente dentro dela mesma, e com isso esclarecê-la em princípio, porque o sentido significante fora fixado em formas sólidas, que, independentes do autor que as planejara (lógica e gramaticalmente: do sujeito-de-enunciação), são dele terminantemente "distintas".

Não existe tal estratificação dupla da estrutura simbólica no caso do gênero lírico. Por isso ele se torna aqui uma forma indefinida. Uma forma simbólica que foge estruturalmente e em princípio de uma interpretação total — pode eventualmente não mais ser experimentada como forma especificamente simbólica. Falta aqui justamente o fator que sustenta a formação e experiência simbólica, o fator da ilusão, da mimese, ou seja, da diferenciação categorial do modo de experiência da realidade (como não simbólica). A mimese como mimese já é uma forma simbólica; mas onde falta a mimese, como na lírica e na música, substituindo-a a expressão existencial, torna-se difícil e delicada a definição desta forma de arte como simbólica. E a sentença de Hegel sobre a dissolução da Arte na prosa do enunciado de realidade manifesta-se novamente como instrumento do conhecimento, embora não inteiramente satisfatório. A estrutura lógica da enunciação lírica revela seu modo de apresentação na forma simbólica, forma de estrutura simbólica tão aberta quanto a estrutura lógica aberta que é. A estrutura e composição simbólica lírica é aberta porque se refere ao sujeito-de-enunciação, ao eu lírico.

É razoável orientar-se pela teoria do Simbolismo, que aceitou programaticamente o conceito de símbolo. De fato ele exprime pela natureza aberta do sujeito-de-enunciação lírico a natureza indefinida do sentido simbólico de um poema, que pensamos poder atribuir à relação lírica do sujeito-objeto. Neste contexto não se trata, bem entendido, dos "conteúdos" simbólicos do "estado de espírito" (*état d'âme*) libertado (*dégagé*) dos objetos, das "idéias" ou das "vivências extra-sensoriais" transpostas "na linguagem dos objetos visíveis" ou inversamente "evocadas" pelos objetos [6]. Permanece aberta a questão de ser o sentido simbólico que aparece na palavra experimentado pela cognição ou pelo sentimento

6. Ver C. M. BOWRA, *The Heritage of Symbolism*, Londres, 1943, p. 5: "Ele (Mallarmé) e seus discípulos são chamados com razão simbolistas, porque tentaram introduzir uma experiência sobrenatural na linguagem das coisas visíveis e, conseqüentemente, cada palavra é um símbolo e é usada não pela sua finalidade comum, mas pela associação que evoca da realidade além dos sentidos".

256 A LÓGICA DA CRIAÇÃO LITERÁRIA

apenas; e, quando W. Vordtriede diz que o estado de espírito a ser destilado do objeto também no leitor é provocado como o estado de espírito dos objetos e não do poeta [7], descreve assim a indeterminabilidade do símbolo lírico ou da linguagem simbólica lírica — a mesma indeterminabilidade que o eu lírico contém, expresso em forma pessoal ou não. A interpretação dada, p. ex., por H. Henel sobre *Roemischen Fontaene* (Fonte romana) de Rilke exemplifica muito bem este fato: "... é através da contemplação apenas da água, que goteja silenciosamente e espera sorridente, que Rilke apreende que a sua vida é um deixar-se cair e espraiar-se sem saudades, um inclinar-se na morte" [8]. Esta interpretação, à qual não foi feita nenhuma alusão no poema, é um estado de espírito (*état d'âme*) inteiramente produzido no leitor; e mesmo que esclareça, como nos parece, o caráter problemático da interpretação simbolística em muitos casos (e principalmente no caso de Rilke) [9], ela aqui é apenas mencionada, como já foi dito, como exemplo da estrutura aberta do poema lírico como estrutura simbólica, baseada na indeterminabilidade do eu lírico.

O problema simbólico da criação literária foi apenas esboçado por estas considerações, apenas colocado como problema. Finalizando, tratou-se apenas de aludir aos problemas da interpretação da criação literária, que resultam dos lugares categorialmente diversos que a literatura ficcional e lírica ocupam no sistema lingüístico. Aristóteles designou de *poiesis* apenas a mimese e não inclui a lírica na *Poética*. Em tempos posteriores reservou-se o conceito de "poesia" (de significado modificado) à lírica. Mas não foi dito com a mesma clareza aristotélica que a lírica não é criação literária no mesmo sentido que a literatura mimética ou ficcional e por que. À ficção épica e dramática contrapõe-se o poema como enunciação lírica.

---

7. VORDTRIEDE, W. *Op. cit.* p. 103.

8. HENEL, H. *Op. cit.* p. 241.

9. Ver meu trabalho: "Die Phaenomenologische Struktur der Dichtung Rilkes" (na coletânea *Philosophie der Dichter*, Stuttgart, 1966).

COLEÇÃO ESTUDOS
(Últimos Lançamentos)

320. *Ritmo e Dinâmica no Espetáculo Teatral*, Jacyan Castilho
321. *A Voz Articulada Pelo Coração*, Meran Vargens
322. *Beckett e a Implosão da Cena: Poética Teatral e Estratégias de Encenação*, Luiz Marfuz
323. *Teorias da Recepção*, Claudio Cajaiba
324. *Revolução Holandesa, A Origens e Projeção Oceânica*, Roberto Chacon de Albuquerque
325. *Psicanálise e Teoria Literária: O Tempo Lógico e as Rodas da Escritura e da Leitura*, Philippe Willemart
326. *Os Ensinamentos da Loucura: A Clínica de Dostoiévski*, Heitor O´Dwyer de Macedo
327. *A Mais Alemã das Artes*, Pamela Potter
328. *A Pessoa Humana e Singularidade em Edith Stein*, Francesco Allieri
329. *A Dança do Agit-Prop*, Eugenia Casini Ropa
330. *Luxo & Design*, Giovanni Cutolo
331. *Arte e Política no Brasil*, André Egg, Artur Freitas e Rosane Kaminski (orgs.)
332. *Teatro Hip-Hop*, Roberta Estrela D'Alva
333. *O Soldado Nu: Raízes da Dança Butō*, Éden Peretta
334. *Ética, Responsabilidade e Juízo em Hannah Arendt*, Bethania Assy
335. *Alegoria em Jogo: A Encenação Como Prática Pedagógica*, Joaquim Gama
336. *Jorge Andrade: Um Dramaturgo no Espaço Tempo*, Carlos Antônio Rahal
337. *Nova Economia Política dos Serviços*, Anita Kon
338. *Arqueologia da Política*, Paulo Butti de Lima
340. *A Presença de Duns Escoto no Pensamento de Edith Stein: A Questão da Individualidade*, Francesco Alfieri
341. *Os Miseráveis Entram em Cena: Brasil, 1950-1970*, Marina de Oliveira

Este livro foi impresso na cidade de Cotia,
nas oficinas da Meta Brasil,
para a Editora Perspectiva.